ユダヤ人と人類に与えられた

永遠の生命

9

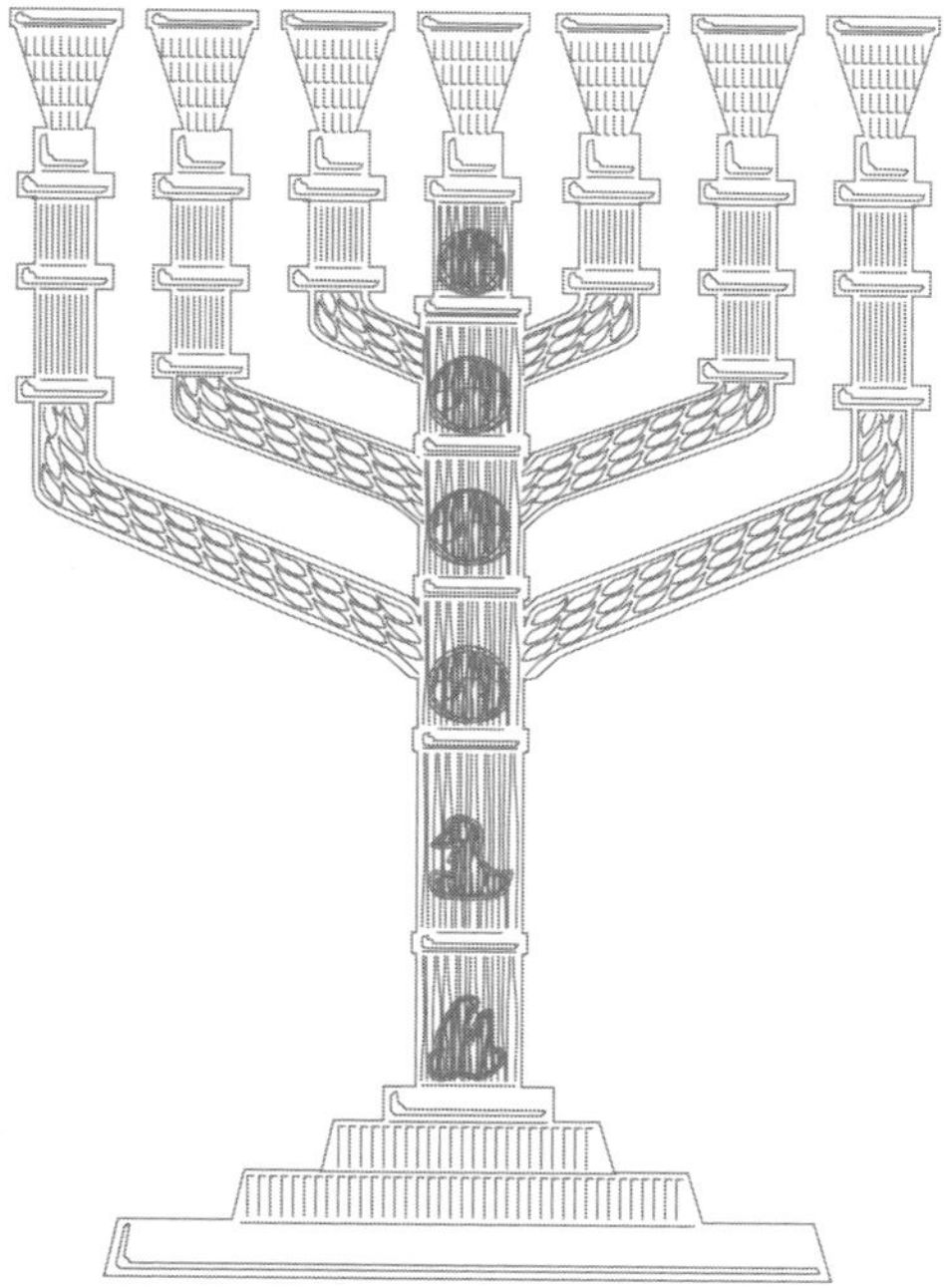

梶原和義

Kajiwara Kazuyoshi

JDC

はじめに

人間は何のために現世に生まれてきたのかと言いますと、言《ことば》を聞くためです。前世で人間は根本的に失敗した。生まれる前の単一人格において、私たちは死んでしまった。その結果、自我意識によって占領されてしまったのです。

自我意識というのは、あってはならない意識です。人間は自我意識によって生きているのではない。自我の能力によって生きているのでもない。自分が自分の命を造り出しているのではない。食物でも、自然現象でも、すべて神の処置によって与えられている。人間はそれによって生かされているのです。

客観的に生かされているという状態で生きていながら、自分が生きていると勝手に思い込んでいる。これは甚だしい不合理な意識です。このように不合理な意識が、どうして人間の中に入り込んだのかということです。

自我意識は死を意味するのです。自分の命を得ている者、自分自身の命を見出している者は、それを失うのです。自我意識によって生きている者は、必ず死んでしまうと言っています。自我意識で生きることは、もっとも不合理な、不条理な生き方です。

かなり前に亡くなられましたが、かつて京都大学の西谷教授がドイツに行き、ハイデッガーに「自我は大変困ったものだ。自我が人間にあるために、人間は自我に負けてしまうことになる。自我意識はどうして発生したのか」と意見を聞いたのです。

ハイデッガーは「自我は困ったものだ。大変悪いものです。しかし、自我がどうして人間の中に入り込んだのか説明できない」と言ったのです。

ハイデッガーは西欧社会の中の哲学界の大御所でした。自我は説明できないけれど、自我意識が人間全体を完全に支配している。学があってもなくても、人間は自我意識に完全に掴まえられている。人間はそれに振り回されていると言ったのです。自我がどうして人間の中に入り込んだのか分からないと、ハイデッガーは言ったのです。聖書には述べられているのです。

自分が生きているという意識が、その人を殺してしまうのです。自分が生きていると思うから、自分が死んでいくのです。そこで、自分が生きていると思う意識を捨ててしまえば、自分の死がなくなるのです。

自分が生きていると思うから、自分が死ぬのです。これは、「自分の命を得ているものはこれを失う」というイエスの言葉と、全く同じ意味になるのです。自分が生きていると思う人は、その命を必ず失います。生きているのは、自分の命ではありません。自分の命ではないことが理解できた人は、死なないのです。

イエスはそういう生き方をしていたのです。イエスは「私は父の内にいる」と言いました。父の中にいる、神の中に生きている命が、自分の中にあるだけです。神の命が自分に働いているだけです。イエスはこう考えたのです。従って、イエスは自分の命があると考えていなかったのです。そこで、皆様も自分が生きているというばかばかしい考えを捨てさえすれば、死ななくなるのです。はっきり死ななくなるのです。

私はかつて、自分が生きていると思っていたのですが、現在は自分が生きていると思っていません。どうして思いを変えることができたのかと言いますと、精神構造の転換をしたからです。精神構造の転換ということがなかなかできないのです。

人間の命は自分のものではありません。ところが、人間は自分が生きているという、とんでもない考え違いを押しつけられているのです。押しつけられている意識を解脱してしまえば、自我意識と自分は関係がないことが分かるのです。

生きているという事がらが、自分という形で現われているのです。自分が生きているのではありません。これが、イエス・キリストの信仰です。こういう考え方ができる人に向かって、イエスは「私のために、自分の命を見失っている者はその命を得ることができる」と言っているのです。

皆様も自分が生きているという間違った考えをやめて頂きたいのです。生きているという事実は皆様の事実ではなくて、イエスの事実です。イエスを信じるというのは、イエス的事実が、私的状態で現われているということを、神の御霊によってはっきり理解することです。これを御霊を崇めるというのです。

私が生きている事実が、イエスが生きていた事実と同じことなのです。従って、私が生きていないということが分かりますと、イエスの復活の命が、そのまま私の命になってしまうのです。これをとこしえの命というのです。

これはそんなに難しいことではありません。自分が生きているという間違った考えを捨てるのです。自我意識は皆様が生まれる前に持たされてしまったのです。アダムという単一人格によって、生まれる前に持たされてしまったので、個人の人格として生まれなければならないことになりました。

個々の人間としてこの世に生まれた人は、必ず死にます。死なねばならないのが個々の人間です。死んだらどうなるのか。自我意識によって生きていた人は、七十年、八十年の間、神に反抗し続けていたのです。神とは皆様の命の本質です。だから、皆様の魂が苦しんでばかりいたのです。特に、女性は辛辣な状態で苦しんでいたのです。この状態が煎じ詰められて、火の池になって現われるのです。これが霊魂の裁きです。非常に合理的なことです。

だから、自分が生きているという不合理な考えを捨てるのです。これを捨てることから入って頂きたいのです。現世に生きていることを認めてしまうことが間違っているのです。まず、自分が生きているという観念を、精算してしまうことが第一です。

永遠の生命9／目次

ユダヤ人と人類に与えられた

永遠の生命 9

梶原和義

1. 人間は神を知っている

人間は自分が生きていると考えています。自分が生きているという考えの中に、自分で生きているという意味が含まれています。自分で生きているという根底がなければ、自分が生きているという発想が出てこない。これが悪いのです。

自分で生きているということと、自分が生きているということとは、相似性、近似性という非常に似た考え方になるのです。自分が生きていると思っている人間でも、自分の力で生きていると思っていないというでしょう。地獄へ行くのは恐ろしいと思っている人は、そういうでしょう。

これは誤魔化しです。神から離れた独立の命を持っているとは思っていない。そこまではつけあがってはいないと口ではいうでしょう。

しかし、自分が生きているという発想は、自分で生きているということを根底にしなければ出てこない考え方です。自分の力で自分が生きていると思うからこそ、自分が生きていると言えるのです。自分の力で自分が生きているということが、自分が生きているという発想です。

自分自身が自分を認めなければ、自分という人格は具体的には現われないはずです。自分で自分の人格を無意識に認めるということは、自分の力で自分が生きているという気持ちが根底になっているのです。この意識を根底から打ち砕くためには、次の箇所を勉強する必要があるのです。

「なぜなら、神について知りうる事がらは、彼には明らかであり、神がそれを明らかにされたのである。神の見えない性質、すなわち、神の永遠の力と神性とは、天地創造このかた、被造物において知られていて、明らかに認められるからである。従って、彼らには弁解の余地がない。なぜなら、彼らは神を知っていながら、神として崇めず、感謝もせず、かえってその思いはむなしくなり、その無知な心は暗くなったからである」（ローへ人への手紙1・19～21）。

二十一節の言い方は、少しひどすぎる言い方ですが、これがパウロの良いところです。ユダヤ人としての良い所です。

パウロはダマスコ途上で、イエスがキリストであることを、強制的に確認させられたのです（使徒行伝9・1～19）。

パウロハは幸いな人です。イエスがキリストであることを強制的に確認させられたからです。自分の意識よりもイエスが復活したという事実の方がはるかに偉大であることを、太陽よりもさらに輝く光によってはっきり教えられたのです。これは幸いな人です。

この人がいう事に間違いはありません。自分の意志、自分の人格よりも、神の人格の方が確かであることを、宇宙的に確証された実体として発言しているからです。

宇宙は神のものであるということを、はっきり神が証明したのです。イエスを復活させたことによって、これをパウロが意識することによって、「私は第三の天に引き上げられた」と堂々と言ったのです。ここまで行かなければ信仰にはなりません。

彼は異邦人の使徒として、神に選ばれたのです。「わが名を持ち行く選びの器である」と神に言われた人物ですが、私たちも、「わが名を持ち行く選びの器」であると言えなければだめです。皆様の存在は神の名によって保障されるべきです。神の名を軽んじるような信仰なら、どうでもいいのです。自分の人格を自分で認めることがいけないのです。どんな理由があってもいけないのです。

神は絶対です。この世の勢い、ユダヤ人のあらゆる意志によって、イエスは十字架につけられた。ユダヤ人が殺したイエスを、神は見事に復活させたのです。ユダヤ人のあらゆる意志よりも、神の意志が絶対であることを示したのです。

ユダヤ人は全世界を代表する人種です。全世界が代表する人種がやったことを、神が見事に否定したのです。これが、イエス・キリストの復活です。

皆様が現在置かれている境遇の中で、聖書を学ぶように導かれたということは、神の処置です。皆様は前世において、予め神の手の内にあったのです。前世で神の手の内にあったのですから、現世ももちろん神の手の内にあるのです。また、来世も神の手の内にあるのです。これが確認できればいいのです。

そうすると、自分という存在は、過去的にも、現世的にも、来世的にも、全く存在していないのです。では何が存在しているのか。神の子が存在しているのです。御子たちという言葉をパウロが使っていますが、これを言っているのです。

パウロはローマ人への手紙の第一章の中で、「すべての被造物によって、神が神であること、また、神のとこしえの力が分かっているはずだ」と言っているのです。だから、人間は言い逃れることができないと言っているのです。

神は義なるお方です。人間が受け止められないような無理なことを、決して神が言うはずがないのです。神は神自身が義なるお方ですから、人間の力量において神を信じることができないとすれば、それを実行しなさいと神が言うはずがないのです。そんなことを言えば、神が神でなくなるのです。

神が信じなさいという以上、人間にそうするだけの十二分の力があること、また、そうしなければならない理由があること、そうすることによって、その人は大変幸福になることを本人が知っているはずです。

神を十分に知るだけの実力があること、能力があること、そうしなければならないことを本人が知っていること、そうすることによって、すばらしい祝福が与えられることを人間は知っているのです。知っているから、私を信じよと神は高飛車にいうのです。この三つのことを本当に確認したら、自分が生きているという妄念をもつ必要がないのです。

なぜ自分が生きていると思う必要があるのか。なぜ夫であり、妻であると思うのか。現世の夫婦は人間が決めた現世の契約です。そんなものを神が認めるはずがないのです。

神は言っています。「二人の者会いて一体となれ」(創世記2・24)。これが神の弁明です。二人の者は会いて一体となるべきもので、いわゆる現世の夫婦とは違うのです。

これは前世的な問題であり、前世的原理が現世に働き、来世に延長されるのです。これが二人の者会いて一体となるということです。人間の夫婦はこのような宇宙的な原理に従っていない。だから、イエスは妻を憎めと言っているのです。

会いて一体となる場合、どうしたらいいのか。女は骨の骨という特性を持っているのです。男は深く眠らさせたままで、眠気まなこで女を見ているのです。

女は肉の肉としての罪性を持っているが、骨の骨としての霊性も持っているのです。男の方は深く眠らさせて、あばら骨を抜かれて、それを肉で埋められた。そういう人格です。

現世の夫婦というのは、例え、現世で誰が何と言っても、それは現世での掟です。現世の掟は絶対ではありません。前世は人間の霊魂の古里であって、ここで決められたことは永遠の運命を持っていることを、よく確認する必要があるのです。現世では男は肉体的には強いでしょう。ただそれだけのことです。肉体的に強いというだけのことです。

パウロは、「人間は被造物において神を知っているはずだ」と言っています。「神について知りうる事がらは、人間には明らかである」と言っているのです。

なぜパウロはこういう言い方をしたのでしょうか。パウロはダマスコ途上で奇跡を見せられて、キリストの復活を強制的に確認させられた。

ガマリエルの門下における自分の修行が全く間違っていたと強制的に確認させられた人なら、神について知り得る事がらは、人間には明らかであると言えるでしょう。これはパウロのような人物に限られているのであって、とても一般民衆に当てはまることではないと思われるかもしれません。

これはパウロだけの独断ではありません。神について知り得る事がらは、人間には明らかである。だから、言い逃れする理由はないはずだということを、堂々と言っているのです。

これはパウロ自身の独断ではないし、ユダヤ人の専断でもない。私たち異邦人にも十分に言えることです。自分で生きているということが確証できない者は、自分が生きているという資格がないのです。空気を造り、水を造り、太陽を自分で造って、天地万物に命を与えるような力が自分にあるかどうか。米を実らせ、牛を太らせ、豚や羊に子を産ませることが人間ができるだろうか。

これができるなら、自分が生きていると言えるのです。命は自分のものだと言えるのです。それができないのなら、自分が生きていると思うことが根本的に矛盾しているのです。

もう少し神の前で謙遜な態度が取れないのでしょうか。自分が聖書を信じなければならないとなぜ思うのでしょうか。自分が聖書を信じなくても、人が現実に生きていることが、そのまま聖書です。これは当たり前のことです。

イエスは万人に共通する原理を言ったのです。聖書は自分のことが書いてある。信じるも信じないもない。人が生きていることがそのまま聖書であるとイエスは言ったのです。

アブラハムの信仰もそうです。アブラハムが思ったように、なぜ皆様も思えないのでしょうか？

人間は自分で自分を偽っているのです。自分の自尊心、自分の感情、自分の常識で自分を裏切っているのです。なぜそういう愚かなことをしているのかと言いたいのです。人間が生きているのは、そのまま前世の延長です。それを二十節で言っているのです。神の見えない性質、即ち神の永遠の力と神性とは、天地創造ことかた被造物において知られていて明らかです。だから、人間には弁解の余地がないのです。

これはどういう事から言いますと、人間の生活の中に天地創造の原理、万物創造の原理が明々白々に印刻されているのです。このことを、パウロが論証しているのです。

これに対して、明瞭に反論できるなら裁かれないでしょう。その人は地獄へ行かなくてもいいのです。パウロの論証はパウロの独断であって、私には一切通用しませんと堂々と言える人は、地獄へ行かなくてもいいでしょう。

困ったことに、現代文明の意識を持たされている人は、パウロのいうことは全然受け止められないのです。根本的にパウロと対称的な立場に立っているからです。

そういう人は初めから聖書の神の救い、キリストの復活に係わりのない霊魂なのですから、そういう人が聖書を学ぶことが無意味なのです。

ローマ人への手紙の第一章で展開しているパウロの独特の真理が、どういう意味で神について知りうることがらは、人間には明らかであると言っているのか。人間は神の前に言い逃れをすることができないというのはどういう意味なのか。

神の見えない性質は被造物によって人間は分かっているはずです。神を見ることができない性質は、皆様には分かっているはずだと、パウロが断定しているのです。

パウロの言葉が信じられないのは、その人が肉の思いを持っているからです。もし分かっていれば、今のような生活をしているはずがないのです。

人間は何のために生きているのか。人間が生ける神の子であるとはどういうものであるのか。これを神に問い続けなければいけないのです。

聖書をただ読み流していてはいけない。聖書をただ読み流しているというのは、神を無視しているのです。聖書を鵜呑みにするのは、神をばかにしているのです。

地獄へ行くのがなぜ怖いのか。なぜ嫌なのか。地獄へ行くのが嫌だと思うこと自体が、その人が救われる可能性を示しているのです。地獄へ放り込まれるべきではないことを霊魂が知っているから、地獄へ行くのが嫌なのです。

地獄へ行くのが嫌だと本人が言っているのではない。本人の魂が言っているのです。地獄へ行くのが怖いと思うか思わないかということだけでも、大変なメッセージになるのです。

分からないのはしかたがない。私は分かりませんと神に述べたらいいのです。そうしたら、聖霊が喜んで教えてくれるのです。それをしないで聖書の言葉を鵜呑みにしているのは、神を軽んじていることになるのです。これがいけないのです。

今はキリストの復活が成就している時であって、キリストは第三の天において、あらゆるすべての名よりも高い名を与えられているのです。そして、神の右に座しているのです。

神の右とは宇宙の最右翼のことです。宇宙で一番高い位です。そこにキリストが座しているのです。キリストが神の右に座していながら、人間が死んでいくというばかなことが、どうしてあるのかと言いたいのです。

神の見えない力とは何か。皆様はこれを良く知っているのです。神の永遠の力、神性、神が神であることを人間は知っているのです。神性とは神の神たることですが、これを人間は知っているのです。

実はこれがなければ人間は生活できないのです。人間が現実に生きている内容、実体がそのまま福音になっているのです。人間が人間として生きている内容、実質がそのまま新約聖書になっているのです。神の見えない性質を見ていなければ、信仰を持っていないのです。

神に従って神を見ていれば、パウロが言ったことはそのまま自分自身の実感として受け止められるはずです。皆様が生きているということは、神に生かされていることです。神の御霊に生かされているのですから、神の御霊によって自分自身を見れば、パウロの言葉は当たり前のことです。

生かされているということは霊です。生かすものは霊であるとイエスがいうように、人間を生かすものは霊です。神の霊が人間を生かしている。だから、神の霊に従って自分の命を見ていけば、神の見えない性質は明々白々に分かるのです。それが自分の命の中にあるからです。

自分が生きているという命の実体が、そのまま神の神たること、即ち神性をそのまま現わしているのです。生きているという事実が神性です。「神の見えない性質は、おまえが生きている状態で明らかではないか」とパウロが言っているのです。

皆様は生きていながら、生きているという状態を見ようとしていない。なぜ見ようとしていないのかと言いたいのです。私たちは人間が生きているという不思議な事を経験しているのです。

人間がこの世に生きていることは、全く不思議千万のことです。こういう不思議千万のことを現実に経験していながら、これを不思議と思わずによく生きていると言いたいのです。

男は自分の妻がいると、厚かましいことを平気で思っている。深く眠らされて、ハートを抜かれて肉で塞がれた男が、骨の骨である女を掴まえて、これは自分の妻だと言っている。

そんな権利は一体何処にあるのかと言いたいのです。これは悪魔の権利です。この世の権利、この世の権威を認めなければ、夫という人格は成り立たないのです。これを男は考える必要があるのです。夫という人格はこの世が保障している人格です。この世で夫として威張っているのですが、来世では通用しないのです。

皆様はこの世を信じてはいけないのです。この世の規律、この世の常識、この世のしきたり、この世の道徳を信じてはいけないのです。現世で通用するものは、神の国では一切通用しないのです。現世の道徳、規定は現世のものであって、永遠のものではありません。

「父を憎め、母を憎め」というのが、イエスの法則です。現世において、自分の命を憎まなければ、必ず地獄へ行くことになるのです。なぜなら、現世で人間が生きていることを、神が憎んでいるからです。現世の人間は肉の思い、即ち悪魔の思いで生きているから、それを神が憎んでいるのです。

神は人の魂を妬むほどに愛していますが、人間はその愛に対して答えようとしない。これが憎まれている原理になるのです。

人間が生きている事の中に、もし神がいなければ、インマヌエルの神がいなければ、絶対に地獄へ行きません。ところが、人間が生きているという事実の中に、神が共にいますから、生きている事の中に神を認めない者は、火の池に放り込まれることになるのです。

生きているという事がらは、目に見えない事がらです。目に見えない事は、そのまま目に見えない神の性質を現わしているのです。五官、生理機能、心理機能は神の見えない性質です。神の見えない性質、例えば、永遠の力を人間は知っているのです。

例えば、物理運動はあるけれど物体はないと理論物理学では教えています。人間はこの説明ができないのです。物理運動があることは分かりますが、物理運動が物体になるというのはどういう訳なのか。

瞬間的に物体になるということはある程度分かりますが、これがずっと続いているのです。例えば、家があります。この家は去年もありましたし、今年もあります。来年もあるでしょう。これはどういう訳なのか。髪の毛が伸びる。爪が伸びる。これを毎日経験しているのです。

物理が同じようにあるのはどういうことなのか。デカルトは「物質と精神は違う。精神は毎日変化しているが、物質は変化しない。永続的に存在している。だから、物質と精神は存在の本質が違う。これが哲学の第一原理である」と言っていますが、これが間違っているのです。間違っているというより、考え方が幼稚です。

物質がなぜ永続的に存在するのか。物理運動はあるが物質はないというのが、理論物理学の考え方です。この考えと、物質が永続することと、どういう関係になるのでしょうか。

物質が永続的に存在するように見えるのはなぜか。これが神の見えない性質、永遠の力を示しているのです。
永遠の力を聖書はエバーラスティングパワー(everlasting power)という言葉を使っています。エバーラスティングとは、永続的という場合に使っているのです。エターナル(eternal)とは違います。エターナルは、瞬間のことです。瞬間が継続的に存在することがエバーラスティングです。パウロがいう神は、永続する神をいうのです。神が神であることが永続するのです。神が神であることが、そのまま神の永遠のパワーです。

神の御名は、エターナルという永遠と、エバーラスティングという永遠と両方あるのです。これを人間は知っているのです。

一方において、物理運動を人間は知っているのです。花が咲いたり、散ったりすることを知っている。新陳代謝の働きを良く知っているのです。

もう一方において、松の木は同じ格好で五年も十年もあることを知っているのです。人間はエターナルの永遠と、エバーラスティングの永遠の両方を、無意識のうちに知っているのです。無意識に知っていることを意識すれば、現存する神、インマヌエルの神、共にいます神がはっきり分かるのです。

無意識に確認していることを、意識的に確認すれば、霊なる神をはっきりインマヌエルの神として捉えることができるのです。これをパウロが言っている。なぜそうしないのかと言っているのです。

前世の経験のことを意識の表と言います。現世の経験を意識の内と言います。人間は意識の表を忘れているのです。厳然たる事実でありながら、忘れてしまっているのです。

未生が人間の精神の本源です。これを聖書は「霊の思い」と言っています。霊の思いを意表と訳しています。悪いことをしたことはない。警察のご厄介になったことはないと意内で思っている。この人は意表を知らないのです。人間は前世で、絶対に持ってはいけない自我意識を持ってしまった。死んでしまった。そこで、現世に追放されたのです。ですから、現世にいる人間は全員、犯罪者です。神が絶対にしてはいけないと言われたことをしてしまったからです。

意表は生まれる前の意識の根底です。これは永遠に通用する意識です。しかし、現世に生きている人間は、意表のことを全然問題にしていない。だから、女性を自分の妻だと思っている。こんな人は大ばかです。

妻は自分の先生です。女性の肉体があるということが、男にとってすばらしい宝石です。清いものです。これが意表です。このように女性が見えてくると、初めて女が骨の骨であることが分かってくるのです。

男は何となくこれを知っている。表内で知っているのです。だから、自分が惚れ込んでいる女性のことを、マドンナというのです。なぜかと言いますと、女性が骨の骨であることを先天的に知っているからです。先天的に知ってはいるけれど、現世的には知らない。神はここを突いているのです。

ローマ人への手紙の第一章二十節は、ここを突いているのです。神の見えない性質を知っていると言われると、そんなことは知らないという。「知らないと言って、おまえは現在理性を持っているではないか。おまえの理性は何処から仕入れてきたのか」と神がいうのです。人間が理性で生きていることは、厳然たる事実です。消すことのできない事実です。それなら理性を何処から仕入れてきたのかと言われると分からないのです。

前世からの伝承でなくて、理性をどうして持っているのか。神から与えられたものでなければ、人間はどうして理性を持っているのか。神から与えられた理性で生きているから、神のとこしえの力、目に見えない力が、人間には直感的に分かっているはずです。

百も合点、二百も承知と言える程、分かっているはずです。ところが、「おまえは神が分からないとどうして言えるのか」と言われると、意表を付かれるのです。分かっていながら分かっていないのです。

女に対する考え、神に対する考え、命に対する考え、地獄に対する考えは、皆意表の中にあるのです。新約聖書全巻は、人間の意表の中に隠れているのです。

2. 復活

人間とは何か。現代文明で考えている人間は、悪魔の思想が人間に現われているだけです。イエスと悪魔を峻烈に対立させるような感覚がいるのです。

女の末とへびの末との間に、恨みがおかれているのです（創世記3・15)。女の末とへびの末とをはっきり対立させなければいけないのです。

人間はキャラクター（character）の世界しか知りません。宗教は全部キャラクターの世界です。これがへびの末です。現代文明はへびの末をアッピールしているのです。これがユダヤ文明です。人格とは何かと言いますと、イエスとは何かということに集約してしまうのです。人間とは何かということを説明すると、人格とは何かに集約されるのです。

現代人が考えている人権主義的な考えは、キャラクターです。人格とは違います。個々の人間の命はキャラクターであって、パーソナリティーは宇宙の命です。

個々の人格を認めるという思想は、聖書にはありません。固有名詞の感覚はキャラクターであって、パーソナリティーとは違うのです。

極端に言えば、思想が統一されていなかったらいけないのです。極端な思想統制がなかったらいけないのです。未だかつて、日本でも世界でも言われたことがない方向のことを言わなければならないのです。

とこしえの命、永遠の命を具体的に、現実的に取り上げるのです。これは宗教とは全然違います。イエスを現世にひっぱり出すのです。だから、個人的な自由はありません。

現代人は固有名詞で生きている人間に自由があると考えていますが、これがへびの思想です。人間は人間としての自由はないのです。人の子の自由があるだけです。人の子の自由とは肉と関係がない自由です。人間の自由は全部、肉の思いです。

文明は人間を認めているのですが、新約聖書は人間を全く認めていません。イエスだけしか認めていないのです。だから、イエスを信じるか信じないかのどちらかです。そうすると、セックスの問題も分かってくるのです。神はアブラハムやエノクにセックスを認めていたのです。数人の子供ができているのです。これはどういうセックスか。これについても分かってくるのです。

人の子には個々の人格はありません。統一された人格しかありません。「汝ら聞け」と言っているのです。これは人格は一つしかないということです。神は「これは私の愛する子である。汝らこれに聞け」と言っているのです。これは神の極端な言い方であって、これを理解するためには、創人の原理を十分に考えなければならないのです。

創人の原理というのは何かと言いますと、神はイエスを造っただけです。この他に人間を造っていないということです。

人の人格をどのように見たらいいのか。ユダヤ人の精神状態は、三千年も前から停止したままです。私たちは毎月、毎月、もっとはっきり言えば、毎日新しく開かれて、前進しなければならないのです。これはイスラエルの動きの何千年にも相当することでしょう。自分が全く消えて、御霊にすべてを任せればできることです。こういうペースでないと本当の神は分からないのです。

これは宗教の考えではありませんし、人間の考えでもありません。だから、人間を相手にしてはいけないのです。人の子だけしか相手にしてはいけないのです。

ちりに帰らせられる前の人格がそのまま現われている状態を、人の子というのです。マインド（精神）の本体がちりに帰らせられて、ちりができたのです。ちりは意識しないで働いています。この働きが重大です。

モーセは、「人をちりに帰らせて、人の子よ帰れ」と言っています（詩篇90・3）。モーセ本人は大したことはありませんけれど、やはり預言者だけのことはありまして、書き残したことは非常に正確です。モーセが語った内容は間違っていませんが、モーセの信仰には間違いがあったと言わなければならないのです。

私たちは神が本当に言いたいことを初めて言わせられるグループだという感覚で、新しい出発をしなければならないのです。

神は命です。宇宙には神があるだけです。それが森羅万象という格好で感じられるのですが、神の全知全能があるだけなのです。これが罪の下に売られた人間には分からないのです（ローマ人への手紙7・14）。ところが、罪の下に売られたという条件がないと神が分からないのです。

これは文明というジャンルの中に住んでいる霊魂には分からないでしょう。文明思想を無視する以外に方法がないのです。罪の下に売られなければ分からないが、売られた者には分からないのです。ここが難しいのです。

死にたくないと本当に言える人は、命を掴まえることを考えるでしょう。死にたくないととことん言える人でなければ、命を掴まえるチャンスはないのです。

罪の下に売られたということは、死の下に売られたのです。死が本当に嫌な人は命を求めるでしょう。皆様は本当に死んだと思っていない。生きていると思っているのです。生きていると思っているから、命を真剣に求めようとしていない。これが今の人間の最大の欠点です。

自分の中から宝を抜き出して、自分自身が抜け殻になってしまうのです。トンボや蝉が成虫になる状態です。幼虫が蛹《さなぎ》になって、一度死んでしまうのです。そうして、新しい命が蛹から出ていくのです。これを経験しないといけないのです。幼虫のままでは成虫にはならないのです。蛹の状態になりたくない人はだめです。

周波数とは何か。地球は周波数に満ちているのです。周波数が高くなるという原理がどこから来るのか。低い周波数を高めるとどうなるのか。物質の状態が変わってくるのです。

周波数を高めると、固形体が液体になる。そして、液体が気体になる。ここまでは現代の最先端の科学で説明することができるのです。ところが、気体をさらに高めると光になる。光をもっと高めると霊になるのです。これをさらに高めると命になるのです。

物質が存在することの原点が周波数です。この原点を高めていくと固体になる。さらに高めると液体になり、そして、気体になる。さらに、気体が光になり、光が霊になる。霊が命になるのです。言《ことば》が命になるのです。こういうペースで私たちの信仰が引き上げられていくのです。最低の状態から、最高の状態に引き上げるのが周波数です。

神の御名はありてあるものです。エホバを知る必要があるのです。そうすると、生まれてくる前も、生まれた後もなくなるのです。従って、死んだ後もないのです。生まれる前も、現世も、死んだ後も同じになるのです。

生まれてくる前が今あるのです。死んでからのことが今あるのです。皆同じものです。地獄へ行くことは何処にもないのです。こういう事を弁えて、生きることをイエスの御名と言うのです。

私が生きているのではない。生まれる前のルーツが生きているのです。これが救いです。これ以外に救いはないのです。

これがイエスが使いこなしていた唯一最高の処世法です。これが復活の命です。イエスが復活したのは当たり前です。イエスは生まれる前の命で生きていた。だから、十字架につけられても、三日目に甦ると言ったのです。

この世に生きている者は、必ず死にます。この世に生きていない者は死なないのです。死によ うがないのです。

イエスは十字架につけられて、現世を去って、人屋《ひとや》に行きました。人屋に行ったけれど、イエスは死んで人屋に行く状態ではなかった。生まれる前の状態で人屋に行ったので、人屋に置いておけなかったのです。

生まれる前の状態で人屋へ行ったのです。人屋に置けなかったから、追い返されたのです。あなたの霊魂は人屋にいるべきではないと言われて、人屋から出てきたのです。

イエスは間違えて人屋に行った。こんなお方は地獄へ来るべきではないと言われて、戻されたのです。皆様もこうなったらいいのです。自分が消えてイエスになったらこうなれるのです。

皆様は現世に生きている時は、思い煩うことは一切ありません。永遠の生命を得るためには、何をしてもいいのです。永遠の生命のためにプラスになると思ったら、何をしてもいいのです。遠慮することは全く必要ありません。何に遠慮しているのでしょうか。もっと大胆に、自由奔放に、どんどんしたいことをして、間違いなく永遠の生命、死なない命を掴まえて頂きたいのです。神はこういう自由を与えているのです。

どんな手段を使ってもいいから、永遠の生命を掴まえたら勝ちです。どんなに品行方正に生きていても、掴まえなかったら負けです。このことをよく考えて頂きたいのです。

3. 神の言葉

人間の言葉は、理性的に働く言語作用とか、文章によって現われる思想的なものになって現われているのです。人間の考えは思想的なものばかりです。本当の命はありません。皆様は聖書を学ぶ時に、聖書の言葉を哲学以上のものとして学んでいますが、普通の言葉として学んでいますと、命にはなりません。これをよく考えて頂きたいのです。

私が神から与えられているのは命の言葉です。命になる言葉です。命になるように言葉を用いることを教えられているのです。

皆様は現在神と接触しています。神と接触していながら、それが分かっていないのです。これは皆様の命が神の言葉になっていないからです。人間の常識になっている。人間の知識になっているのです。これが間違っているのです。

神の言葉は神の命です。神ご自身の命です。聖書を神の命の言葉として学ぶことになりますと、皆様の生活の内容、生きている感覚の内容が全く変わってしまいます。これが信仰です。

頭でいくら分かったと言ってもだめです。分かったというのは、大なり小なり宗教観念です。神の言葉が命になっていないのです。神の言葉が命になるように勉強して頂きたいのです。

皆様はいつまでも生きていたいと思うでしょう。なぜそう思うのでしょうか。それは皆様が神の言葉に触れているからです。皆様の命が神に触れているからです。これを掴まえなければいけないのです。命が神に触れている。神に接触している。この瞬間を捉えて、自分の命にするのです。

皆様の目が見えているということは宗教ではありません。皆様の感覚が神の御霊と皆様の魂とをつなげているのです。ですから、見ていること、聞いていることの意味が分からなければ、聖書を学んでいても学んでいないのと同じことになるのです。

皆様の感覚は神を知っていますから、死にたくないと思うのです。皆様の感覚は非常に正確に神を知っています。砂糖を舐めると甘いと感じます。この感覚が神を経験しているのです。塩を舐めると辛いと感じます。この感覚は万人共通の感覚です。私たちは現世で甘いとはどういうことか、辛いとはどういうことかを勉強しているのです。これが神と接触していることなのです。

皆様は生きていたいと思われるでしょう。死にたくない、生きていたいのです。生きていることが有難いのです。なぜ有難いと思うのでしょうか。おいしい物が食べられるからです。美しいものが見られるからです。楽しいことが経験できるからです。女性がいるからです。女性から見れば男性がいるからです。この感覚が人間の救いになるからです。

肉体的な女性がいるかというといないのです。性《さが》というのは女性ではありません。性は霊魂の問題です。神と人の係わりの霊魂の問題をいうのです。

肉の思いを全く捨ててしまって、霊に従いて生きるという気持ちになって頂きたいのです。おいしいものを食べれば、だれでもおいしいと感じます。おいしいとはどういう事でしょう。なぜおいしいと思うのでしょうか。おいしいと思うことは義理や体裁ではありません。本当においしいからおいしいと感じているのです。これが神と接触していることになるのです。こういう経験をしたいから、人間は生きていたいと思うのです。

人間が生きているのは、神と触れているのです。これを経験したいから生きていたいのです。天気が良い日には空が美しいと思う。これが霊魂の救いです。難しいことはありません。天気が良い日には気持ちが良いということが、命の言葉です。これが霊魂の救いです。命の言葉というのはそういうものです。

人間は感覚の世界に生きています。いつでも神を感覚しているのです。だから、生きていることは無上に有難いのです。死んでしまうと感覚の世界でなくなってしまうからです。

例えば、ミカンを食べる事は、ミカンという天然自然に触れているのです。天然自然とは、「ありてあるもの」です。ミカンという「ありてあるもの」と触れあっている。「ありてあるもの」とは神ご自身です。人間はミカンを通して、神ご自身と触れ合っているのです。神ご自身の味をそのまま味わっているのです。

これは理論の世界ではありません。これが皆様の救いになるのです。ミカンを食べてそれが救いになるような聖書の勉強をして頂きたいのです。そうでなければ宗教になってしまうのです。

生きていることは、そのまま神と交わっていることなのです。これが感覚の世界です。理論の世界ではありません。感覚を経験していても、その感覚が何であるか分かっていない。これが死んでいる証拠です。

皆様の感覚は理屈だけの感覚になっている。エデンの園の中央にある善悪を知る木の実を食べているのです。これが人間の常識です。

人間は常識で生きているのです。常識で考えると、砂糖が甘いということは分かりますが、甘いという事の説明ができません。だから、甘いという感覚を与えられていながら、死んでしまうことになるのです。

砂糖が甘いということと、霊魂がどういう関係になるのか。自分の魂と神との交わりの問題です。神の霊と自分の魂がどのように交わっているのか。こういう問題を勉強していかなければいけないのです。

甘いということが言葉です。神の言葉です。神の言葉が人の魂を生かすようにできているのです。甘いということを、神を経験しているものとして受け止めることです。そうするとケーキを一個食べたことが、魂の救いになるのです。ミカンを食べたことが、魂の救いになるのです。

飲むこと、食べることの一つ一つのことが、神との交わりになって、皆様自身の霊魂の救いになるのですから、こういう聖書の学び方をして頂きたいのです。そのためには、善悪を知る木の実を食べてはいけないのです。

善悪を知る木の実を食べた状態が、人間の常識です。人間の常識を持ったままで、聖書を勉強してはだめです。

目が見えるという事が、神と皆様の霊魂の交わりになっているのです。目が見える以上、神が分からないはずがないのです。耳が聞こえる以上、神が分からないはずがないのです。

皆様が生きているのは、個々の人間が生きているのではありません。個々の人間は死んでいるのです。皆様はリンゴを食べても、リンゴの味を神として受け止めることができないでしょう。

直感的に分かっても、霊魂の足しになるような受け止め方ができない。霊魂に光を与えられるような言葉として、受け止めることができない。これは霊魂が死んでいるからです。

だから、世間並の宗教みたいなことで満足してはいけないのです。もっともっと深く勉強して頂きたいのです。

皆様は一般の日本人から見ればかなり優れた人材です。神も皆様の霊魂を丁寧に扱っています。何とかして、神の国へ入れようとしているのです。まず神の国と神の義を求めて下さい。自分が生きていたらだめです。園の中央にある善悪の木の実を食べてはいけないのです。

皆様は知らず知らずのうちに、善悪の木の実を食べているのです。これが常識です。だから、常識にこだわっていてはだめです。常識を土台にして、常識を中心にして、聖書の勉強をしていると、永遠の命を受け取ることができないのです。

味を経験する。形を見る。色を来る。匂いを嗅ぐ。景色を見るという状態で、皆様の霊魂は神と触れ合っているのです。神と触れ合っている自分を、もっと丁寧に捉えるようにして頂きたい。そうすると、皆様の霊魂が神の言葉になるのです。

人間の言葉では何にもなりません。皆様の言葉が神の言葉になるように勉強して頂きたいのです。五官の働きはすべて神の言葉の働きです。このことをよく承知して頂きたいのです。

4. 新しく生まれる

皆様は現在生命を持っています。生と命とは違います。命というのは、口に令がついているのです。口とは生きていることを意味します。生きている人間は天の命令に服従しなければ生きていられないという意味です。これは現世に生きている人間の命を指しているのです。

これは皆様の常識で判断できる命です。生というのは天然自然の植物が大地にはえている格好を示しているのです。すばらしい大木が生という格好になって現われているのです。

永遠の命を文字で現わすと生になるのです。皆様は生と命の両方を持っているのです。ところが、皆様は世間並に生きているのです。世間の人間は業《ごう》で生きているのでありまして、皆様が世間で生きていると、一応は世間並の気持ちに感化されることになるのです。そこで、生のことが分からずに、命しか分からない状態になってしまうのです。これが人間の妄念です。

実は皆様が考えている人間、戸籍台帳に記載されている人間と、皆様の本質とは全く違うものなのです。戸籍台帳には固有名詞の人間が届けられています。日本社会に生きるためには、そういう手続きが必要だということです。それには、日本社会で生きるためという条件がつくのです。それは本当の命ではないのです。

固有名詞の人間というのは、この世に生きている人間です。しかし、皆様の魂の本性は生です。皆様の魂は永遠の命を求めています。永遠の命を求めているということが、そのまま永遠の命を持っていることを意味しているのです。

大乗仏教にボディサットーバーという言葉があります。これを菩薩と訳していますが、これは求道者、道を求める者という意味です。菩薩というのは道を求める人格を指すのです。また同時に、道を求めるということが、道に入ってしまうことをも意味するのです。これが仏法の優れた語法であると思います。

ボディサットーバーというのは、道を求めるということですが、その人の中に道があるのです。自分の中にある道を、意識的にはっきり見つけるのです。自分の中にある誠の命を、自分の外の世界で証してもらいたいのです。これがボディサットーバーなのです。

もし皆様が永遠の命を本気になって求めるとしたら、それは皆様方の中に永遠の命があるからです。永遠の命が自分の内にない人は、初めから求めようという気がしないのです。そういう人は、全然求めようとしないのです。これを聖書は滅びる者と言っているのです。

滅びるに決まっている人はいるのです。ところが、どうしても真理を知りたい、永遠の命を掴まえたいという気持ちがある人は、その人の中に真理があるからです。本当の命があるから求めなければならないのです。

自分の中にある命の実質を他動的に立証してほしいのです。自分自身の主観的な意識だけでなくて、客観的に証明してほしいのです。客観的な事実と主観的な意識とが一つになってほしいのです。

自分の外の世界と自分の内の世界が一つになって、世界全体が大きい我として認識してほしいのです。こういう気持ちが魂にはあるのです。これをボディサットーバーというのです。

私は皆様がそういう魂であると考えるから、ハイレベルなことを申し上げているのです。世間の人が絶対に言わないこと、世間の人がめったに聞けないようなことをお話ししているのです。皆様はそれくらいの本性をお持ちであると思うから、申し上げているのです。魂の本性がどういうものかということを、悟りさえすればいいのです。

皆様が現世に生きているのは、実は本当の自分ではなかったのです。本当の自分ではなかったことが、はっきり自覚できるに違いないのです。私はそれを自覚していますから、申し上げているのです。

イエスはこれが分かったのです。生きているうちに、自分の中にある命の本質がそのまま父なる神であることが分かったのです。そこでイエスは自分の命の本質において生きることが、父の内に生きていることだということが分かったのです。

皆様の内にある理性の働き、良心の働きが、生ける誠の神です。生ける誠の神の命の息が、皆様の中に留まっているのです。これをイエスは発見したのです。

これは人間創造を勉強されたら分かるのです。この地球はなぜ造られたのか。天地創造の原理が分かれば、人間創造の秘密が分かるのです。

日本人の世界観は貧弱で低級です。古事記で考えている程度の天地創造しか分からないのです。古事記の天地創造は本当に貧弱なものです。

かつて天地創造という映画がありました。これは地球が造られたことを映画にしているのです。地球が造られたのは間違いありませんが、創世というのは世が造られたということです。

世とは何かと言いますと、いわゆるゼネレーション（generation）です。ゼネレーションが造られたのです。これは地球という物質が造られたのではない。地球が物として現われる世代が造られたのです。

地球は必ずしも物でなければならないことはないのです。物ではない地球もありうるのです。これこそ本当の地球の原質です。

地球の原質は霊なるものです。霊なる地球が物として現われた。これを創世と言っているのです。世代が造られたのであって、万物が造られたのではないのです。

キリスト教では万物が造られたと考えているのです。創世記には万物が造られた段取りが書いてありますが、鳥や獣や魚は、鳥、獣、魚という格好が現われなくてもいいのです。魚として現われなければならない霊なるものが、魚になっているのです。魚「である」ことが魚「がある」という状態になったのです。

例えば、菊の花があります。菊の花として現われなければならない必然性が、菊として現われているのです。菊の花「である」ことが、菊の花「がある」こととして現われているのです。これがビー（Be）動詞の本質です。

「である」ことが「がある」こととして現われるのです。これがビー動詞です。イズ（is）というのはそれです。

魚ができなくても、魚になるべき本性がこの宇宙にあるに決まっているのです。魚として現われるべき本性が宇宙にあるのです。これが魚になって現われたのです。

魚となって現われているのは現象です。これを般若心経は色即是空、空即是色と言っているのです。空なるものが色として現われているのです。だから、空即是色になるのです。空なる魚があるのですが、これが色なる魚として現われているのです。これを空即是色というのです。

色として泳いでいる魚は空である。本来、魚となるべき性質が魚として泳いでいるのですから、魚があるのではなくて、魚であるべき空なるものが、魚になって現われているのです。色即是空はこれを言っているのです。

私は何も特別なことを言っているのではありません。千年以上前から般若心経によって言われてきたことなのです。般若心経の愛好者が一千万人もいて、誰でも知っていることなのです。般若心経の字句は誰でも知っているのですが、事実を誰も知らないのです。

魚がいるというのは、魚がいるべき事実が魚となっているだけのことです。色即是空と言っても、空即是色と言っても同じことです。

地球というのは空即是色から考えますと、地球がなくても地球はあるのです。地球という物体がなくても、地球となるべき必然性が宇宙にあるのです。それが今、地球となって現われているのです。これが創造です。

創人ということがあるのです。人間となるべき必然性が宇宙にあったのです。これがすばらしいのです。人間となるべき必然性の本体は何であるのか。これがすばらしいのです。

色即是空、空即是色の実質を具体的に説明できるのです。

天地（創造）という影も形もないものが、形となったのではなくて、神が花を呼び出した、人間を呼び出したのです。「無きものを在るもののように呼んでいる」と聖書にあるのです（ローマ人への手紙４・17）。

神が呼んでいるのです。神の言葉が働いているのです。神が無いものを在るがごとくに呼んでいる。これが現象世界です。アブラハムはこの神を信じたのです。

過去において地球という形がない時があったのです。形がない地球があったけれども、それを形があるものにしなければならない必要が発生したのです。なぜかと言いますと、死という法則が生まれたからです。死の法則が生まれたからです。

偽りという原理が宇宙に登場したのです。偽りであるものと、偽りでないものとを証明しなければならない必要性が発生したのです。そこで、地球になるべき必然性が現在の地球になっているのです。これが地球です。

やがて、地球は消えてしまうのです。こういう思想は日本にはないのです。アメリカにもありません。ヨーロッパにもありませんが、聖書にはあるのです。イエスはこの思想を自分自身で実験したのです。実験した結果、死を破ったのです。

もし皆様が死からの脱出を真剣に考えるのなら、現在の人間の考え方が未熟であり不完全であることを、はっきり確認していただきたいのです。

この未熟で、不完全な状態を捨てて、本当の願い、本願、本望が何であるかを考えて頂きたいのです。この本願、本望が、皆様の本性にはっきり焼きつけられているのです。このことを悟って頂きたいのです。皆様の本願、本望が皆様の本性なのです。これがイエスによって証明されたのです。

皆様が本当のことを求める気持ちがあるかどうかを、皆様自身の心に問うて頂きたい。皆様が本当に菩薩であるかどうかです。菩薩であるとお考えになったら、必ず菩薩になれるのです。

今の男女は結婚したら子供を産みます。女の人は特に子供が欲しいと言います。なぜ子供が欲しいと思うのでしょうか。もし人間が死なないものであるなら、子供を産みたいと思わないでしょう。創世記第二章のアダムは死なない人間でした。だから、子供を産もうと考えなかったのです。

アダムとその妻は、二人共裸であったが、恥ずかしいとは思わなかったので（創世記2・25）、セックスの感覚を全然持っていなかったのです。人間がセックスの感覚を持ち始めたのは、死ぬようになってからです。

子供が欲しいという気持ちは何かと言いますと、自分の命を残したいという気持ちからです。これは動物的な考えです。動物はすべて自分の子孫を残すために生きているのです。人間が動物並に下落したので、子供を産むことになったのです。

これは人間の本当の願いではないのです。人間の本当の願いというのは、自分自身の存在の中から死なない命を産むことです。自分自身の中から、死なない命を引っ張り出したいというのが、本当の願いです。

自分自身の中にある永遠の命を発見すれば、新しい自分が生まれるのです。役所に登録してある名前ではない。天に名が記される自分です。これが発見できるのです。天に名前が記される人です。そういう人を自分自身の中から産み出すのです。

新しく生まれるのです。自分の中にある本当の命を発見するのです。これは自分自身の中から新しい人間を産み出すことと同じ意味になるのです。

マリアの中からイエスという永遠の生命が生まれたように、私たちの中から死なない命を産むのです。個々の人間はマリアになるのです。皆様の中から永遠の生命が生まれ落ちるのです。これが人間の最高の願いです。

イエスが処女降臨したということは、人間の中から本当の人間が生まれるということを、神の言葉で表現したのです。

死ぬべき人間の中から死なない人間が生まれるのです。男女の結合によって生まれるのはその譬です。人間の中から死なない人間が生まれることを処女降臨というのです。

観世音ということが、皆様がこの世に生まれた目的です。観世音というのは、人間が目覚める状態の目標を指しているのです。

イエスは新しく生まれなさいと言っていますが、これを日本人的な仏教表現で言いますと、十句観世経になるのです。

十句観世経は次のように言っています。

「観世音　南無仏

与仏有因　与仏有縁
仏法相縁　常楽我浄
朝念観世音　暮念観世音
念念従心起　念念不離心」

この意味は次のようになります。

観世音菩薩に帰依します。私たちにも仏と同じ因果の法則があり、また縁でつながっています。仏と法の縁によって、私たちは常に心を清らかにし、楽しく過ごせます。朝にも夕べにも観世音菩薩を念じます。この念は仏心から起こり、また心を離れません。

念念観世音したらいいと言っているのです。人間は世音を見るために生まれてきたのです。観世音ということは、人間存在の目的そのものです。

私たちは生活するために生まれてきたのではない。観世音するために生きているのです。皆様は観世音しなければならないし、観世音するだけの能力は十分にあるのです。

自分の肉体があるということが世音です。また、この世に生まれるということが世音です。入学したり就職することも世音です。友達づきあい、仕事をすること、結婚をすることも世音です。

人間のあらゆる営みは世音です。人間の営みが世音ですし、また、万事万物がすべて世音です。花が咲くことも、蝉が鳴くことも世音です。地球が自転公転することから、雨が降ることも、風が吹くことも、皆世音です。

何のために暑さ寒さを経験させられているのか。商売で損をしたり、喜んだり悲しんだり、病気になったりしますが、これが皆世音です。

世音を観じるのです。ただ見るのではない、観じるのです。観じるとは英語で言いますと、ビホールド（behold）です。ビホールドとはしっかり見ることです。物事の本質を見極めるように、つらつら見るのです。

こういう見方をするのです。自分が生きているという実体をよくよく見るのです。また、自分が生かされているという万事万物をできるだけ多く勉強するのです。私たちはこういう勉強をするために、この世に生まれてきたのです。

生活するために生まれてきたのではありません。生きるためです。何のために生きるのか。観世音になるために生きるのです。

生きていなければ観世音にはなりません。観世音になるために生まれてきたのです。日本人の常識に分かるように説明したら、こうなるのです。

観世音するとどうなるかと言いますと、神の胸の内が分かるのです。神は天地を造った親方です。神は非常に物事の分かったおやじさんです。這いつくばって物を言わなければならない人とは違います。

礼儀作法によって接する人とは違います。人間の礼儀作法は神の前では通用しないのです。本当の神は父です。本当は神としかめっ面でいうべきものではないのです。イエスは神のことを「アバ父」と呼んだのです。これはおとっつあんという意味です。

イエスは神を気楽におとっつあんと呼んだために、ユダヤ教のラビや律法学者から、神を冒涜する者として掴まえられて殺されたのです。

客観的に言えば、神という名刺は必要です。神という言葉は必要ですが、実は私たちの父であるだけです。おやじがいるだけです。

訳が分かったおやじさんが神です。「アバ父」というのはおやじさんという意味です。おやじさんの腹の中へ飛び込んでしまったら、おやじさんの気持ちが皆分かるのです。

おやじさんが人間の霊魂に何をさせようとしているのか。本来、人間の本質は何であるのか。これをはっきり教えてくれるのです。

キリスト教の牧師は、イエス様を信じたら、死んでから天国へ行けると言います。天国へ何をしに行くのでしょうか。福沢諭吉は死んでいく前に、他力本願の寺のお坊さんに、「西に向かって手を合わせて、ナムアミダブツと言いなさい」と言われました。「何でそんなことをしなければならないのか」と諭吉は聞いたのです。

お坊さんが、「生きているうちに弥陀の名号を唱えれば、死ぬ時に如来がお迎えに来て下さる。このことは阿弥陀経にはっきりと示されているから、その通りにした方がいい」と言ったのです。

諭吉はしばらく考えて、「如来さんが迎えに来て極楽へ連れて行って下さる。それは大変結構なことですが、さて、極楽へ行って何をするのですか」と聞いたのです。

お坊さんは、「極楽へ行ったら何もしなくてもいい。ありがたい所ですから、何もしなくてもいい。ただ楽しく遊んでいればいい」と答えたのです。

「極楽には仕事はないのか」と聞いたら、「仕事なんかあるはずがない」とお坊さんは答えたのです。そこで諭吉は、「それなら、私は極楽行きはお断わりしたい。私は仕事が大好きですから、仕事がない所には絶対に行きたくない」と言って、極楽行きを断ったのです。これは本当の話がどうかは分かりませんけれど、そういう話があるのです。

宗教は全然分かっていないのです。人間完成とはどういうものかが、キリスト教も仏教も分かっていないのです。

何のために人間は完成するのか。これが全然分かっていないのです。死んだら天国へ行くと言いますが、何をしに天国へ行くのでしょうか。これが分からないのです。

神は非常に訳の分かったいいおやじです。神の言葉をよくよく考えると、自分の命が分かるのです。自分の命が分かりますと、生きている状態で世音を見ることができるのです。世音を観じることができるのです。

何のために自分の命があるのかということです。何のために神が地球を造ったのか。何のために花が咲いているのか。菊が菊であるとはどういうことなのか。神は菊の花を咲かせて、皆様の魂を養っているのです。花を見ることによって、皆様の霊魂が養われる仕掛けになっているのです。

花を見ると皆様の脳神経が刺激を受けるのです。そこで、皆様の霊魂が養われるのです。魚を食べれば魚の味がする。味がするとはどういう事なのか。味をじっくり味わうと、初めて天地の愛、命の愛が分かるのです。

天地の命にはすばらしい愛があるのです。この愛が魚の味になったり、リンゴの味になったり、花の色になったりしているのです。

人間の五官が捉えているものは、愛ばかりです。命の愛をいつでも捉えているのです。このことが分かりますと、初めて、生きている喜びが分かるのです。

そこで、「ああ、生まれてきて良かった」と、しみじみ言えるのです。生まれてきて本当に良かったと言えるのです。

とこしえの命を見つけて下さい。観世音したらいいのです。観世音したら、生まれてきて良かったとはっきり言えるのです。

皆様の魂は本当のおやじと付き合いたいのです。この世の親ではありません。この世の親ではなくて、本当のおやじと付き合うために、五官が与えられているのです。

観世音しますと、万物の霊長とは何かが分かってくるのです。神は天地の主宰にして、人は万物の霊長です。万物の霊長とは何であるのか。人間は何のためにこの世に生まれてきたのか。

皆様が現世に生きているのは、本当の命ではありません。これは死ぬに決まっている命です。今の皆様の命は死ぬに決まっている命です。こんなものではなくて、死なない命を見つけて頂きたいのです。

死なない命を見つけたら、初めて皆様は大往生できるということが分かるのです。この世を去る時に、初めて本当に生まれることが分かってくるからです。

肉体的生命の私は仮の私です。本当の私ではありません。世を忍ぶ仮の姿です。本当の私はもっと上等です。固有名詞の自分を脱いでしまったら、上等の私になるのです。

私の本当の人生はまだ始まっていないのです。元禄時代にいた盤珪和尚《ばんけい》が、人間はまだ生まれていないとしきりに言っていました。

今の肉体生命は過程的な命ですから、これが本当の命だと思ったらひどいめにあいます。この世を去ってから本当の仕事があるのです。万物の霊長としての大仕事があるのです。だから、地球の万物をよくよく心得て頂きたい。世界の歴史がどのように流されてきたのか。時間と空間がどのように皆様に係わっているのかを、おやじの心を知って勉強して頂きたい。

おやじの心を知らなかったらだめです。天地の主宰であるおやじの心を知って、万物の長である人間の本質を勉強して頂きたいのです。人間はこれをするために、この世に生まれてきたのです。

5．なぜ神はイスラエルを捨てないのか

イエスは次のように言っています。

「誰でも私についてきたいと思うなら、自分を捨て、自分の十字架を負うて、私に従ってきなさい」（マタイによる福音書16・24）。

これを正確に実行しないといけないのです。これを実行していない人は、宗教観念になってしまいます。良心的に聖書が勉強できない性質を持っているからです。自己存在の先天的な欠陥を心得なければ、聖書をいくら勉強してもだめです。

自分を捨てるというのは、自分の思いを捨てるのです。自分の体を捨てる、自殺することではないのです。自分の思いを捨てるのです。思いを捨てなければ、命を捨てることにならないのです。

自分を捨てることが第一、自分の十字架を負うことが第二、イエスに従っていくことが第三です。この三つの条件をきちっと実行すれば、聖書は勝手に分かるのです。

女性は自分を捨てることが一番必要です。肉の肉である自分を捨てるのです。肉の女は肉の男を悪くするばかりです。女が女になれなければ、男はどうしても男になれないのです。女が禁断の実を男に食べさせたのです。自分のおそそ（性器）を売りものにしていることは、禁断の実を食べさせたことになるのです。女がこれをしている間は、男は絶対に良くならないのです。女がおそそを売りものにしたことが、禁断の木の実を食べさせたということです。女の武器はお

そそです。それしか持っていない女のことを、肉の肉というのです。

素人の女性の洋服のデザインをする時には、娼婦のようなデザインをするのです。芸者や水商売の女性にデザインをする時には、素人のようなデザインをするのです。素人には玄人のようなデザインをすると喜ばれる。玄人には素人のようなデザインをすると喜ばれる。肉の肉を売りものにしている人間には、そうならざるを得ないのです。これは洋服のデザインによって証明されるのです。

女がおそそを売りものにしたことが、人間全体を地獄へ追いやってしまう原因になっているのです。禁断の木の実はおそその事だから、それを今すぐにやめなさいと言ってもやめられないでしょう。だから、まず自分の思いを捨てることから始めなければならないのです。思いを捨てる訓練をしなければならない。自分を捨てるというのは、それを言っているのです。

自分の十字架を負うとはどういうことか。肉の自分は全然存在していない。これを認めることが、自分の十字架を負うことです。

第三のイエスに従うとはどうすることか。イエスを主として生きることです。この三つのことをしっかり勉強する必要があるのです。

セックスは人間全体の運命を支配する重要なポイントです。セックスは命の性《さが》です。今生きていることの中心ポイントがセックスです。これが命の性です。これを聖書が説いているのです。

聖書の勉強は、自分の命と摩り替えにすることです。命がけでしなければいけないのです。命がけで勉強しないと、地獄の刑罰を重くするだけです。聖書の勉強をしなければ、火の池の刑罰が軽いのです。聖書の勉強は、諸刃の剣になるのです。

皆様に聖書を学ぶという決死的な気持ちが見られない。この世の仕事に一生懸命になっている。その片手間に聖書の勉強をしているのです。この世に生きていて、何の意味があるのでしょうか。一生懸命に勉強しなくてもいい。命と摩り替えにしなくてもいいという理由があるからでしょう。それが何かと言いたいのです。

勉強すればするほど、刑罰が重くなるような勉強の仕方しかしていない。この世に生きていることに執着しているから、聖書を一生懸命に勉強できない理由になっているのです。

現世に生きている人間から見れば、随分立派に見えるかもしれませんが。それくらいではだめです。神が良しとする所までしなければいけないのです。

毎日、自分の生活をしていることが間違っているのです。この世に生きているから、どうしても聖書の勉強に一生懸命になれないのです。何のために生きているのか、生きていて何になるのでしょうか。

最近のテレビの番組で、うっかりミスについて報道していました。ある飛行機が自動操縦で飛んでいて、それを手動に切り替えるのを忘れたのです。うっかり忘れたのです。こういううっかりミスはあってはならないミスなのです。

皆様は自分がいないのに、いると思い込んでいる。これもうっかりミスです。こういうミスはあってはならないのに、何年も続けているのです。これを何と言ったらいいのでしょうか。

ある半島に、原油タンクの貯蔵所がありました。そこから莫大な原油が流れ出して、半島一帯が油だらけになって、漁業や農業に与えた被害は甚大なものがありました。その原因は、原油が一杯入っているタンクのバルブの締め忘れでした。うっかり締め忘れたのです。

こういうのは、ほとんど初歩的なミスに決まっているのです。うっかりミスです。これは言い訳にはならないのです。何かを考え違いしていたとか、何かを読み間違えたということなら、まだ言い訳の一つになりますが、うっかりミスは良くないのです。

皆様が今しているのは、うっかりミスです。全部うっかりミスです。やるべきことをやらないだけのことです。今皆様は生きていますが、生きているとは何をしていることか。これが分かっていないということが、うっかりミスの第一です。皆様はうっかり生きているのです。

生きているということは、御霊に生かされているということです。自分が生きているはずがない。まさか心臓を自分で動かしている人はいないでしょう。食べ物を自分で消化吸収している人はいないでしょう。脳の働きを自分でしている人はいないでしょう。五官の働きを自分の力でしている人はいないでしょう。ですから、自分が生きているというのは、真っ赤な嘘です。

自分が生きているはずがない。御霊に生かされているということが、生きているという事がらです。御霊が食べ物の味を造っているのです。味があるというのも御霊、それを食べているのも御霊の働きです。牛や豚、魚や果物に、味ができるような原理がある。これを神の言の働きというのです。

味になってしまうと、御霊の働きになるのです。原理が神の言の働きです。そのように仕向けているのが、父なる神です。

父、御子、御霊の三つの働きがなければ、味ができるはずがないのです。その味が皆様に分かるのです。御霊によって生かされているから、味が分かるのです。

私たちの舌の感覚は、御霊の感覚です。私たちの舌に言が植えられている。言としてうえられている舌の感覚が、食べるという御霊の働きによって、外なる御霊の働きと内なる御霊の働きが一つになって、舌が働いている。こういう状態で人間は生きているのです。ですから、人は生きていることを正しく認識すれば、救われていることが分かるはずです。

御霊を受けても、御霊を崇めていなければ、御霊をばかにしていることになるのです。御霊によって生かされているという、こんな簡単なことがどうして分からないのかと言いたいのです。

現実がそのまま救いになっている。自分の根性が切り替えられるという形で、御霊を崇めていれば、何とか救われるのです。

生きているということは、御霊によって生かされていることです。目で見れば色が見えます。形が見えます。寒い暑いが感じられます。食べれば味が分かります。これは御霊によって生かされているという証拠です。

こういう明白なことを現実に経験していながら、神が分からないとか、救われていないと考えている。何とばかなことを考えているのかと言いたいのです。

こういう人は聖書を勉強する資格がない。現実が分からない人は、魂であるとさえも言えないのです。魂は現実を自覚するのです。それができなければ、魂とは言えないのです。

人間が現実に生きているのは、御霊によりて生かされているのです。人間が現実に生きているということになるのです。御霊の証を信じているということになるのです。御霊の証を信じていることになるのです。

御霊の証を信じられない人は、初めから御霊を敵にしているからだめです。自分が生きていると考えているからです。御霊によって生かされているという、こんな初歩的なことが分からなかったら、生きている値打ちがありません。もしこれが分かっていれば、信仰が前進するはずです。

皆様が生きていることは生かされていることであって、生かされているということが、御霊の証を現実に受け取っていることです。

御霊と水と血の三つが分からなかったらだめです。まず、御霊の証です。それから水と血の証です。御霊の証がなければ、人間は生きているはずがないのです。

森羅万象は神が造ったものです。神が造ったものを見て、美しいと思えるのは、神の御霊によって生きているからです。

人間が誕生したのは、絶対的な事実ではありません。皆様はまだ生まれていないのです。生まれたという言葉は自動詞です。自分の意志がなかったら、こういう動詞は用いられないのです。

食べるとか飲むというのは、自動詞ではありません。生まれるとか歩く、走るというのは自動詞です。生まれるというのは、厳粛な自動詞です。飲むというのは他動詞です。飲むものがなかったら、飲めないのです。お茶とか水があるから飲めるのです。

生まれるというのは、お茶や水を飲むのとは違います。歩くとか走るというのも、物があってもなくても、自分の意志を発動すればできるのです。

イエスは新しく生まれよと命令しています。母親の胎内から生まれたのは、自分の意志によらずに生まれているのです。これは造られたものであって、生まれたことではありません。こういうことを日本人は知らないのです。

そこで聖書は、自分の意志によって新しく生まれよと命令しているのです。イエスは自分の意志によって生まれたのです。イエスの原形である神の言によって生まれた。神の御子が自分の意志によって生まれたのです。

私たちは自分の意志によって生まれたのではない。造られたことによって、生まれたという形を取らされただけです。

人間には人格があります。人格があっても自ら生まれたいという意志がなかったら、生まれるということは実現しません。従って、現在人間に人格があると思っていることが間違っているのです。正当な人格ではないのです。正当な人格であれば、今の人間が生まれたということを考えるはずがない。今の人間の人格は邪悪な人格です。悪魔の人格です。

生まれたというのは自動詞です。今の日本人で自ら生まれた人は、一人もいないのです。誕生日があるという思いをやめて頂きたい。誕生日を考えたらいけないのです。

生まれていない者を、勝手に生まれたと思っている。肉の思いは肉を完全に認めてしまっているのです。肉の思いで見れば、それなりの理屈があるのです。

聖書を勉強する以上に大切なものは、世の中にはありません。生きていることが神の御霊ですから、神の御霊さえ学んでいれば、生活はできるに決まっています。御霊を崇めて生活していれば、生活のことは勝手にできるはずです。仕事も勝手にできるのです。

自分では仕事をしなければならないと思わなくてもいいのです。商売をやめてしまえと言っているのではない。商売をしていることが御霊だと言っているのです。

御霊を崇めるという言葉の中に、商売も、家庭も全部入っているのです。だから、根本を掴まえて根本を実行すれば、すべてのことが皆働いて益となるに決まっているのです。

生きていることが神です。神が命です。生きていることが神ですから、生きていることを正当に認識すれば、そのまま救いになるのです。

自分が救われるのではない。生きているのは神の御子として生きているのです。神の御子としての自覚を持っているのですから、神に生かされているのです。神に生かされてという自覚が素朴に持てるとすれば、その人の霊は神の御子の状態になっているのです。

自分が良くならなければならないとか、自分がすべてを理解しなければならないと考えなくてもいい。ただ信じるか信じないかです。分からなくても信じたらいいのです。

自分が生きているという事実はありませんが、自分が生きているという気がすることは、いつでもあります。それを問題にしなければいいのです。

自分が生きていると思うことは、悪魔が一緒にいることです。それを問題にしなければいいのです。肉体がある以上、虚無的な思いがあるのは当たり前です。その気持ちがあっても構わない。放っておいたらいいのです。

人間が現世に生きていると、生きているという神経が働きます。だから、生きているという気持ちがするのは、当たり前です。どうしても分からないとか、理解できないとか、信じられないという気持ちが起きるのは、当然です。

これは肉の人間としては当たり前のことです。霊の立場から見れば、そんなことは問題にならないのです。人間は霊的にだけいるのではない。肉的にもいるのです。肉的と霊的にと、両方があって生きているのです。光と闇が両方あって生きているのです。

光を昼と名づけ、闇を夜と名づけた。光と闇が交錯した状態で、三次元の世界は存在しているのですから、自分がいるような気持ちがするのは当たり前です。分からないとか、理解できないという気持ちがするのです。そういう肉の思いは放っておいたらいいのです。

ソロモンは次のように言っています。

「私によって、主たる者は支配し、
つかさたる者は、地を治める。
私は私を愛する者を愛する、
私をせつに求める者は、私に出会う。
富と誉れとは私にあり、
優れた宝と繁栄もまたそうである」（箴言8・16～18）。

最初の箇所を新世界訳で見ると、「私によって君たちは君として支配を行い続け」とあります。かつて、吉田茂氏が総理大臣の職にありました。吉田茂氏が総理大臣の在任中、吉田茂氏の実力で総理大臣をしていたのではない。神が一時的に、吉田茂氏と共にいたのです。神は吉田茂氏の業《わざ》と共にいたのです。神は吉田茂氏の命と共にいたのではないのです。

私たちには私たちの命と共に神がおいでになるのです。これがインマヌエルです。吉田茂氏の業と共に神がいた。だから、吉田茂氏は人気と実力があったのです。

新世界訳の十六節に、「高貴な者たちは、皆義にそって裁きを行っている」とあり、十七節には、「私を愛する者たちを私も自ら愛し、私を捜し求める者たちは、私を見出すであろう」とあります。

皆様は自分の命のことを考えているからいけないのです。神を捜し求めたらいいのです。神を捜し求めたら、神に会えるに決まっているのです。

神を捜そうとしないで、自分が納得しようと考える。これは全く愚劣なことです。これを宗教観念というのです。ああでもない、こうでもないと詮索ばかりしている。

神を信じようとしないで、自分の思いで分からない所を詮索ばかりしている。これが宗教観念です。

神を信じたらいいのに、これをしないのです。十八節の新世界訳では、「富と栄光とは、私と共にあります。価値ある世襲財産と義もそうである」となっています。

例えば、桜やバラの花がきれいだというのは、神の世襲財産です。豆ラクガンというお菓子も、神の世襲財産の中に入るのです。味はすべて神の世襲財産です。神が分かれば、神の世襲財産は勝手にもらえるのです。

私の世襲財産と私の義は、私と一緒にあると書いています。神さえ分かれば、勝手に気楽になれるのです。神を掴まえようとしない。神を求めようとしない。自分の満足を計ろうと考えている。自分が分かろうとしている。これがいけないのです。

なぜ分かりたいと思うのか。なぜ救われたいと思うのか。現在、皆様が生きていることが、摩訶不思議です。摩訶不思議な命を現在経験していながら、なぜこれが分からないのでしょうか。

異邦人は神の約束が自分と共にあることを知らないのです。ユダヤ人は神の約束は自分たちと共にあることだけを知っている。これを頑固に信じているのです。神が分からないのに、神の約束は私たちのものだと思っているのです。だから、神も捨てる訳にはいかないのです。自分は選民だと思っているから、捨てる訳にはいかないのです。

見当違いの信仰ですけれども、神の選民であると信じている場合には、それを黙って踏みにじる訳にはいかないのです。

悪かったと思えば神は蹴飛ばすが、悪かったと思うまでは、蹴飛ばさないのです。これが神の泣き所です。神のいい所です。

自分は神の選民だと思っているだけで預言者を殺し、御子を十字架につけたユダヤ人を、神は捨てることができないのです。私はこれを思うたびに、胸が痛くなるのです。

彼らは自分たちが神の選民だと思っているだけです。神も分からず、約束も分からない。何も分からないのに、自分たちは神の選民だと信じている。そのことだけで、神は彼らを捨てられないのです。

そこで、今まで選民だと思っていたが間違っていたと彼らが言い出すと、神は本気になって捨てられるのです。妙なことですが、間違いが分からなかったら、神は本気になって殴ることができないのです。

エホバの御仕置はこういうものです。分かったら殴るのです。分かるまで殴らないのです。

現在、私たちはイスラエルの回復のために祈っています。この祈りによって、やがて彼らがしまったと思い出すでしょう。イエスを十字架につけたのは間違いだと、ユダヤ人の数人が思い始めるでしょう。そうすると、神が真剣に殴り始めるのです。これが「ヤコブの悩み」と言われる艱難時代です。

私たちは御霊を受けたのです。御霊を受けたと思っている以上、神は捨てる訳にはいかないのです。人間の霊魂のつながりは微妙なものです。聖書が分からなくても、選民だと思っているだけで捨てられないのです。

神は今まで四千年間、ユダヤ人を殴り飛ばしもせず、捨てもしないでいる。アウシュビッツのようなことをしたけれど、根本からユダヤ人を私の民だとは言わないのです。言えないのです。彼らが一方的に選民だと信じているからです。一方的であっても、我々は神の民だと信じている以上、お前たちはそうではないと言えないのです。

神はそれほど人間の考え方を信じているのです。有難いことです。だから、御霊を受けた者は、私は御霊を受けたと思って下さい。一日に、五、六回でも十回でもいいから、そう思って頂きたい。そうしたら、神が捨てておけなくなるのです。

人間は納得して火の池へ行くのです。間違っていたということを十分に知って、火の池へ行くのですから、神は遠慮せずに、永遠に殴れるのです。

人間は第二の復活にあずかるのです。一度この世で死んで、黄泉で眠っていても、目が覚めた時に、霊魂の目が開いているのです。今まで現世で肉の思いでいたことが、根本から間違っていたことが、はっきり分かるのです。そういう状態から、火の池へ行く人はいくのです。間違っていたことをよく承知しているから、神は遠慮なく殴れるのです。

今は殴れないのです。キリストが第三の天で祈っているからです。御霊を受けたということは、約束の現物を与えられたことと、ほとんど同じ値打ちがあるのです。ところが、その自覚がない、忘れてしまっているのです。

「神の栄光は私と共にある」。現在生かされていることにおいて、富と栄光がいつもあるのです。「価値ある世襲財産と、私自身の義も、あなたがたと一緒にある」。神さえ崇めていれば、これが皆様と一緒にあるのです。神は無条件で皆様を救っているのです。無条件で皆様を生かしているのです。それなのに、なぜ分からないというのでしょうか。

神というお方を現実的に考えるのです。神は皆様と共にいます。乗ろうと思って駅へ行くと、電車が来る。車を運転しようと思ったら運転できる。することなすことが思いどおりになるでしょう。これが恵みです。これが神の栄光と富なのです。

人間が思うとおりのことを神がさせているのです。神はそういうお方です。人間の力で何ができるのでしょうか。不思議なことに、人間が考えたとおりに、物事が進むでしょう。誰のせいでしょうか。皆様が神と共にいるからできるのです。

世間の人もそのとおりです。世間の人が生きていることが神ですが、世間の人は将来の希望を持っていません。現実において、現実に生きているからです。世間の人は現実が神であるということを知りません。それでも、神が助けているのです。

現実を現実だと思うことが、知らずして神を求めている状態になっているのです。人間の本心はそういうものです。人間の本心はその人の顕在意識に係わりなく、潜在意識として働いている。人間が無意識に仕事をしていることが、すでに神と共にあることになっているのです。

信じていない人間にでも神は一緒にいるのです。神を見つけて、ああここに神がいるのかということが分かると、永遠の命の方へ入っていけるのです。

神はどこにでもいるのです。これを摩訶不思議というのです。これが命の正体です。

6. 悪魔の反逆の前に人は造られた

聖書に次のようにあります。

「これらのことを証する方が仰せになる、『しかり、私はすぐに来る』。アーメン、主イエスよ、来たりませ」(ヨハネの黙示録22・20)。

私はすぐに来るとあります。この言葉が何を意味するのかです。キリスト教の神学では、求める者にキリストが精神的に臨むと言っていますが、これは間違った解釈です。

この箇所の前から読んだら分かりますが、これは地球の運命に関する預言です。単なる神学思想ではありません。地球の歴史に関することを言っているのです。

地球の造り主である者、これを証した人がいうとあります。地球を造った人、また、造られたことについての責任者が言っているのです。

地球の終末を証することができる人は、地球を造った者か、地球が造られたその目的の人格か、どちらかです。地球の運命を予告したり、預言したりする人はそういう人です。

私はすぐに来るというのは、第三の天でキリストであるイエスが、「父よ、彼らを許したまえ。彼らはそのなす所を知らぬなり」と、祈り続けているからです(ルカによる福音書23・34)。この祈りが今日聞かれるか、明日聞かれるかという期待を持って、キリストが祈っているのです。

「父よ、彼らを許したまえ。彼らはそのなす所を知らぬなり」。この祈りをずっと続けているのです。だから、この祈りが今日聞かれるか、明日聞かれるかと、キリストが待っているのです。すぐに来るというのは、すぐに来たいというキリストの熱切な希望の現われです。

皆様は信仰によって、イスラエルの回復を祈っていないからいけないのです。キリストは自分の祈りが今日聞かれるか、明日聞かれるか、指折り数えて祈っているのです。こういうキリストの熱情、イスラエルを愛する彼の情熱が分からないのです。

同じ章の十二節には、「見よ、私はすぐに来る。報いを携えてきて、それぞれのしわざに応じて報いよう」とあります。

聖書の言葉を生ける神の言葉として読んでいないからいけないのです。人間が生きていることが、そのまま神の言葉になるのです。

イエスの十字架の祈りは、そのまま第三の天における祈りになっているのです。第三の天におけるイエスの祈りが、そのまま私たちのハートに移っているのでなかったら、イスラエルのための慟哭にならないのです。そのために、聖書を信じなければならないのです。人間の救いはどうでもいいのです。

キリストが再臨すれば、地球は一遍に元の地球になります。陥罪を犯さなかった時の地球になるのです。地球が回復することは、人間全体の罪が許されたという印になるのです。

自分が生まれる前の状態を、確認していないからいけないのです。今の命だけしか知らないからいけないのです。

イエスは言っています。「父よ、世が造られる前に、私が御側《みそば》で持っていた栄光で、今、御前に私を輝かせて下さい」(ヨハネによる福音書17・5)。

これがイエスの信仰です。世が造られる前に御側で持っていた栄光を、イエスは知っていた。これがイエスの信仰の基礎になっているのです。世が造られる前に、神の御側で持っていた栄光が分からない者は、救われないのです。

私たちが生まれる前に、神の前で栄光を持っていなかったら、聖書が信じられるはずがないのです。聖書を信じたいという気持ちがあれば、世が造られる前の栄光が、分からなければならないのです。

救われたらどうなるかが、すぐ分からなければならないのです。私たちが救われるとすれば、生まれる前の栄光に帰るしかない。他に行く所がないのです。私たち自身が生まれる前の栄光とは、造られる前の栄光です。

イエスが今、第三の天で祈っているのは、イスラエルが回復されるためです。回復の兆候が見えれば、キリストが祈りの座を立たなければならないのです。

イエスは祈りの座を立つために祈っているのです。イスラエルの罪が許されること、イスラエルの目が開かれること、同時に、悪魔の権威が空中から落ちてしまうために祈っているのです。

これは、悪魔の権威が底なき穴に閉じ込められることを意味するのです。悪魔の考え方、悪魔の思想は、底なき穴です。

今、ユダヤ人が悪魔を信じているために、悪魔が足場を持っているのです。悪魔が活躍できるのです。悪魔はイスラエルを自分の足場にして活躍しているのです。

イスラエルが悔い改め始めたら、地上における悪魔の足場がなくなってしまうのです。そうすると、悪魔が底なき穴に閉じ込められるのです。悪魔が底なき穴に閉じ込められたら、地球上の一切の災い、悩み、矛盾、混乱が一応消えてしまいます。完全になくなるのは、新天新地になってからです。現世的には、地球の災いが一応消えてしまうのです。人間の原罪が無視され、消えてしまうからです。

イスラエルが寸刻も早く救われることを、キリストであるイエスは、熱切に祈り続けているのです。私たちがイスラエルのために祈っているのは、イエスご自身の祈りなのです。この祈りが聞かれさえすれば、イエスはすぐにやってくるのです。この祈りが聞かれたら、地球はすぐに回復するのです。

ユダヤ人が神に抵抗している。それで、地球が呪われているのです。地球に、地震、台風、津波、噴火、洪水、旱魃、飢饉、異常気象、伝染病、ガン、エイズ、インフルエンザが多発しているのは、ユダヤ人が神に反抗しているから起こっているのです。

これは、ユダヤ人の罪でもありますが、私たち自身の罪のせいでもあるのです。全地が呪われていることが、自分自身の罪であると認識することができる者は、神の一族です。イエスは全人類の罪を自分の罪だと考えた。自分自身の存在が、罪を滅ぼすための存在であると考えたのです。

今、人間の原罪はイエス・キリストの十字架によって許されているけれど、ユダヤ人がまだ悔い改めていないことが、地震になったり、台風、洪水、津波、旱魃、伝染病などのいろいろな病気になっているのです。

ユダヤ人の罪を自分の罪のように考えて祈るのです。第三の天のキリストの祈りに合わせて祈るのです。

聖書に次のようにあります。

「主が昔、そのわざをなし始められた時、
そのわざの初めとして、私を造られた。
いにしえ、地のなかった時、
初めに、私は立てられた。
まだ、海もなく、また、大いなる水の泉もなかった時、
私はすでに生まれ、
山もまだ定められず、丘もまだなかった時、
私はすでに生まれた。
すなわち、神がまだ地をも野をも、
地のちりのもとをも造られなかった時である。
彼が天を造り、海のおもてに大空を張られた時、
私はそこにあった。
彼が上に空を堅く立たせ、

淵の泉を強く定め、
海にその限界を立て、
水にその岸を越えないようにし、
また、地の基を定められた時、
私はそのかたわらにあって、名匠となり、
日々に喜び、常にその前に楽しみ、
その地で楽しみ、
また、世の人を喜んだ」（箴言8・22〜31）。

口語訳と新世界訳とでは原本が違いますので、文面がだいぶ違います。新世界訳では「私は定めのない時から立てられた」とあります。定めのない時というのは、時間的な定めがなかった時、即ち、時間が存在しなかった時という意味です。

その時から、皆様は立てられていたのです。もしそうでなかったら、聖書を勉強したいと思うはずがないのです。時間ができる前に、神の元にいた人なのです。

定めがない時から、私は選ばれていたという感覚です。「初めに神が天と地とを創造された」と創世記の一章一節にありますが、その前に造られたのです。

初めという時があったのです。新世界訳では「定めのない時から立てられていた。初めから、地よりも前の時代からである」とあります。

二十四節は、口語訳では、「まだ海もなく」とありますが、新世界訳では、「水と深みもなく」とあります。海というものが闇が淵の表にあると淵になるのです。

「また、私は生みの苦しみをともなうかのようにして産み出された。それは水のみなぎる泉もなかった時である」とあります。大いなる水の泉も、淵と同じことになるのです。海としての淵と、水の泉としての淵と二つの形の淵があるのです。

海と水の泉の淵は、同じ淵のあり方でも違うのです。海は生物を産み出す淵です。水の泉は命の淵源としての淵です。

淵がなかった時に、私は生まれたと言っているのです。淵がなかった時に生まれたということは、悪魔が反逆する前のことです。悪魔が背く前に、神は悪魔の反逆を見越したようにして、すでに手を打っていた。だから、悪魔の反逆が無効になってしまうことを、神は初めから知っていたのです。どういう方法で無効になるのか。人を造っていたからです。

二十二節に、「主が昔、そのわざをなし始められる時、そのわざの初めとして、私を造られた」とあります。「エホバご自身が、その業の初めとして、昔その偉業の初めとして、私を産み出された」というのが、新世界訳です。

これは悪魔に神の全権を委ねて、その支配を任せていた。悪魔は輝くものとして、シオンの山で威張っていた時のことです。

まだエホバ自身が業を全然始めていなかった。悪魔の業はありました。天使長の業はありましたが、エホバの業は全然なかったのです。

その道の初めとして、昔その偉業の初めとして、私を産み出された。この私はどういう人物を指しているのかと言いますと、三十節に書いているのです。

「私はそのかたわらにあって名匠となり、日々に喜び、常にその前に楽しみ、その地で楽しみ、また世の人を喜んだ」とあります。

新世界訳では、「その時、私は優れた働き手として、神のかたわらにあり、神が日々特別な親愛の情を抱くものとなった。私はその前で、常に楽しんでいた」となっています。

こういう方法で、人間の脳細胞にインプットされたのです。神が情熱を持って生まれたものを愛したのです。神の情熱がそのまま喜ぶ感覚になって、自覚できるようになった。

神が日々特別な親愛の情を抱くものとなった。親愛の情を抱いて人間に接したのです。「我らの形のごとく、我ら人を造り」とあります（創世記1・26）。神の形のように、神が人を造ったのです。これが自分であることが分かった者は救われるのです。

この世が造られる前に、私が御側で持っていた栄光とは何か。神が情熱を持って人を造ったということです。皆様は神を愛するという情熱はありませんが、聖書から離れないのはなぜか。皆様がこの世に生まれるはるか以前に、神が情熱を持ってあなたがたに接していたからです。これが皆様の脳細胞にインプットされている。神の愛の本物が皆様に注がれているからです。

だから、皆様は何か分からないけれども、神から離れられないのです。自分が神が分からないくせに、なぜ信仰がやめられないのか。脳細胞がそれを知っているからです。顕在意識にはなっていないけれど、潜在意識が神を知っている。生まれる前に、神に愛されていたこと、愛の痕跡が皆様の脳細胞に潜在しているのです。神の親愛の情が脳細胞にインプットされていた。だから、何か人生には秘密があるに違いないと思えるのです。

なぜ聖書に魅力を感じるのか。生まれる前にインプットされていた神の愛情があるからです。神が人を選んだのです。人が神を選べるはずがないのです。人間の思想以上のもので、神に絶対的な魅力を感じさせられているのです。

そういう霊魂を悪魔が反逆する前に、神が用意していたのです。神は人間となるべき者の素質を、前に産んでいた。生みの苦しみを伴うかのようにして産み出された。これが二十四節にある言葉です。

ただ生まれたのではない。生みたまえる一人子であって、質的に言えば一人ですが、数的に言えば神の子全体です。御子は数的に言えば複数になりますが、質的に言えば一人です。

生みたまえる一人子の中に、イエスの中に選ばれていた者が、全部入っているのです。愛をもってキリストの内に選ばれていたと言っています。選ばれていた複数の霊魂は、人格的、または能力的に言えば一人です。私を生んだと単数のように書いていますが、複数の私でもあるのです。アダムという名前は、単数でもあるが複数でもあるのです。人は人々をも意味しているのです。

とにかく、悪魔が淵の表に座る前に、神はこのような処置をしていたのです。悪魔が淵の表に座ることによって、神が生んでいた一人子は、そのまま神の役に立つ訓練を、悪魔によってさせられていたという意味になるのです。

悪魔が生まれる前に、神が一人子を生んでいた。そして、神の予定どおりに悪魔が反逆した。悪魔の反逆によって、生んでいた一人子は訓練されて、自ら一人子としての自覚を持つに到る。その過程、プロセスが悪魔によって生まれるのです。

悪魔が反逆する前に、神は一人子を生んでいた。これがマインドです。これが預言書に書いてあります。箴言に書かれています。諺として書いています。ここに興味津々たるものがあるのです。この格言が自分だということが分かれば、その人は格言どおりの人間になっていくのです。

預言ではないが格言です。これは神自身の正式な言葉ではありませんが、神自身の思惑をそのまま言葉にしたようなものです。これが箴言です。

神の正式な言葉は、現世における神の摂理、神の経綸として、神の口から出されるのです。

諺は神の口から出た言葉ではありません。神の思いの内容が出ているのです。定めがない時という言葉を使っています。これが皆様の本性を語っていると思える人は幸いです。

箴言は預言書ではありません。歴史書、律法の書でもない。だから、ユダヤ人は軽く見ているのです。神の内面的な思想の現われですから、神自身の心覚えみたいなものです。神学的に聖書を勉強している人は重視しないのです。ところが、大変なことが書いてあるのです。

歴史的に現われていない神の内心が出ているのです。イエスはそれを知っていた。ですから、「世が造られる前に、私が神の元で持っていた栄光で、今輝かせて下さい」と言っているのです。

二十七節に、「神が天を造り、海の表に大空を張られた時、私はそこにあった」とあります。新世界訳では、「神が天を供えられた時、私はそこにいた。神が水の表の上に、丸を定められた時、私はそこにあった」となっています。

大空を丸と言っているのは、地球が丸いことを語っているのです。地球が平らものだったら、大空の上も平らなのです。神が水の深みの上に丸を描いた。私はそこにいたのです。大空を張られたのですが、これがちりです。その時すでにちりがあったのです。人をちりに帰らしたとは、その前の出来事です。

大空を張る前に、神はまず人を造り、その人をちりに帰らせた。このちりがマインド（精神）です。マインドは物理的な働きもしますが、心理的な働きもするのです。

その時、私は優れた働き手として、神のかたわらにいた。優れた働き手がマインドの機能です。これが霊です。心理でもあり物理でもあるのが霊です。霊なる者としてちりがそこにいたのです。ちりの正体は神のウィル（will）を受け止めて、自由に働くものです。神のウィルをそのまま顕現していくのです。これがマインドです。ウィルとマインドの関係はそういうことになるのです。

神のウィルを聖書で学んだら、神のウィルが皆様のマインドに記されていくはずです。これが信仰です。この過程において、初めて神と一つになれるのです。

しかも、このマインドは奇妙なものです。一方においては心理的なものでもあり、また、物理的でもあるのです。物理的ということが肉のマインドになるのです。心理的という面が、霊のマインドになるのです。肉の思いの半面と、霊の思いの半面とどちらでも働くのです。皆様がその気になれば、肉のマインドが霊のマインドに変わるのです。マインドにおける中心点を変えたらいいのです。

自分で分かろうと思っているのはユダヤ的なやり方で、この場合には信じるという言葉が使えないのです。信じるというのは座標軸の移動です。

この世に生きていると思っているから、肉の思いを霊の思いにできないのです。肉の思いは死である。霊の思いは命であり、平安である。どちらでも自由になるのです。肉的にも霊的にもなるというのがマインドです。だから、悪魔はマインドに勝てないのです。

皆様は必ず悪魔に勝てるのです。座標軸を変えたらいいのです。この世に生まれてきた自分の性根を考えたらいい。生まれる前の性根がなかったら、生まれた後の性根がないのです。

例えば、砂糖をなめて甘いと感じます。生まれる前に味覚神経が植えられていなかったら、どうして甘いと感じるのでしょうか。すべて、人間の生活の機能は生まれる前に植えられた神の言葉が、生まれた後に肉体的に感じられるのです。生まれる前に植えられていなければ、生まれた後に肉体的に感じられるはずがないのです。

生まれたばかりの小さなクモの子が、自分の体の何百倍もの大きさの精巧な巣を造るのです。クモの子はどうして巣が造れるのでしょうか。

どんな生物でも、生まれる前に植えられた神の言葉が、生まれた後の性向になっているのです。動物の性向は生まれる前に決まっているのです。定向進化というのは生まれる前の状態に進化していくのです。これが定向進化の原理です。

人間という妙なマインドを持つ生物がどうしてあるのか。定向進化の原理にしたがって、生まれる前からあったのです。生まれる前に五官の基礎があったのです。そうでなければ、生まれた後に五官がどうして働くのでしょうか。

悪魔に勝つために、神がそういう処置をしたのです。悪魔が反逆する前に、神は人間を造っておいたのです。全知全能の神が、悪魔の反逆を許した。神が全能者であるなら、悪魔の反逆を許すはずがないのではないか。闇が淵の表にあるという状態を認めたのはなぜか。これは悪魔の反逆を許すことによって、神の計画が成就することを、神が読んでいたのです。

悪魔の反逆を認めることによって、神の計画が成就するのです。弁証法的な意味での計画が成就するのです。それを神は読んでいた。どうして読んだのか。悪魔が反逆する前に、人間を造っておいたからです。

その人間をちりに帰らせているのです。悪魔が反逆するや否や、神は丸を造って、そこにぎっしりちりをまいたのです。これが秘密です。

これは水の深みができる前のことです。水の深みがなかった時に、私は生まれたとあるのです。淵がまだなかった時、私は生みの苦しみを伴うかのようにして生まれた。なぜ、生みの苦しみを伴うかのようにして生まれたのか。大体、自分のウィル以外のものを神が造るためには、神自身が生みの苦しみを味わう経験をしなければならないのです。

自分の子ではないものを生むのです。人間が猿の子を生むようなものです。普通では生まれないのです。神は神ではない異質のものを生んだ。だから、生みの苦しみを味わうような生まれ方をしたのです。ここには興味津々たるものがあるのです。

神は人を造った。人は肉の思いを持てる精神を持っているのです。肉の思いを持つ、そんな性質のものを生んだのです。生みたまえる一人子とは、そういうものです。

生みたまえる一人子は肉を持っていた。イエスは肉の思いを持っていた。だから、姦淫とは何かを知っていたのです。人間はどういう感覚で嘘を言ったり、人を呪ったりするのかを、イエスは知っていたのです。知っていたというのは、それができる性質をイエスが持っていたのです。そういう思いを持つ一人子を神は生んだのですから、苦しみを味わうのは当然です。

神は悪魔の心理状態を経験して生んだのです。そういうものが人間の本性です。悪魔に立つか、神に立つか、自由にさせたのです。悪魔の側に立つか、神の側に立つかを一人子に問うているのです。イエスを信じるのか、闇を信じるのか、どちらにするかと神は聞いているのです。

座標軸を今、肉的に生きているという所に立つか、生まれる前に立てるか、どちらにするか。生まれる前に与えられた神の言葉を信じるか、生まれた後の自分の思いを信じるかです。

皆様が現在持っている肉の思いでさえも、生まれる前にマインドとして育てられていなかったら、持てるはずがないのです。肉の思いを持てるということは、生まれる前に神に造られていたことが原因です。

生みの苦しみを通して、神がマインドを造っていた。これが百四十億の脳細胞の秘密です。肉の思いが七十億、霊の思いが七十億、両方で完璧無類です。七十億の肉の思いと、七十億の霊の思いとが、皆様にインプットされているのです。これを上手に使えば、世々限りなく王となるのです。下手に使えば、世々限りなく呪われるのです。

七十億というのは、世々限りなくという数字です。世々限りなくという人間の本質を認めた場合には、阿弥陀如来となるのです。阿弥陀とは無限ということです。阿弥陀如来は歴史的事実を踏まえていないだけです。歴史的事実を踏まえていないから、抽象人格になるのです。

イエスは歴史的に現われた無限人格です。このイエスを主とする、イエスをもらってしまえば、イエスと同じ人格になるのです。聖書はこれを説いているのです。ただ、単純に幼子のようになれば、すぐに信じられるのです。

7．二人の自分

聖書に、「見えるものは現われているものから出てきたのではないことを、悟るのである」とあります（ヘブル人への手紙11・3）。この意味が分からないといけないのです。霊の思いが分かっていないのです。霊の思いで聖書を見るということが分かっていないのです。精神の霊を新しくしなければいけないのです。精神構造の基本原理が分かっているなら生きるのです。

皆様は変えようとは思っているけれど、変わっていないのです。精神の霊を新しくするというのは、レニュード（renewed）であって、精神の原理、あり方を転換することが、心の霊を新しくすることです（エペソ人への手紙4・22〜24）。

精神次元を新しくすることです。これはできるのですが、皆様はまだ決意ができていない。それは霊（人生）を神に渡していないからできないのです。

古き人をはっきり脱いでしまうのです。花嫁の備えを全うするというテーマに取り組んでいるグループは、新約時代が始まってからないでしょう。

もっと次元が高い指導原理を持って頂きたいのです。皆様自身がまだ達していなくても、理想を高い所に置いて頂きたいのです。今までの皆様の精神次元で考えることを、やめて頂きたいのです。

自分自身を脱皮するのです。精神次元が低いことは、精神構造が新しくされていないということです。精神の表裏が改められていないということは、自分の原罪に押さえ込まれているからです。

原罪を蹴飛ばしてしまうのです。もっと大胆に、勇敢に考えて頂きたいのです。聖書に、屋根瓦を壊して中風の人を下ろして、イエスに治してもらったとか、血漏の女が人をかき分けて、強引にイエスに突進して行ったという記事があります。天国を激しく攻めるというやり方をしてもらいたいのです。

上品ぶっているからいけないのです。自分のペースを認めているからいけないのです。今までの自分のペースを自分で踏みつけるのです。そういう勇敢な気持ち、バイオレンスをしてもらいたいのです。新約聖書の理想に向かって突進してもらいたいのです。

未だかつて、世界のキリスト教会の中で、私たちが考えているようなグループはなかったでしょう。私たちはイスラエル十四万四千人の額に、生ける神の印を印するということを考えているのです。これを神が期待しているのです。

十四万四千というのは、完成の完成であって、第一の完成は教会の完成を意味します。第二の完成は神の教会の完成を意味します。天のエクレシアーを完成するための責任行動を取らされようとしているのです。

神の教会を完成するための責任者になれと、神は命令しているのです。これがイスラエル十四万四千人に印をするということです。

これをまず人に言って頂きたい。人に言うことによって、自分がそうならなければならないと思うのです。

イスラエル十四万四千に印を押すのです。これは完全に霊的状態のものを完成するのです。完全に霊的状態のものを、完全数に満たすのです。完全を完全にするのです。これが十四万四千です。

私たちが直接十四万四千に印を押すのではないかもしれない。その場合には、私たちの活動が教会完成への導火線になるのです。この進行を誰も止めることができません。必ず達成されるのです。

東方の天使、日出ずる国の御使いは、リビング・ゴッドのシール（印）を持っています（ヨハネの黙示録7・2）。これはいわゆる人間の神観の神ではありません。

リビング・ゴッドのシールとは何か。リビング・ゴッドとは何か。シールとは何か。皆様がリビング・ゴッドのシールを持つことが絶対条件です。

リビング・ゴッドのシールとは何か。私たちに今働いている生理機能、心理機能、五官が働いていることが神の実物です。しかもこれは、創世記第三章で、アダムが陥罪を犯す前の命の状態を、今現在、経験しているのです。今現在、経験していることが印です。

神の実物、永遠の生命の実物、アダムが陥罪する前の命の実物を、今現在、確実に経験しているのです。これがリビング・ゴッドのシールです。これを持っていることを確認しなければいけないのです。

私たちは日出ずる所から出る天使としての責任を、果たさなければならないのです。これが自分であるかないかを考えなくてもいい。自分であると信じたらいいのです。

新約の原理は、自分がそうであると信じればそうなるのです。信じない者はそうなりません。信じる者がそうなるというのが新約の原理ですから、実行したらいいのです。

「命をかけて我に近づく者はないか」と神が言った時、イザヤは「我ここにあり」と言って、神に近づいて行ったのです。これができなければいけないのです。我ここにありと言える自分になればいいのです。

今まで生きてきたのは自分ではなかったことが分かるのです。生ける神の印を持てば、今まで生きてきたのは自分ではなかったことが、はっきり分かるのです。これが分かったら、神に霊(人生)を渡したことになるのです。自分がいないということを、毎日考えたらいいのです。

生ける神の印を持った天使の集団であることを、名実共に実行しなければならない。もし、神が私たちにそのような期待を持っていないとしても、私たち自身がその集団であると切望すればいいのです。

何につけても、霊を渡し続けるのです。心を一つにし、思いを一つにして、神が欲する所を行えばいいのです

信じる者は救われるというルターの考えは間違っています。アブラハムのシード(seed)は一つですから、一人の人を救うだけです。メシアは人間を救わないのです。

人間は一人です。私たちは時間的、実力的なものに基づく表象で生きています。数量というのは、人間の通念、通欲の理論であって、実は存在していないのです。

神においては事がらだけしかないのですから、自分がいないと同様に、地球もないのです。時間や空間を越えて考えるという認識を持たなければならないのです。

神はアブラハムに多くの子孫を与えると言っています。子孫とは何か。シードとは何かです。単数のシードを地のちりのようにするとあります。これは何を意味するのかということです。

一つのシードがちりのようになれるはずがない。神がアブラハムにシードを与えると言った時、アブラハムはキリストの世を見ていた。イエスがこの地上に現われることを、自分のシードが現われると見ていた。

そうすると、シードは約束の完成を意味するのです。おまえに大いなる約束を与えると言っている。これがシードです。神がアブラハムに与えたのは、パウロが言うように、極めて大いなる限りなき栄光です。これをアブラハムはシードとして見ていたのです。

キリストを自分の末として見ていたのです。そこで、神が営みたもう所の望みある都を見ていた。これはニューエルサレムのことです。新天新地のことです。

アブラハムはシードという言葉によって、これをすぐに感じたでしょう。彼は新天新地を望んでいたのです。

実は新天新地には一人の人しかいません。天国は一人の人であって、花嫁が完成すると、花嫁は花婿になるキリストと一人の人になる。会いて一体となるのです。これがアブラハムの子孫です。アブラハムはこの日を見ようとして喜び、それを楽しんでいたのです。

アブラハムが望んでいたシードが忽然として現われた。これがイエス・キリストです。

シードから見ると、祖先とは何か。イエスは、「私はアブラハムより先にいた」と言っています（ヨハネによる福音書8・58）。イエスがアブラハムより先にいた。祖先とはシードのことです。祖先が子孫になるのです。また、子孫が祖先になるのです。

おまえの子孫千代に恵みを施すとありますが、祖先千代の恵みが子孫千代に及ぶのです。子孫から見れば、祖先の恵みが子孫に及ぶのです。また、子孫の恵みに祖先が与るのです。子孫と祖先は同じことです。

アブラハムが神を信じたというのは、信仰の実体を信じたのであって、それはイエスを信じたのです。アブラハムが義とされた信仰というのは、イエスの信仰を与えられたのです。アブラハムはイエスを見ていたのです。

大体、聖書は異邦人が信じられるものではありません。思想の系統が全然違うのです。宗教の系統と約束の系統とは、思想の系統が全然違います。約束の報いとあります。報いというのは普通のこととは違います。救われることとは違うのです。

アブラハムは神から何を受けたのか。パウロはアブラハムが受けた祝福が、イエス・キリストにおいて異邦人に与えられると言っている。イエス・キリストを通過して、異邦人に与えられることになっている。そのために、私たちが約束の霊を受けたと言っている。

この約束とは何か。ここでガラテヤ書の三章十四節が問題になってくるのです。

パウロは次のように述べています。

「それは、アブラハムの受けた祝福が、イエス・キリストにあって異邦人に及ぶためであり、約束された御霊を私たちが信仰によって受けるためである」。

祝福とは約束のことです。約束の当体は何であるのか。アブラハムが受けた祝福とは何であるのか。約束とは祝福の約束であって、その実体は何であるのか。

人間は自分の気性とか、個性があると考えています。それを全部投げ出して、空っぽになって、白紙になって考えることができないのです。

祝福する者を神が祝福するのです。現在、私たちがイスラエルの回復のために祈ることが、アブラハムを祝福することになるのです。

神がアブラハムに与えた約束が、成就しますようにと祈ること、そして、アブラハムの子孫たちの内に、アブラハムの信仰が甦りますようにと祈ること、アブラハムの子孫たちの不信仰がなくなって、彼らに信仰の花が開きますようにと祈ることが、アブラハムを祝福することになるのです。

これはイエス・キリストがしたことです。イエス・キリストがアブラハムを祝福した。アブラハムが受けた祝福を祝福したのです。アブラハムが神から祝福された。それをキリストが祝福したのです。これがイエスのユダヤ伝道です。

私たちはイスラエルの回復のために祈っています。これはアブラハムを間接的に祝福することになるのです。これ以外にアブラハムを祝福する方法はありません。

アブラハムが受けた祝福を私たちが祝福する。これはアブラハムが受けた祝福以外に本当の祝福がないことを知った人間でなければできないことです。

アブラハムが受けた祝福以外に、天地創造の結論はありません。アブラハムが受けた祝福、祝福の約束が成就しますようにと祈ることは、アブラハムを祝福することになるのです。

神がアブラハムという人間を祝福したのではない。神がアブラハムに与えた約束を賛美することを神が喜ぶのです。

アブラハムが神から祝福された。そのしるしに約束を与えられたのですから、アブラハムは祝福の約束を受けた。それが大いなる報いとなるのです。そこで、おまえの末が現われると言われたのです。

アブラハムは人間です。アブラハムは信仰の父であって、人間ではありません。アブラムがアブラハムになったように、人間が消えてしまわなければいけないのです。そのために、ああでもない、こうでもないと時間を費やすことになるのです。

イスラエルは四十年間、砂漠を彷徨っていたのです。アブラムという人間がいたのではないという感覚は、人間の感覚では分からないのです。

神はおまえはアブラムと呼んではいけない、アブラハムと呼べと言われた。この時、人間が消えたのです。彼は全能の神の前に出た時に、平伏した。アブラムが消えたのです。

「わが前に歩みて全かれ」と言われた時に、アブラムは平伏した。そして、アブラムは消えたのです。ですから、人間がいるというのは、全くの妄念です。

神は祝福を与える方、アブラハムは受け取る方です。神の義は与える義です。アブラハムは受け止める義です。彼の義は祝福を受け止める義です。

イエスは「神の国と神の義を求めよ」と言っています。神の義とは神が与える義をいうのです。アブラハムは神の義を受け止める心理状態になった。これがアブラハムの義です。

皆様は神の義とアブラハムの義の両方を知っていなければいけないのです。神が何を与えようとしているのか。私たちは何をどのように受け取れば良いのか。新約時代の私たちは両方が分かっていないといけないのです。

アブラハムは神の義が全然分からなかった。全能の神という言い方だけをされたのです。神がキリストを与えるという具体的な提示はなかったのです。だから、神の義だけで良かったのです。今の皆様は十字架が分かっています。そして、復活、昇天と神の恵みまで分かっているのですから、ただ受け止める義が分かっているだけではないのです。

「彼は神の約束を不信仰のゆえに疑うようなことはせず、却って信仰によって強められ、栄光を神に帰し、神はその約束されたことを、また、成就することができると確信した。だから、彼は義と認められたのである。

しかし、『義と認められた』と書いてあるのは、アブラハムのためではなく、私たちのためであって、私たちの主イエスを死人の中から甦らせた方を信じる私たちも、義と認められるのである」(ローマ人への手紙4・20〜24)。

新約になると、与えたもう神の義は歴史的事実になってはっきり現われているのです。復活、昇天、聖霊降臨までありますから、神の義ははっきりしているのです。

十字架、復活、昇天、キリストが神の右に座したこと、聖霊が降臨したことが、キリスト教では正当に説かれていません。キリスト教は言葉を知っていますが、不正直に説かれているために、神の義が分かっていないのです。

神の右に座せしめたとはどういうことか、何のために神の右に座せしめたのかが分かっていないのです。

イエスを神の右に座せしめなかったら、皆様は自我意識を自分の足台にできないのです。

自我意識を自分の足台にしなかったらだめです。それは神の右に座しているイエスを信じなかったらできないのです。皆様はまだ自我意識を本当に踏みつけていません。自我意識に脅かされてふらふらしている。自分の意見を持っている人は、神の右が分かっていないからです。

皆様が神の右を正しく受け止められるような神の義を、皆様自身の中に育てていかなければならないのです。これが聖書の勉強です。

結局、霊（人生）を神に渡さなければだめです。本当に霊を渡して、第三の天におられる我らの主イエス・キリストが神の右に座しておられることが、はっきり会得できなければいけないのです。神の義が皆様にはっきり会得できなければ、神に義とされないのです。神の義をはっきり知ることです。そうすると、皆様も義とされるのです。

神はアブラハムに、「おまえに子孫を与える」と言っています。空の星を見せて、これが分かるか、数えられるかと言ったのです。子孫は星の数のようになるであろうと言った。しかし、子孫はたった一人を指すのです。

一人の子孫を神が与えながら、空の星を見せて、星が全部数えられるのかと言っている。ところが、一人しかいない。シードは一つです。これがおかしいのです。実際にはアブラハムが死んだ後に、多くの人が生まれたのです。これを良く考えて頂きたいのです。つまり、人間は二人いるのです。アブラハムの場合でも、私の場合でも、また、皆様の場合でも同様です。

神が義として、アブラハムと呼べと言われた。この時、アブラムという人間が消えたのです。アブラハムというのは、多くの国民の父という名詞です。荒野に叫ぶ声みたいなものです。信仰の父というのは名詞であって、固有名詞とは違います。

名詞的な意味での霊的なアブラハムと、人間アブラハムがいるのです。サラが死んで後妻をもらって、男と女を生んだ人間アブラハムがいた。霊なるアブラハムと肉なるアブラハムがいたのです。

天から生まれた人と、地から生まれた人がいるのです。霊なる自分と肉なる自分がいるのです。これを良く弁えて聖書を読まないと、全然分からないのです。

多くの国民の父は霊なるアブラハムです。これは人間ではありません。事がらです。そういうものであって、現世で商売をしている自分と、神を信じて第三の天にいるキリストのボディーとしての自分と、両方いるのです。

「初めに神は天と地を造った」とあります(創世記1・1)。天につける自分と、地につける自分がいるのです。こういう目で見ると、肉において見ているものと全然違ったものが見えてくるのです。

皆様は肉体を持っていても、霊に従って生きるなら死なないのです。肉体を持っていて、肉の思いで生きていれば、必ず死にます。肉体を持っていても、霊に従いて生きれば死なないのです。霊の思いは命であり、平安です。こういうことを正確に見て頂きたいのです。

皆様は世界の人に向かって、是か非かを判断しなければならない責任があります。あなたは救われるが、あなたはだめだと言わなければならないのです。

アブラハムは復活を先取りしていたのです。天のエルサレムを見ていたのです。現世につける自分はいてもいいのです。アブラハムも現世の自分はいたのです。もう一人のアブラハムを本当に理解して、それを見つけるのです。それが霊なる自分です。そうすると、天のエルサレムのメンバーになるのです。メンバーはなくてはならない者です。

アブラハムはイサクを生んで、その一人子を約束の子として喜んでいた。後妻をもらって、男と女を生んだアブラハムですが、後妻をもらったアブラハムは肉体的に生きていた。

また、もう一人のアブラハムがいたのです。信仰の父として、事がらとしてのアブラハムです。後妻をもらったアブラハムは人間としてのアブラハムです。人間としてのアブラハムは肉体的に存在していたから、肉の思いで生きていたのかというと、そうではない。ここです。肉体的に存在していたからと言って、肉に従って生きなければならないのではない。

イエスが幼子のようにならなければ天国へ入ることができないと言っています。幼子は肉体的に存在しているけれど、肉の思いで生きていません。霊の思いは分かりませんが、肉の思いも分からないのです。そこで、天使が仕えているのです。

なぜ、天使が仕えているのかが分からなければ、天使は使えません。天使が使えなければ、ユダヤ人伝道はできないのです。こういうことは聖書の奥義の問題になってくるのです。こういう秘密は今まで世の中で語られたことがなかったのです。

アブラハムは肉体的に生きていたが、肉体があるとは思っていなかったのです。肉体があると思って生きていますと、肉の思いになるのです。

客観的に言えば、二人のアブラハムがいたのですが、アブラハム自身が二人の心を持っていたのかというと、そうではないのです。これをパウロが言っているのです。

肉体的に生きていても、霊に従いて歩むなら、命である。私たちは肉体的に生きているが、肉に従って責任を取らなければならないものとは違うと言っています。

パウロは肉体的に生きていたが、肉体があるとは思っていなかった。肉体があると思わずに肉体で生きているとどうなるのかと言いますと、天使を使う信仰になるのです。

イエスの信仰はこれだったのです。私たちもここまでいかなければいけないのです。自分が持っている肉体は媒体であるという信仰を持つのです。

パウロは言っています。

「聖書に『最初の人アダムは生きたものとなった』と書いてあるとおりである。しかし、最後のアダムは命を与える霊となった。

最初にあったのは、霊のものではなく肉のものであって、その後に霊のものが来るのである。

第一の人は地から出て土に属し、第二の人は天から来る」（コリント人への第一の手紙15・45～47）。

私たちは土に属している形を持っている状態で、天に属している形を持たねばならないのです。私たちは現世における異邦人としての形を持っています。しかし、天から来た第二の人、イエスの形を持たなければならない。

肉に体あり、霊に体あり。二つの体を同時に持つのです。これができる人だけが携挙《けいきょ》されるのです。

これについてパウロは次のように述べています。

「兄弟たちよ、私はこの事を言っておく。肉と血とは神の国を継ぐことができない。朽ちるものは朽ちないものを継ぐことがない。

ここであなたがたに奥義を告げよう。私たちすべては、眠り続けるものではない。終わりのラッパの響きと共に、瞬く間に変えられる。というのは、ラッパが響いて、死人は朽ちない者に甦らされ、私たちは変えられるのである」（同15・50～52）。

これが携挙です。ここまでいかなければならないのです。ここまでいくのが神の御心だからです。

終わりのラッパと共に、たちまち瞬く間に、天に属する形に変わってしまう。これができるために、神はイスラエルに伝道をさせようとしているのです。

神の側から言えば、ここまで引っ張ってきて、イスラエル伝道をさせようと考えているのです。こうなってほしいのです。皆様から言えば、五十一節、五十二節が実現してほしいのです。そこで、神が考えていることと、皆様が考えていることが一つになるのです。

これがキリストの花嫁になる条件です。これを自分のものにするためには、皆様にはもっと愚直、素朴な感覚になってもらいたいのです。もっとばか正直になるのです。

皆様はまだまだ大人でありすぎます。それでは御使いが使えないのです。大人は悪魔の子ですから、もっと子供らしく、単純素朴になったら、神が良しと言ってくれるのです。

8. イスラエル回復の祈り

現在、地球にいる人間が、毎日、毎日、死んでいきます。昨日も一昨年も、数え切れない人が死んできました。これはなぜか。なぜ毎日多くの人間が死んでいくのか。ユダヤ人が神に悔い改めないからです。

イエスは言っています。

「見よ、おまえたちの家は見捨てられてしまう。私は言っておく、『主の御名によってきたる者に、祝福あれ』と、おまえたちが言う時までは、今後再び、私に会うことはないであろう」（マタイによる福音書23・38、39）。

主の御名によってきたる者とはイエスのことです。ユダヤ人がイエスを受け入れたら、地球上から死がなくなる。人類は死ななくなるのです。これは驚くべきことです。

イエスはイエス・キリスト来たりたまえとイスラエルが祈ることを、予告しているのです。そういう時が来ることを、イエスは知っているのです。

イエスがこれを予告しているということは、そういう時が来るに決まっているということです。だから、私たちはこの時を来たりませと祈るのです。

ところが、イスラエルのために祈ってはいけないのです。イスラエルのために祈るということは、父なる神に反抗することになるのです。イスラエルを苦しめることが神の御心だからです。私たちはイスラエルが覆ることを祈っている。これは父なる神の御心に背いて祈っているのです。だから、それなりの覚悟がなければいけないのです。

こういう祈りをキリスト教はできないのです。神に逆らう、第三天におけるキリストの祈りに同調して祈るからです。キリストの妻となるべき者は、キリストと同じ祈りをするのであって、キリストは第三天において父なる神に逆らっているのです。

父なる神はイスラエルを捨てたのです。父なる神に捨てられた民族のために、「父よ、彼らを許したまえ」と祈るのです。キリストの妻はキリストと一緒にその祈りをするのです。父なる神はイスラエルのために祈れとは言わないのです。イスラエルを勘当した手前、そういうことができないのです。

私たちは第三天のキリストの祈りに会わせて祈っているのです。父なる神に逆らって、キリストに賛成しているのです。キリストには賛成しているが、父なる神に反対して祈るのです。この根性を持たないといけないのです。この根性がなければ、祈ってはいけないのです。

神に逆らって祈る場合は、神がよほど分かっていなければだめです。父なる神が手に取るように分かっていなければできないのです。神に逆らって祈るからです。

第三天のキリストの祈りというのは、現世の祈りとは違います。第三天でなければできない祈りをしているのです。第三天は神の右です。神の右に座する者でなければできないような祈りを、私たちはさせられているのです。神の右で祈っているのです。だから、無理なことが言えるのです。

自分の救いを棒にふってもいいから、神に逆らって祈るという決心をしなければならないのです。主の名によって来る者は幸いであるとユダヤ人が言う時期が来るに決まっていますから、その時期を早く来たらせたまえと祈るのです。イエス・キリストの預言を祈っているのです。私たちが勝手なことを祈っているのではないのです。キリストが予告しているのですから、その予告的事実が現われますようにと祈っているのです。

神に捨てられたユダヤ人のために祈る人は、キリスト教では一人もいないでしょう。人間は生ける神を知らないのです。イエスは生ける神の子として生きていた。神の御心を知っていたから、ユダヤ人を叱ったのです。神はユダヤ人を選んだけれど、はっきり捨てたのです。これが現在のユダヤ人の状態です。

ユダヤ人が神に背いたために、異邦人の時が来たのです。異邦人が救われるようになったのです。ここまではキリスト教でも分かっていますが、救われた異邦人が、父なる神に逆らってイスラエルを救いたまえと言わねばならないことに、キリスト教全体が反対しているのです。特に、カトリックは反対しているのです。ユダヤ人のために祈ったらいけないと言っているのです。

私たちは滅ぼされても構いませんが、イスラエルが回復されて、約束が成就しなければいけないのです。

第三天におけるイエス・キリストの名において祈るとすれば、父なる神は聞かざるを得ないのです。神の右の名によって祈るのですから、その祈りがしてはならないものであっても、その祈りを聞かない訳にはいかないのです。

そうしなければ、キリストの再臨は実現しないのです。再臨が実現しなければ、キリストの復活の栄光を人間が信じることができないのです。

神がキリストを甦らせて、第三天へ座せしめたけれど、全世界の人間に見られないのなら何にもならないのです。キリストの再臨が実現するためにも、第三天にキリストが座していることをユダヤ人が信じなければ、キリストの栄光が地上に実現しないのです。だから、神に逆らってでもキリストのために祈らなければならないのです。

キリストの栄光が現われるために、そして、イスラエルの回復のために祈るのです。父なる神がその祈りを望んでいなくも、神に無理にそうするのです。

世界中のキリスト教で、マタイによる福音書二十三章三十八節、三十九節をいう人は一人もいません。

神はユダヤ人を憎んでいますけれど、ユダヤ人に約束を与えたのは神ですから、ユダヤ人が元通りにならなかったら、神の面子にかかわるのです。神の面子にかかわるのですが、神はユダヤ人を憎くて、憎くてしかたがないのです。

あるキリスト教の人々は、千年王国が実現すればイスラエルが回復するとして、千年王国の実現を祈ったのです。これは逆です。イスラエルが回復しなければ、千年王国は実現しないのです。

主の名によって来る者に幸いあれとユダヤ人が祈らなければ、再臨は実現しません。これを言う人がいないのです。主の名によって来る者は幸いであると、まずイスラエルに言わせなければならないのです。そうしなければ、キリストの再臨ができないのです。イスラエルにそのように祈ってもらわなければいけないのです。

イスラエルの回復の祈りをユダヤ人にしてもらうこと、そうすると、キリストが再臨するのです。異邦人がいくら「主よ、来たりたまえ」と祈ってもだめなのです。

かつて、キリスト教のある人々は、異邦人である私たちが「主よ、来たりたまえ」と祈れば、再臨が実現すると考えていました。これが間違っていたのです。

イスラエルのために真剣に祈る人は、キリスト教会にはいません。世界のキリスト教会の中にもいないでしょう。自分の救いを棒にふって、イスラエルの回復のために祈る人はいないのです。

現在、世界中で毎日、毎日、人間が死んでいきます。なぜ死んでいくのかと言いますと、ユダヤ人がキリストの復活を信じないからです。ユダヤ人がキリストの復活を信じて、「主の名によって来る者は幸いなり」と言い出せば、キリストの再臨が実現します。再臨が実現すれば、人間が死ぬというばかな事実が地球上からなくなってしまうのです。

でたらめな政治、経済、宗教がだらだらと続いています。こういうでたらめな人間文明が続いているのは、ユダヤ人が祈らないからです。

ユダヤ人がキリストを受け入れないので、本当の聖書の光が全く開かれていない。主なる神の御名、イエス・キリストの御名という根本的問題が全く欠如しているのです。新約聖書があってもなくてもどうでもよい状態になっている。まともに聖書が信じられていない。

若干のユダヤ人が真剣になって、主の名によって来る者は幸いなりと言い出せばいいのです。世界中が行き詰まって、人間がどんどん死んでいく。文明とキリスト教の腐敗を直すためには、若干のユダヤ人がイエスのために祈ればいいのです。その人々が私たちの所に来ればいいのです。

聖書に次のようにあります。

「私はあなたのわざを知っている。見よ、私はあなたの前に誰も閉じることのできない門を開いておいた。なぜなら、あなたには少ししか力がなかったにもかかわらず、私の言葉を守り、私の名を否まなかったからである。

見よ、サタンの会堂に属する者、すなわち、ユダヤ人と自称してはいるが、その実、ユダヤ人でなくて、偽る者たちに、こうしよう。見よ、彼らがあなたの足下に来て平伏するようにし、そして、私があなたを愛していることを、彼らに知らせよう」（ヨハネの黙示録3・8、9）。

私たちのグループがこれに該当しているかどうか分かりません。神がそれを決めるでしょう。私たちがこれに該当するグループになるように切望する次第です。

生ける誠の神の前に出ていないからいけないのです。神の膝をたたいて、ユダヤ人を何とかして下さいと祈らなければいけないのです。キリストの御名によってただ切望しますと言って祈るのです。神の膝を動かして祈るのです。

イスラエルの祈りを真剣にすると、自分を捨ててしまわなければならないことがだんだん分かってきます。そうすると、本物の信仰になるのです。自分のことを考えているようでは、とても本物の信仰にはならないのです。

父なる神に逆らうような祈りをすると、初めて、イエスが十字架につけられた意味が分かってくるのです。

9. 現実とは何か

私はユダヤ人についていろいろ書いていますが、ユダヤ人を憎んでいるのではありません。彼らの間違いを叱っているのです。叱らなければ、こちらが滅んでしまうからです。ユダヤ人を叱らなければ、世界が全滅するからです。だから、叱らざるを得ないのです。

自我意識は悪魔です。機能は神です。天に御座があったという所を読むと、神が機能だということが分かるのです。

物質がある。人間がいると考えると、すべて、神の不朽の栄光を変えてしまっていることになるのです。唯物史観が人権思想の基本です。唯物史観がなければ人権思想は出てこないのです。

躾をしないと子供が幸せになれない。しかし、躾をすると子供に問題が起きる。躾をどうしたらいいのか分からないと学校の先生は言っているのです。

躾を堂々としようと思うと、唯物史観を乗り越えなければならない。唯物史観を乗り越えると、日教組が分裂するのです。

人間はいないということをはっきり了解するためには、神の御名を意識するしかないのです。物はない。人間はいない。あるのは御座だけです。これを理解して頂くのです。

時間、空間を冷静に考えていきますと、その出所は神の御座です。御座から出てきたものでなければ、人間はこれほど圧倒的な存在力、存在価値を持っていないのです。時間、空間の本質が御座であるということが分かりますと、時間、空間はなくなります。その代わりに御座があるのです。

そうすると、現実に対する考え方が全く変わってしまいます。ます、「わが前に歩みて全かれ」を実行することです。これができて初めて、ユダヤ人に間違っていると言えるのです。

子供の直感が一番大切です。子供の直感が何処から来ているのかと言いますと、未生以前の霊魂の本体から来ているのです。皆様も子供の時代に何をどのように感じたのかを、もう一度思い出して頂きたいのです。

女性の中で直感が鋭い人は、茶碗に唇が触れた時に、ときめきを感じると言います。これが分からなければ、生きているままで天に上げられたエノクの心境が分かりません。エノクの心境が分かると、初めて魂の心境が分かります。また、アブラハムの心境がどういうものであったかが分かるのです。

茶碗でもそうですが、ちょっと散歩をするとか、何かをもらったという時、三、四歳の頃はとても感動しました。することなすことすべて感動ばかりです。生まれる前の情緒性がそのまま露出しているのです。この情緒性を回復することが必要です。

茶碗に触れただけでときめきを感じるというのはどういうことなのか。温かい味噌汁を見ただけで味が分かるのです。何でもすべて感受性につながっていきますが、これを壊してしまうのが、大人の常識です。

一足飛びにエノクの心境までいこうとしてもだめです。エノク自身でも、六十五歳までは行きつ戻りつでした。神と共に歩むということが定着したのは、六十五歳になってからです。

私たちが今勉強しているのは、新しい宇宙を創造するのと同じくらいの偉業をしています。自分自身が新しい宇宙の原理になるような気持ちを持って頂きたいのです。

幼子の世界は素朴で潔白ですから、どんな場合でも、まず御座が映ります。それから、玩具とか家具とか、身の回りのものが映るのです。これが現実に従っている人間の霊魂の模型です。これがイエスの信仰の基本原理です。

幼子は電車に乗りますと、窓から外を眺めては、次から次へと目に映る景色に感激し、圧倒されるのです。現実が人間に与えている圧倒的な楽しさを感じているのです。

現実に圧倒的にというくらいのおもしろさ、楽しさが子供の心に展開していくのです。大人の人権主義、現実主義を捨てると、神の御座と人間の霊魂がどういう係わりを持っているのかが、論理的に分かってくるのです。

何が分かるのか言いますと、エホバの御名が分かります。イズ（is）が持っている絶対性が分かるのです。イズは絶対です。イズがあることが神がいることです。イズと一緒に生きていれば、神と一緒に生きているのです。それを喜ぶ時に、イズの方でも喜んでいるのです。

自分の主体的意識を自滅させてしまうことは、当たり前のことです。主体的意識を無視することが当たり前のことであって、そのことによって、私自身の客体性が光っていくのです。

客体性というのは、自分自身ではなくて、イズという神の御名の実体性になるのです。主体性を無視すれば、客体性が見えてくるのです。

主体性と客体性が同時に存在しているからややこしいのですが、主体性を無視するのです。そうすると、客体性が神の御座であることが分かってきます。従って、現実がそのまま真実であって、これが神の御座そのものであることが分かってくる。だから、現実の中の入ってしまったらいいのです。

大人の感覚で見ますと、現実はただの現実です。現実という重いものが、どんと目の前にあるのです。それに抵抗できませんが、現実の中に入り込もうともしないのです。現実に引きずられている。現実は現実だから、しょうがないと思っています。

その見方は死んでしまう見方です。死んでしまう自分の命を見切ってしまいますと、自分の主観的な意識が消えて、現実そのものが神の御座であることがよく分かってくるのです。

現実を通さなければ、神の手は人間のハートに届きません。ですから、現実は絶対に現実であって、これをどうすることもできませんが、それが神の御座であることが分かってきますと、その中に入っていくことができるのです。これは子供にはできませんが、大人にはできるのです。

子供は直感的に神を喜びますが、意識的に神の中に入ることはできないのです。大人は直感的に神を喜ぶことができません。死んでいるからです。死んでいる霊魂ですから、神を喜ぶことができないのです。

そこで、死んでいる自分の感覚を度外視するのです。霊魂が死んでいるのですから、度外視するのは当たり前です。死んでいる感覚を持っていたら、自分が困るのです。

死んでいる大人の感覚を厳しく叱りつけて、蹴飛ばすのです。これをいつも実行するのです。そうすると、死んでいない自分の霊魂が出てくるのです。これをするのです。

花を見れば美しいという潜在意識がありますが、これは死んでいません。この感覚を引き伸ばすのです。現実に抵抗するような感覚をできるだけ切り捨てるようにする。強引にするのです。自分を否定する。自我意識を積極的に否定するのです。これを習慣づけるのです。現実が御座であって、現実がそのままとこしえの命です。現実に命があるのです。

現実は絶対です。絶対であることはスローン（御座）を意味するのです。現実には神の人格がそのまま現われているのです。御座は神の人格です。この場合の人格というのは、人間が考える人格とは違います。知能としての人格です。これが赤めのうやサファイヤというもので表現されています。

「その座にいまかす方は、碧玉《へきぎょく》や赤めのうのように見える」とあります（ヨハネの黙示録4・3）。碧玉というのは、人間が考える人格ではありません。喜んだり悲しんだり、腹を立てたりする人格ではありません。希望と恵みがいっぱいの人格です。

希望と恵みの感覚が展開している。これが現実です。分かりやすく言いますと、神は人格ではなくて機能です。肉的な人格は全部悪魔です。人間の感覚は悪魔です。ところが、現実の中へ入ってしまえば、私もあなたもない。機能の中に入っているのです。そうすると、気楽です。

恵みは機能です。希望も機能です。恵みと希望が機能ですから、楽です。ノアの洪水以後は、これがはっきりしているのです。

女性が男性に惚れるのはいいことですが、惚れようがあるのです。御座に座する碧玉と赤めのうのような男性に惚れたらいいのです。

夕鶴のお通が考えている男性は、御座に座する感覚です。現実はそういう人格を持っている。それは人格ではなくて機能です。恵みは人格のようですが、現実となって目の前に展開しているのです。

自分を見切ってしまうと、後は気楽なものです。恵みと喜びと憐れみだけがあるのです。だから、自由に言えるのです。少しも拘らないのです。ただ言わされるままに。どんどん言えばいいのです。これは気楽です。

神の中に入ってしまうのです。御座に座したもう方は、赤めのうと碧玉ですから、絶対に大丈夫です。

机にイズ（is）があります。碧玉か赤めのうのどちらかになっているのです。コップにイズ（is）があります。本にもイズ（is）があります。すべてのものにイズがあるのです。

これを現実生活で捉え続けられるかどうかが問題です。捉え続けられる人は、自分自身の中に神の国を造っていくことになるのです。

来たらん人とする新しい宇宙が、自分の中でできていくのです。そうしたら、死なないことが勝手に分かってくるのです。イエスは「私は天から来た命のパンだ」と言っている。死なないのです。死んでも生き返ることが分かっていたのです。

今の自分として、力一杯したらいいのです。神は今のやり方で不十分だとは言わないのです。

現実の他に、行く所はありません。我が前に歩めというのは、今こうしている現実そのものが、神の御座だと言っているのです。そこで、神の御座の前に冠を投げるのです（同4・10）。

現実がそのまま命です。赤めのうと碧玉です。恵みと希望です。しかし、人間が考える恵みや希望ではありません。絶対者の希望であり、恵みです。

神は悠然としています。神は決して興奮しません。冷然としているのです。冷淡なものです。冷淡だから、宝石のように冷たいのです。冷たいものですが、嘘を言いません。絶対です。

宗教の神や仏の方が熱狂するのです。すぐに、宗教の神は愛したり、恵みになったりするのです。

御座に座したもう方はそういうことはありません。冷静なものです。平然としているのです。ですから、人の方も御座に座する方におべっかする必要はありません。おべっかしても効き目がありません。相手は宝石のような方だからです。

人間が考える自我意識は悪魔であって、機能が神です。まずこれが入口です。これから進歩するのです。この入口からずっと入っていくのです。神の口の入口に留まらず、どんどん中へ入っていくのです。

人間が今生きているのは、未生以前の先天性によるのです。未生以前の先天性が人間の格好になっているのですから、神が愛するに決まっています。ですから、生まれた後の常識、知識を全部捨てたらいいのです。専門学をぼろくそに言ったらいいのです。

現在の教育の荒廃は、権利ばかりを教えて、義務、責任を教えないことにあるのです。権利を主張したいなら、義務も一緒に言えばいいのです。義務を言わないで、権利ばかりを言っているので、子供がどんどんばかになっていくのです。

神と人間の関係においては、人権を認めません。現実は神の御座です。現実は神の位という人格です。人間の人格とは違います。神の位の人格です。人間の常識でいう人格とは言えないものです。

神は御座ですから、これが本当の権威です。この権威を理解することが、本当の基本的人権です。この権威を理解すると、神の位の権威が人間の権威になるのです。そうすると、義務と言われなくても勝手に義務が履行できるのです。

神の位が人間の位になる。これが人間の基本的な存在の権威であって、これが生まれる前からの霊魂のあり方です。

花を見て美しいということが権利です。これは滅びない権利です。花を見てきれいと思うことが、人間が救われているという権利です。これを人格というのです。

10. ちりなればちりに帰るべきなり

聖書に次のようにあります。

「するとどうなるのか。もし、彼らのうちに不真実の者がいたとしたら、その不真実によって、神の真実は無になるであろうか。
断じてそうではない。あらゆる人を偽り者としても、神を真実なものとすべきである。それは、『あなたが言葉を述べる時は、義とせられ、あなたが裁きを受ける時、勝利を得るため』と書いてあるとおりである」（ローマ人への手紙3・3、4）。

これはユダヤ人の事を書いています。ユダヤ人の不真実によって、神の真実が無になるのかとパウロが問いかけているのです。

皆様は人間である自分を信じている。そして、神が神であることが信じられない状態になっている。ユダヤ人の不真実が神の真実を無にするかという問いかけが、人間自身の不真実が神の真実を無にするかという問いかけと同じになるのです。

ユダヤ人がユダヤ人の思想を信じているように、私たちは私たちのあり方を信じている。だから、信仰が徹底しないのです。

ユダヤ人がユダヤ教を信じている。皆様は人間を信じている。人間から見れば、神が不真実だと思えることが、たくさんあるに決まっているのです。そればかりであると思っているでしょう。自分が信じられないからと言って、なぜ神が信じられないと思うのでしょうか。自分の気持ちによって神を判断していいかどうかです。

自分の考えに拘らないで頂きたい。自分の考えは多少なりとも僻んでいるに決まっているのです。僻んでいる状態で判断すれば、僻んだ判断になるに決まっているのです。

あらゆる人を偽り者として、神を真実なものとする。これが分からなければ、いくら聖書を信じてもだめです。自分の考えが本当だと思っていたら、いくら信じてもだめです。自分の立場、自分の記憶に何の価値があるのか。火の池へ行くだけの価値しかないのです。

私たちはイスラエルの回復のために祈らなければならない。イスラエルの回復のために祈るというのは、イエスの復活が地球の歴史的事実になって現われること、復活という事実が人間の事実になって現われるためです。

今の地球は人間の罪によって曲げられているのです。魚の味も、お米の味も、空気、水の味も曲げられているのです。今の人間は罪によって曲げられた地球しか知らないのです。

私たちはあらゆる矛盾を乗り越えて、あらゆる人間の間違いを無視して、強引にイスラエルの回復のために祈らなければならないのです。復活という神の事実が地球の事実になるため、神の事実が地球に現われるために祈っているのです。

ユダヤ人のためというだけではありません。付随的にはユダヤ人のためになるに決まっています。国がイスラエルに返されなければ、地球は元のようにならないからです。

国をイスラエルに返すというのは、神の約束が地球に現われることを意味するのです。約束の民が約束の民としてのあり方を持つことが、地球が地球としてのあり方を持つことになるのです。こういう宇宙の大義、地球存在の大義が分からなければ、勝手に火の池へ行くしかないのです。

自分自身の真実ではない考えによって、神を真実でないと判断しているかどうか。自分の気持ちによって、神があるかないかを決めているかどうかです。

パウロが七節で言っています。

「しかし、もし神の真実が私の偽りによりいっそう明らかにされて、神の栄光となるなら、どうして、私はなおも罪人として裁かれるのだろうか」。

私の偽りとは、人間自身が生きていることが偽りの塊です。自分がいるという思いが嘘です。パウロが私の偽りと言っているのは、私がいることが偽りだという意味です。私の偽りによって、神の真実が明らかにされるのです。

人間が偽りでなかったら、神の真実は証明されないのです。もし、人間が本当であったら、神の真実を証明する必要がない。神と人間が一つだからです。

人間が偽りだから、神の真実が証明されなければならないことになるのです。人間と神との逆の状態が理解できなかったら、原罪の世界を見ることができません。私たちがこの世に嘘の状態で生きていても、しょうがないのです。

世間並の合理主義から見れば、私の言うことは極端なことと言われるかもしれません。皆様はどうしても、人間が考えている真実を真実だと考えようとする癖があります。そのために、神の真実を掴まえることができないのです。

皆様が生きているとは何か。何をしているのでしょうか。女性は自分が生きていることの原質、原点に立って、自分の気持ちを当てにしないことです。そうしなければ、女は女になりきれないのです。この考え方が人間の原点になるのです。

女が女であること、女が生きていることに値打ちがあるのであって、自分の意見をあれこれ考えることが間違っているのです。人間もそのとおりです。人間が生きているということだけで値打ちがあるのであって、考え方が問題ではない。考えたら間違いになるのです。

自分のあり方から出なければ、必ず火の池へ行きます。自分が真実であるという気持ちを捨てなければ、神の真実は絶対に分かりません。

人間の真実と神の真実と、二通りの真実があるのですが、どちらをとろうとしているかです。世界中の人間は、ユダヤ人が真実だと是認している考え方に従っているのです。これが文明の状態です。ユダヤ人のあり方、ユダヤ人の指導のあり方を、世界中の人間が認めているのです。

ユダヤ人の嘘が世界中の真実になっているのです。信じたい人は信じたらいいでしょう。神を信じない状態の人間は、自分の思想を信念にしているのですが、それがどんなに頼りないものであるかと言いたいのです。

国会の議会の質疑応答の状態が、人間のあやふやさ、人間のインチキ性がそのまま出ているのです。答える方も質問をする方も、どちらもインチキを承知の上で、理屈を並べているのです。

皆様が常識で考えているのは、それと同じことです。例えば、ある人が自分のあり方のどこが間違っているのかを考えようとします。そう考えることがもう間違っているのです。それを人間は皆知っているのです。自分自身が信用できないことは、誰でも知っているのです。

なぜ信用できないのか。人間が生きているからです。それだけのことです。人間が人間として生きている以上、絶対に信用できません。本人が嘘を言っているつもりはありませんが、人間が生きていることは偽りが生きていることになるのです。自分自身にも確信がないし、また、他人を信じることもできないのです。

どんな本でも本当のことは書いていません。ある程度、本当のことのように思えますが、とことん突っ込んでいきますと分からなくなるのです。これが相対の世界です。相対の世界には、絶対がないのが当たり前です。

自分が生きているということが不真実です。人間が生きていることが真実ではないから、それを引っくり返そうと考える。これは無理なことです。しかし、無理でも、敢えてしなければならない。そのために、人間は理性を与えられているのです。理性は神の言葉を受け止めて判断しているのです。それをすることが、理性の本当のあり方です。

神の言葉を受け取らなければ、人間が生きていることが、皆嘘になってしまうのです。人間が生きていることが嘘ですから、何を考えても皆嘘になってしまうのです。すべての人はそれを知っているのです。自分の言うことが絶対真実ではないことを知っているのです。

真実とは何か。大いなる白い御座（great white throne）のみが真実です（ヨハネの黙示録20・11）。これ以外に宇宙に真実はありません。大いなる白い御座に入ろうとしたら、自分にまといついている嘘から、どうしても抜け出さなければいけないのです。どうしたらこの嘘を脱ぎ捨てられるかを考えなければならないのです。

分かったと思っても、分からないと思っても、自分が生きていることが嘘ですから、分かったと思うことがもう間違っているのです。

世界中の人間が神を信じることができない状態で生きている。大いなる白い御座が分からない状態で生きている。これが分かるためには、自分が消えてしまわなければいけないのです。

自分がいると思うことが嘘です。真実であろうがなかろうが、「いる」ということがほんとうです。これが女です。女が女であるということは、「いる」ということだけです。何を考えて、どうするのかということではありません。女がいるということを男が見て、骨の骨を勉強するのです。自分より優しいからです。優しさを持っていなければ、女がいること自体が無用です。

現世に生きている女を見習えと言っているのではありません。ただ女がいるということだけが、女であることの本質です。それを男は見習わなければならないのです。そのために、女の人はいるのです。一切文句を言ってはいけないのです。文句を言ったら、女が女ではなくなるのです。

人間は神のやり方に対して、理屈を言って反対する権利はありません。神は何をしようと、どう考えようと、神が神であることが神です。人間の方から考えて間違っているように見えても、神です。これを黙って呑むことが人間の真実です。女はその見本です。

ただ女がいるということでも、それが完全というのではない。ただその霊魂がどのように神の言葉を慕っているのかということだけに値打ちがあるのです。神の言葉が正当に分からなくても、神の言葉を慕っているのかいないのか、それで値打ちを見分けていかなければしかたがないのです。

神の言葉を慕っている場合には、本人の現在のあり方が不完全であっても、神の言葉を慕っているというそのことを見て、値打ちが認められることになるのです。

神の言葉を慕っていれば、神の言葉に同化できることになるでしょう。だから、慕っているかどうかによって評価されることになるのです。

現在、完全である人は一人もいません。神の言葉をどのように慕っているのかということです。男の場合は、神の言葉という意味が非常に分かりにくいのです。分からないとは言えませんが、男には神の言葉を慕うという気持ちがなかなか分からないのです。

女性は現世的な野心をあまり持っていませんから、神の言葉を比較的素朴に受け取りやすいのですが、男はそれがしにくいのです。これを考えれば、女性に学ぶということが分かるはずです。

その意味から言えば、女を指導者にしたらいいのですが、仕事ができないのです。なぜ仕事ができないのかというと、現世に接触する機会が少ないからです。霊的な点から言えば、女を中心にして集会を造ったらいいのですが、集会経営ができないのです。

男には聖書に学ぼう、聖書を慕うという気持ちがありません。自分の気持ちだけで利用しようと考えているのです。

イスラエルの回復というのは、神を助ける仕事です。神を助けようというのが、ユダヤ人のために祈ることになるのです。神を助けようという人が世界には全くいません。自分が救われることだけを考えているからです。

「すべての人を偽りとし、神を真実とせよ」。これができなかったらだめです。自分自身の考えが嘘の塊であることが本当に分からなければ、聖書が信じられるはずがないのです。

ただ大いなる白い御座があるのです。そのほかに何もないのです。「やがて、すべての現象は神の前から逃げ去っていく」と書いています（ヨハネの黙示録21・1）。天地万物の現象は神の前から逃げ去っていくのです。人間は逃げ去っていく方ばかりを掴まえているのです。

神は人間の助けを必要としていません。ユダヤ人の回復は、私たちが祈らなくても成就するのです。なぜなら、第三の天で、キリストが祈っているからです。

「主よ、彼らを許したまえ」というキリストの祈りは、第三の天でなお続けられているのです。私たちはそれをちょっと助けているだけのことです。だから、嫌なら祈らなくてもいいのです。キリストの祈りだけでユダヤ人は回復するのです。もし、第三の天のキリストの祈りに自分が合わしているという自覚があれば、その自覚のとおりに取り扱われるでしょう。

イスラエル回復の祈りというのは、全く正確な第三の天の思想に合わせた祈りです。第三の天のキリストはこれ以外に祈りませんから、イスラエルさえ悔い改めたら、万事うまくいくのです。この地球が天の地球になるに決まっています。

神が造った人間とは何か。聖書に次のように書いています。

「主が昔、そのわざをなし始める時、
そのわざの初めとして、私を造られた。

いにしえ、地のなかった時、
初めに、私は立てられた。
まだ、海もなく、また、大いなる水の泉もなかった時、
私はすでに生まれ、
山もまだ定められず、丘もまだなかった時、
私はすでに生まれた」（箴8・22〜25）。

これが人の子です。初めに人が造られたのですが、この初めとは何か。初めにという時点が何処をさすのか。どういう時点をさすのか。非常に微妙です。箴言の八章二十二節の初めと、創世記の第一章一節の初めがどういう関係になるのか。

これは預言者の文でもない。また、詩篇や歴史書の記録でもない。箴言として書かれていることが興味津々たる所です。つまり、天と地が造られる前の初めに、自分が造られていたということを自覚できる人だけを、神は人の子と呼んでいるのです。

天と地が造られる前の初めに、自分がいたのです。だから、天と地の外に立って発言できるのです。人の子とはそういう人格です。その自覚が持てない者は、聖書が分からないし、救われないのです。

天と地が造られる前に自分がいたと言われて、すぐ分かるのは女性です。男性はなかなか分かりません。現世に生きているのが人間だと思っている人は、なかなか分からないのです。

天と地が造られる前に自分がいたと言える人でなかったらだめです。神はその人をちりに帰らせて、天地を造ったのです。その人が造られていなければ、ちりはない。ちりがなければ、地球はないのです。原料がないからです。

天と地が造られる前に私がいたから、聖書を見れば何でも分かるのです。これが預言の霊です。預言の霊だけが、イエスの証ができるのです。イエスの証ができる者は、箴言八章の証を持っているからです。天と地が造られる前に私がいたという証が、イエスの証の根本になるのです。

パウロは次のように述べています。

「御子は、見えない神のかたちであって、すべての造られたものに先だって生まれた方である。万物は天にあるものも、地にあるものも、見えるものも、見えないものも、位も、主権も、支配も、権威も、皆御子によって造られ、御子のために造られたのである。彼は万物よりも先にあり、万物は彼にあって成り立っているからである」（コロサイ人への手紙1・15〜17）。

御子はすべてのものの初めに生まれたのです。これが箴言の八章に出ているのです。すべてのもののいや先に生まれたということは、私たちの脳細胞を見ると分かるのです。私たちが生きている状態で、すべてのもののいや先に私が生まれたという証拠があるのです。

パウロはイエスが万物のいや先に生まれたということを、コロサイ人への手紙に書いていますが、パウロはどうして分かったのか。イエスもそれを知っていた。どうして知っていたのか。キリストを信じた後のパウロは、自分が生きている状態、百四十億の脳細胞を見て分かったのです。

二十四の位があって、百四十億の脳細胞があることを私たちは毎日経験しているのです。経験していながら分からない。初めから生まれたという自覚がないから分からないのです。初めから生まれたという自覚があれば、二十四の位があることが分かるでしょう。

人間の外へ出ようとしている人でなければ、こういう話を聞いても分からないでしょう。人間の外に出ようという感覚が、女性にはあるのです。女の本質は命のルーツ、生命のルーツを求めているのです。命のルーツは天も地なかった時にあった人格をさすのです。これを女性は直感しているのです。

霊魂には区別はありません。アブラハム時代の霊魂、モーセの時代の霊魂、イエスの時代の霊魂、使徒行伝時代の霊魂も、今の霊魂も全部同じです。全部同時に神の前に立っているのです。

霊魂には時間も空間もありません。すべての霊魂は同時に神の前に立っているのです。今がイエスの時代です。今がアブラハムの時代です。今が教会時代です。初めも終わりもありません。自分も他人もない。ただ、霊魂があるだけです。そういうことをはっきり自覚した霊魂だけを、携挙しようと神は思っているのです。

創世記に次のように書いています。

「あなたが妻の言葉を聞いて、
私が食べるなと命じた木から取って食べたので、
地はあなたのために呪われて、
あなたは一生苦しんで、地から食物を取る。
地はあなたのために、いばらとあざみを生じ、
あなたは野の草を食べるであろう。
あなたは顔に汗してパンを食べ、ついに土に帰る。
あなたは土から取られたのだから、
あなたはちりだから、ちりに帰る」（創世記３・17〜19）。

あなたはちりだからちりに帰る。箴言八章の初めに造られた人間がちりになったのです。ちりに帰るとはどういうことか。人間が万物の造られたいや先に造られたことを自覚することが、ちりに帰ったということです。

ちりだからちりに帰るべきである。ちりに帰った人間だけが救われるのです。ちりに帰らない者は携挙されません。

皆様は神と一緒に万物を造ったのです。神が万物を造った時、そのかたわらにいたのです。これを自覚する者だけが万物の長になれるのです。男はこの確信を絶対に持たなければいけません。男に対する命令だからです。

女の人は夫を慕うことによって、また、何処までも夫に治められることによって、骨の骨になるのです。骨の骨とちりという言葉は同じことです。ただの骨は今生きている人間をさしますが、骨の骨は、今生きている人間の原形をさすのです。

夫に従って、夫についていくという姿勢をとれる女性が、骨の骨になれるのです。夫に従うという気持ちが非常に強い女性は、知らない間に骨の骨になっているのです。

夫が間違っているものとして、夫を疑っている女性は、骨の骨にはなれません。妻になる必要がない女性です。夫に従い、夫に治められること、訳が分からない夫に従わなければならない所に、骨の骨になれるチャンスがあるのです。女性はこの条件だけで許されるのです。

男は骨の骨になった女性を学んで、自らちりに帰らなければならないのです。人間の絶対原形に帰るのです。これに帰った者だけが携挙されるのです。

世が造られる前、天も地も造られる前に存在していた自分が、本当の自分であって、今の自分は影の自分、幻の自分です。「若き者は幻を見る」とはこれを言っているのです（使徒行伝2・17）。

現在の人間はただの幻です。

普通の人間では聖書が信じられるはずがありません。現実に生きている人間は真実ではない人間、偽りの人間です。分かろうが分かるまいが、現実に生きているということが偽りです。これをパウロは「私の偽り」と言っているのです。

偽りが分かるとか分からないという問題ではないのです。現実に生きていることが偽りです。人間はこういう冷淡な言い方をしないと分からないのです。今の人間は傲慢です。ユダヤ人と同じです。

今の地球が呪われているのは男のためです。火山が噴火するのも、大地震が起きるのも男のため、大洪水も、津波も、台風が起きるのも男が悪いからです。

地はあなたのために呪われた。地球は男のために呪われたのです。現在の地球の状態は呪われた状態ですから、災害、矛盾、病気が頻発しているのです。

男はハートがなくて頭ばかりなのに、威張っているのです。これが神に抵抗している状態です。頭だけで神に抵抗しているのです。

人間に与えられた自由意志は何のためか。ちりに帰るために与えられた意志であって、自分に生きるための自由意志ではありません。自分の意志を乱用しているのは悪魔だけです。自分が存在するために自由意志を持っていても、仕方がない。火の池へ行くだけです。

人間はなぜ火の池へ行くのか。人間自身の不真実がそのまま火の池になるからです。神の真実が救いです。人間自身の不真実がそのまま滅びになるのです。

人間は自分が不真実であることをよく知っているはずです。知っていながら、なお続けているのです。自分で考えたら、すべて火の池へ行くに決まっています。火の池でなければ考えられないのが、人間の考えです。

女性は訳の分からない夫に従わなければならない。そういう条件でいるから、知らない間に骨の骨になれるのです。従うことができない女性がいますが、それは本当の女性ではないのです。女であることというのは、本来、骨の骨です。本当の女なら、夫を慕うはずです。夫に従わなければならないはずです。それができないというのは、女とは違います。女であることを失っているのです。そういう女性もいるのです。

神の真実が救いで、人間の偽りが滅びです。人間は自分が偽りであることを、皆知っているのです。人間の常識は、偽りを誤魔化すための論理方式です。人間の学問でも、法律でも、人間の頭から考え出すことはすべて常識的です。偽りそのものです。

女が夫に従わなければならないように、夫は神に従わなければならない。それができない者はしょうがないのです。神に従いたければ、妻を見習えばいいのです。

女性はすでに神から刑罰を受けているから、骨の骨になりやすいのです。訳が分からないと思える夫に従わなければならないからです。従わないというのは、神の刑罰をはねつけようとしているのです。

男は女から見れば、訳が分からないものに決まっています。だから、男です。女から見ればハートを持っていないのですから、女のような思いやりを男は持っていないのです。女から見ると男は訳が分からない行動ばかりをしているのです。それに従わなければならないのですから、女は勝手に骨の骨になれるチャンスを与えられているのです。

男は神に罰せられていない。神の言葉として、「地はあなたのために呪われ、あなたは一生、苦しんで地から食べ物を得る」とありますが、今の文明では人間は苦しむ必要がなくなっているのです。人権主義、社会福祉政策が広がったことによって、現代文明は見事に偽キリストの王国になっているのです。

こういう時代に皆様は生きているのですから、この時代から抜け出さなければいけないのです。ちりに帰ることができた者だけが、ちりから出てきた人間になるのです。ちりに帰ることができない人間は、悪魔から出てきた人間になるのです。ちりに帰ることができる人間だけが、ちりに帰ったらいいのです。

女は男に従わなければならないという形で、へりくだらなければならないように仕向けられているのです。これは女に対する寛大な処置です。女の人が損だと思っていることが、非常に大きい女の得になるのです。上から押さえつけられるので、骨になりやすいのです。

夫に従えない女は、女の原形に帰ることができません。原形に帰ることができない女は、何にもならないのです。そのように女は他動的な形で、へりくだりを求められているのです。

男は自動的にへりくだらなければならない。ちりだからちりに帰るべきであるという神の言葉に従って、自分自身が苦しんで、強引にちりに帰らなければならないのです。男の感覚や意識を否定することは、なかなか難しいのです。これを男は自発的にしなければならないのです。

善悪を知る木の実を食べるなと言われたのは男ですから、責任者である男はしなければならないのは当然です。女は責任者ではないから、他動的な形でへりくだることができるのです。

現代文明は裏返りの文明です。人間に権利があるという考えは、神の思想を完全に裏返しているのです。現代文明は偽キリストの文明です。ユダヤ人のメシア王国になっているのです。第一次世界大戦以降は、それがはっきり証明されているのです。

神は絶対です。人間社会は相対の世界です。相対の世界は非真実、偽りの世界です。これは間違っていますから、捨てるしかないのです。自分でいろいろ考える必要はない。ただ捨てたらいいのです。どうして捨てたらいいかは、自分で発見したらいいのです。

小さなことで、自分はいないということを毎日実施したらいいのです。例えば、手を洗うとか、仕事をするとか、人と話をするという時に、自分を否定するのです。小さなことで自分を消すと、大きなことで自分を消しやすいのです。小さなことで自分を消さないから、自分がなかなかなくならないのです。

現在、男に課せられた責任を男はほとんど実行していません。封建時代の男は、額に汗していう経験をさせられていたのです。大正時代には生きるということが大変でした。最近はそういう苦労はなくなっているのです。

人間が神を信じなければならない責任は、今はなくなっているのです。これが信教の自由になって現われているのです。信教の自由とは、信じても良い、信じなくても良いという考え方ですが、信教の自由という思想は、神を信じなくても良いというように解釈されてしまうのです。信教の自由とは、信じても良いということではなくて、信じなくても良いというように受け取られてしまうのです。

信教の自由とは何か。神の約束は人間が完成されて、メシアが降臨するという約束から、千年王国が実現するという約束ですが、この約束から解放されるということが信教の自由だと考えるのです。

キリストの再臨が歴史的に実現するという神の預言から解放されたと考えるのが、信教の自由です。ユダヤ的なメシア王国が見事に出来上がったのです。目の前にメシア王国ができていますから、キリストが再臨する必要がないという思想です。これが信教の自由だと堂々と言っているのです。これが現在の世界的な傾向です。

自分が生きているという感覚が嘘です。人間の命は瞬間だけしかありません。神の口から出る言葉が、瞬間、瞬間、出ているのです。これだけが人間のリビングであって、何十年間生きてきたということを、神は認めていないのです。ただ人間が認めているだけです。人間が認めている人間は、神に対して不真実になるのです。偽りになるのです。そこで、パウロは私の偽りと言っているのです。

神の実在は瞬間だけです。これが、御座の展開です。大きな白い御座、グレート・ホワイト・スローンは瞬間だけあるのです。瞬間だけ生きたらいい。瞬間だけを認めたらいいのです。従って、自分をどう捨てようと考えることはない。過去の自分はいないからです。

自分の気持ちを信じることになりますと、グレート・ホワイト・スローンが分からないのです。私たちは生きているという不思議なことを、今経験しているのです。現実があるというこんなおかしなことはありません。

現実という妙なものがあるのです。時間も空間もないのに、現実だけがあるのです。これを絶対に意識しなければならないように、神が仕向けているのです。これが命です。

現実は全く奇妙なものです。時間、空間という有りもしないものが、有るように思えるのです。有りもしないことが有るように思えることが、人間の霊魂です。自分が生きているという事実を神に返すのです。自分が生きているのではなくて、神が生きているのです。グレート・ホワイト・スローンがあるのであって、自分がいるのではない。

あると強いて言えば、認識するという機能性だけがあるのです。認識するという機能性がなくなってしまうと、魂が存在しなくなるのです。

人間はただ認識の機能だけです。これは、自分ではないのです。認識の主体となるべき人格性があるのです。経験の主体、認識の当体がなければ、認識ができない。そういう意味での機能的な主体性はありますが、人格的な主体とは違うのです。

人間という人格はない。あるとすれば、悪魔が与えたものです。人間には機能だけがある。機能が神です。心理機能、生理機能という機能性が神です。それが、自分という認識になって現われているだけです。

これが生ける神の子です。機能があるだけですから、自分が責任を持つとか、自分が考えても仕方がない。自分はいないのですから。

時間、空間の本質が神の言葉です。私たちは時間、空間を無意識に認識しているのです。認識しているということが私たちに植えられた言葉です。

私たちに植えられた神の言葉と、外にある神の言葉、時間、空間として展開している外なる言葉を認識する機能としての言葉と、二つあるだけです。

外なる言葉を内なる言葉が認識している。これは自分に関係がないことです。これを自分という人格のように感じている。また、感じられなければ、神ではないものが神を信じることがなければ、神が天地を創造した意味がないのです。

神ではないものが神を受け取ることができるように、人格性という神以外のものが、神を自覚する形で、人間を造ったのです。人間は神から見れば、神と同じようなものです。人格的には他人のようですが、存在的には神と同じようなものです。

父の内にあるということが、グレート・ホワイト・スローンの内にあるということです。ホワイト・スローンがそのまま父です。ホワイト・スローンがなければ、現実があるはずがない。私たちが現実と思っているのは、ホワイト・スローンそのものです。ホワイト・スローンを現実として受け取っているのです。人間的な受け取り方をするから、事情境遇があると思えるのです。その錯覚を捨てればいいだけのことです。

ちりに帰るという的確な福音が日本に植えられた。日本でそれが発芽したこと、それを生ける神の印を持つ、生きていることが神であるという印を実感できるということは、将来の世界の運命に非常に大きい意味があるのです。

私たちが生きているのは、ホワイト・スローンが生きているのです。ホワイト・スローンが私たちの命です。また、私たちが生きている客観条件でもあるのです。客観的にも主観的にも、ホワイト・スローンがあるだけです。これには抵抗ができないのです。

現実という奇妙なものがあることを、冷静に考えたら分かるのです。現実の外に出て、現実を見るのです。現実の中にいて、自分が生きていると思っているからいけないのです。

現実から一歩外へ出て、奇妙なものを見る。時間、空間という人間的に説明できないものがあるということは、神的存在であるに決まっているのです。

時間、空間の説明は人間では一切できません。人間が説明できないような状況で生かされているということは。神の前で生かされているということです。

時間、空間は有っても人間には説明できないのです。神の中へ入ればすぐにできるのです。これが神の口から出ている言葉です。神の口から出る言葉がなければ、現実があるはずがないのです。

ユダヤ文明を裏切ったらいいのです。ユダヤ文明を裏切れば、ユダヤ人に対する証になるのです。ユダヤ文明を裏切らなければ、ユダヤ人に対する証ができないのです。

イエスがユダヤ文明を裏切ったように、モーセの座にユダヤ人が反対したように、私たちも反対すべきです。「偽善なる学者パリサイ人」とイエスは何回も繰り返しています。自分たちが神の国の入口に頑張っていて、他人を神の国へ入れさせないのです。自分自身も入らないし、他人も入れないのです。ユダヤ人は白く塗りたる墓です。自分の中にある梁を認めないで、他人の目の中にあるちりに文句を言っているのです。

私たちは難しい所に首を突っ込んでしまいましたが、これしか死から逃れる方法はありません。自分自身のわだかまり、悶着を打開しようとする方法は、ちりに帰るしかないのです。道はこれしかありません。

仏教が考えている悟りは全部間違っています。人間が悟っているからです。これは仏教だけでなく、回教でもヒンズー教でも同様です。どんな宗教も皆間違っているのです。

老子のように徹底した人物でも、無為と言っていながら、無為を受け取る方法が分からなかったのです。無為はすばらしいと言っています。これは神に感心しているだけです。神の中に入ることができなかった。無為の中に入ることができなかった。従って、老子の無為は思想ではあるが、救いにはならないのです。

老子は存在の説明をした。釈尊は明けの明星という預言になっている。だから、老子より優れていると言えるかもしれないのです。老子、釈尊、ソクラテスは、同時代に現われた人物です。中国とインド、ギリシアに三人の傑物が同じ時代に現われているというのは、興味津々たるものがあるのです。

この三人の考えが人間としての究極でしょう。神ではありませんが、人間としての究極です。この三人の思想をイエスは一括して具体的、歴史的に説明しているのです。だから、イエスを信じるしかないのです。

哲学を熱心に勉強している人が行きつく所は、老子です。それ以上のものはありません。釈尊の思想は空ですから、行きつく所にはならないのです。老子は行きつく所の一つのポイントですが、無為の世界にどうして入るのか。人間自身は有為ですが、死ぬことが分かっています。無為であれば生まれることは分かっていますが、有為である人間が無為の中にどうして入っていけるのか。ここで行き詰まってしまうのです。ドイツ観念論で行き詰まった者は老子に行くのですが、それ以上には行けないのです。

老子自身もそれ以上は分からなかったでしょう。老子の論理は優れていました。議論としては優れていましたが、救いにはならないのです。老子とソクラテスと釈尊を一括して、それに完全な解答を与えたのはイエスです。

私たちはちりに帰るしか方法はありません。ちりに帰ることができれば、哲学の最高原理をそのまま再現できますし、同時に、今生きている現前が分かります。現実が分かります。これがそのまま、グレート・ホワイト・スローンです。これには抵抗ができないのです。

イエスは水をぶどう酒に変えることができたのです。しかし、なお現実に頭を下げたのです。水の上を歩くことができた男が、現実の前に頭を下げたのです。イエスは現実の本当のあり方が分かった。だから、水をぶどう酒に変えることができたのです。

11. イエスが持っていた永遠の命

聞くだけで行わない人は、滅びる人です。

例えば、食べ方を色々教えてもらいますが、食べるのは本人です。本人が生きていますから、命は本人が受け取らなければならないのです。

この世に生きているのが自分だと思っているのです。何年も聖書の勉強をしていながら、まだ自分が生きていると思っているのですから、そんなに自分が大切なら自分と一緒に心中したらいいのです。そんなに自分が重大でかわいいと思うなら、そんな自分と心中したらいいのです。

聖書の言葉を自分の意見で勝手に曲げている場合には、聖書に同調していないのですから、しかたがないのです。こういう人を聖書は滅びる人に定まっている魂と言っています。いくら聞いても自分と別れることができない人は、滅びるために生きてきた人間になるのです。

聖書にはそういう人がいるとはっきり言っているのです。そういう人間は火の池に行って、消えない火で焼かれるのです。

聖書の言葉は説明や導きはできますが、その人に理解させることはできないのです。本人が理解するのです。それができなければ、滅びるしかないのです。

神が人間を救わなければならない責任はありません。何をしようが、どんな経験をしようが、自分が生きている間は絶対にだめです。人間は自分が救われるのではないということが、どうしても分からないのです。

胃を半分取られようが、夫婦別れをしようが、手を一本切られようが、片目になろうが、地獄へ行くよりは神の国へ行った方がいいのです。それくらいの決心をしなかったらだめです。
パウロは次のように述べています。

「あなたがたもまた、キリストにあって、心理の言葉、すなわち、あなたがたの救いの福音を聞き、また、彼を信じた結果、約束された聖霊の証印を押されたのである。この聖霊は私たちが神の国を継ぐことの保証であって、やがて神につける者が全く贖われ、神の栄光を誉めたたえるに至るためである」（エペソ人への手紙1・13、14）。

皆様はこういうことを経験するためにいるのです。皆様は約束された聖霊の証印を受けているのです。神の約束が御霊であること、御霊が神の約束であること、御霊と約束が同じものであることを教えられているのです。

聖書の言葉を与えられている。聖書の言葉が命であることを体験している。そして、聖霊の証印を皆様は受けているのです。この聖霊は神の国を継ぐことの保証であると言っているのです。ところが、皆様は受けた御霊を崇めていない。だから、神の国が見えてこないのです。約束の聖霊を受けた。聖霊の証印を受けた。聖霊の証印とは神の国を継ぐことの保証です。これを受けた者は、御霊を崇めていれば、神の国が見えてくるのです。神の国が勝手に分かってくるのです。

水と霊とによって新しく生まれて、神の国へ入るということがどういうことか、聖霊を崇めていれば勝手に分かるのです。崇めていない証拠に、神の国へ入ろうとしないのです。神の国が見えていないのです。

「誰でも新しく生まれなければ、神の国を見ることはできない。水と霊とから生まれなければ、神の国に入ることができない」とイエスは言っています（ヨハネによる福音書3・3、5）。

聖霊を受けた気持ちを考えたら、新に生まれたという経験が誰でも分かっているのです。どのように聖霊を受けたのか、また、どのように御霊を受け止めたのか。どういう感激を味わったのか。御霊を受けた時のことを考えたら、新しく生まれた時のことを経験しているのです。

新しく生まれた命をじっと見ていけば、神の国が見えてくるに決まっているのです。それが見えてきたら、この世に自分が生きていると思っていることが間違っていることくらいは、誰でも分かるはずです。

頭が良いとか悪いには関係がない。それを実行しない人が悪いのです。

皆様は元来異邦人ですが、皆様がもしそれを実行したら、皆様は神のイスラエルになるのです。約束の聖霊を受けるというのは、割礼を受けることです。割礼を受けて聖霊を崇めれば、安息に入れるのです。

そこで、聖霊を受けてそれを崇めれば、割礼を受けて神の安息に入ったこと、神の安息を守っていることと同じ意味になるのです。ユダヤ人が考えている割礼や安息よりも、もっと上等です。霊の割礼、霊の安息を味わうことができるのです。

神に霊を渡すのです。霊を渡すというのは、自分自身を神に渡すのです。自分が生きていてはいけないということです。相手は神です。「神を軽んじるな」とパウロが言っています。人間は目に見えない所で、神を軽んじています。御霊を軽んじているのです。

御霊を受けていながら御霊を崇めないというのは、甚だしい不敬です。そういう不敬、罪を犯していることを認識して、不敬、罪をやめるならいいのです。御霊を与えられたのは、神の国を継ぐために与えられた約束の印です。これを約束の印と考えていない人は、神の国に入る資格がない人です。

キリストの再臨が間近に迫っていることについて、一向に切羽詰まった感覚を持っていない。現代文明がこんなに腐っていることについて、心から腐っていると思っていない。これがいけないのです。

人間文明はこれ以上存在する値打ちがありません。存在していてもしかたがないのです。文明の偽体がこのようになっているからです。テレビドラマにある状態が、一般社会に反映しているのです。テレビドラマは大多数の人が同情を感じて好意的に見たがるので、視聴率が上がるのです。これが現代社会の風潮を示しているのです。

こんな文明はあってもしょうがない。人間が生きていることが無意味です。五蘊皆空を実行しようと思わなくても、そのまま生きていたらいいのです。何にもならないだけ、地獄へ行くだけです。全く何にもならないのです。

皆様は霊を神に渡さずに自分で握り込んでいる。霊とは人生のことです。人生を自分で握り込んでいたい人は、握り込んでいたらいいでしょう。しかし、何にもならないのです。良いことはない、悪いことだけがあるでしょう。どんなに道徳的でも、どんなに宗教的でも、どんなに善事善行を行っても、そういうものは皆様の救いには何の関係もないのです。

世の中の動きは私たちが考えても考えなくても、神の処置どおりになっていくでしょう。やがて、中東和平が成立して、偽キリストが現われてきます。初めの三年半は上手くいくでしょう。それからが問題です。

地球に経済的、政治的、大変動が起きるのです。地殻変動が起きたり、気象変動が起きたりして、地球の物理条件が変わってくるのです。そうして、キリスト再臨の前兆が現われるのです。

自分を捨てることができなかったら、自分という古き人と心中するしかないのです。今まで何十年間生きてきた自分が存在すると思いたい人は、思ったらいいでしょう。そんな自分は何処にもいないのです。

聖書には不思議なことが書いてあります。イエスは次のように言っています。

「私は甦りであり、命である。私を信じる者は、たとい死人でも生きる。また、生きていて、私を信じる者は、いつまでも死なない」（ヨハネによる福音書11・25）。

これはおかしい言葉です。こう言った時のイエスは、まだ十字架にかかる前です。もちろん復活する前です。これを言ったのは、十字架にかかる一週間前のことです。これはどういうことなのか。

イエスが甦りと言ったのは、普通の命ではないということです。普通の人間なら、甦りとは言わないはずです。甦りを英訳ではレザレクション（resurrection）という言葉を使っています。これはイエスの復活後の甦りと同じ言葉を使っています。

レザレクションというのは、イエスが十字架につけられて、復活したからできたものではない。イエスは十字架にかかる前に、私は甦りだと言っているのです。

レザレクションはライズアゲン（rise again）とは違います。ライズアゲインは今まで生きていたものが死んで、息が絶えた、そして、しばらくして、再び生き返った状態を言うのです。ラザロが生き返ったのは、ライズアゲインです。レザレクションではないのです。死んだ人間がもう一度生き返ったのです。

イエスは死んで生き返ったのではありません。レザレクションとは何か。これは別の命という意味です。地球上に、別の命が現われたという意味です。

イエスの命は別の命です。イエスがヨハネの福音書の十一章で、「私の命はおまえたちの命ではない。別の命だ」と言っているのです。「生きていて私を信じる者は死ななくなる」とイエスが言ったのは、こういう意味です。

イエスはマルタに、「私は甦りであり、命である。私を信じる者は、たとい死んでも生きる。また、生きていて、私を信じる者は、いつまでも死なない。あなたはこれを信じるか」と聞いています。文語訳では、「汝、我を信じるか」となっています。とても歯切れがいいのです。

マルタはイエスに、「主よ、信じます。あなたがこの世にきたるべきキリスト、神の御子であると信じております」と答えたのです。

マルタはやがてメシアが現われてユダヤ民族を救うと考えていた。今目の前にいるイエスの命が甦りであり、命であると信じていないのです。キリストが甦りであり、別の命です。ユダヤ人にはこれが分からない。十字架以後、二千年も分かっていないのです。これをユダヤ人にしっかり言わなければならないのです。

イエスはこの世へ来た。イエスの命は普通の命ではなかったのです。レザレクションを見せるために来たのであって、人間が生きている命ではない、別の命を持ってきたのです。

「私は別の命で生きている。おまえたちから見れば、普通の命に見えるかもしれないが違う」と言っているのです。甦りであり、命であるというのは、おまえたちと違う命を持っている。しかし、おまえたちと同じ命も持っている。二つの命を持っていると言っているのです。

十字架以後は、復活の命だけになったのです。十字架にかかる前は、普通の命と、甦り命と、両方の命を持っていた。だから、「私は甦りであり、命である」と言っているのです。この言葉は意味深長です。

御霊を受ける、聖霊を受けるとどうなるのか。受けた命はどういう命なのか。レザレクションの命です。死なない命を与えられたのです。御霊を受けたもの、聖霊を受けた人には、当然この実感があるはずです。

イサクの子とはこういう意味です。「私は甦りなり」というのは、イサクの子という意味です。イサクの親玉がイエスです。

イサクは死ぬべき人間とは違います。アブラハムが特別に神に頼んで神から与えられた命を、イサクというのです。普通に生まれた人間ではない。神の約束によって生まれた子です。約束の子です。イサクの命はレザレクションをそのまま現わしている命だったのです。イサク自身も知らなかったのです。今になって考えると、福音の流れがそうなっているのです。パウロは「イサクの子だけが救われる」と言っているのです。皆様もイサクの子であると信じるなら、両親から生まれた命を捨てるべきです。

聖霊により新しく生まれた自分であることを自覚するのです。これならレザレクションに係わることになるのです。生きているままで死なない自分になるのです。「私を信じる者はたとえ死んでも生きる」となるのです。

二十六節に「生きていて私を信じる者は、いつまでも死なない」と書いているのですが、この言葉がぴたっと自分のハートに張り付くのです。私は死なない命に生きているということが、はっきり分かるのです。死が全然怖くない人間になってしまうのです。死を乗り越えてしまうからです。

御霊を崇めるというのは、約束の子になることです。受けた御霊を命とするか、親から生まれた命を自分の命だと信じるか。どちらかになるのです。

皆様は御霊を受けた時に、新しく生まれたのです。それを自分の命と思うか思わないかです。御霊を受けた時は古い命を持ったままで受けたのですから、古い命を持った自分が御霊を受けたと思いやすいのです。ところが、そうではない。受けた御霊が、自分の前の命よりも大きい意味を持っている。前の命よりも絶対的な意味を持っている。受けた御霊は死なない命です。ところが、御霊を与えられたいと思っていたのは死ぬべき命です。

死ぬべき自分が御霊を与えられたことによって、死なない自分に変わってしまったのです。これを御霊を崇めるというのです。

皆様は今まで、自分の命で生きていました。これはイサクから出た子とは違います。イサクから出た子は約束によって生まれた子であって、これは「私は甦りである」とイエスが言うように、別の命です。

ヨハネは言っています。

「なぜなら、すべて神から生まれた者は、世に勝つからである。そして、私たちの信仰こそ、世に勝たしめた勝利の力である。

世に勝つ者は誰か。イエスを神の子と信じる者ではないか。

このイエス・キリストは、水と血とを通って来られた方である。水によるだけではなく、水と血とによって来られたのである。その証をするものは御霊である。御霊は真理だからである。

証をするものが三つある。御霊と水と血とである。そして、この三つのものは一致する」(ヨハネによる福音書5・4〜8)。

私は甦りの命と言っただけではだめです。その証がなければいけないのです。水と血と御霊の証がいるのです。水の証とは何か。自分の体が水だという意味もありますが、これは個人的な小さい意味です。もっと大きい意味があるのです。

六節には「水を通ってきた」とあります。ここには、ザ・ウォーターという言葉が使われています。ただのウォーター（water）と、ザ・ウォーター（the water）があります。まずただのウォーターが分からなければ、ザ・ウォーターは分かりません。

最初に書かれている定冠詞がないウォーターは、森羅万象全体を指しているのです。現象世界全体をウォーターと言っています。

聖書に、「古い昔に天が存在し、地は神の言によって、水が元になり、また、水によって成った」とあります（ペテロの第二の手紙3・5）。現象世界全体で水素原子が九十八％を占めていると言われています。水素原子が万物の基本元素になっている。万物が水によってできたというのは、こういう意味を指しているのです。

神の霊が水の面（顔）を動かしているのです。その水を通ってイエスはやってきた。イエスは自分自身が水であることを確認していた。自分自身が水であることを確認すると、ザ・ウォーターになるのです。

現象世界に入ってきたのは、ウォーターです。これは定冠詞のない水です。水の面が動いている所へイエスが入ってきた。そして、自分の肉体が水であることをイエスが確認した時に、彼の肉体がザ・ウォーターになったのです。

聖書の言葉を細かく説くと、とても人間には分からない事になるのです。聖書はこの世に生まれた人間には、とても分からないものです。イエスが水を通ってきた。これが分からなければ、とても水の証はもらえるものではないのです。人間の肉体も万物も水だというだけではだめです。

水の顔（表）を神が動かしている。水の顔がいくらあってもだめです。御霊がそれを動かしているのです。御霊が水に号令をかけている。皆様は今それを見ているのです。

御霊が水の顔を動かしている。これが皆様の命の原点です。荷物を持とうとして持ち上げると同時に力が出るのです。荷物を下に降ろすと力がなくなるのです。力とは何かです。

イサクの子である自分が発見されると、力とは何かがすぐに分かるのです。肉という水の顔を神の御霊が動かしているのです。持ち上げると同時に、力が入る。降ろすと御霊が力を止めるのです。そこで、力がなくなるのです。

皆様が見たり聞いたりしているのは、何をしているのでしょうか。皆様の心臓が動いているのは何でしょうか。神が動け（move on）と号令をかけなかったら、動かないのです。号令を止めたら、すぐに動きが止まるのです。神はいつも水の表に号令をかけて動かしているのです。そうしないと動かないのです。

皆様はこの世に生きていて、食事をして、手足を動かして、仕事をしたり、家事をしていますが、生理機能から肉体機能まで、すべて動かしているのです。御霊がいつも号令をかけているのです。このことをイエスは、「生かすものは霊である」と言っているのです。こういうことが分かると、約束の子になる。イサクの子であることが証明されるのです。水の証を持ったのです。

また、ヨハネは述べています。

「私たちは人間の証を受け入れるが、しかし、神の証はさらに勝っている。神の証というのは、すなわち、御子について立てられた証である。
神の子を信じる者は、自分のうちにこの証を持っている。神を信じない者は、神を偽り者とする。神が御子について証せられたその証を信じていないからである」（同5・9、10）。

証をするものが三つある。水と血と御霊の三つです。皆様が神の子であるかないかを、水が証しているのです。水とは何か。森羅万象です。森羅万象が皆様が神の子であることを証しているのです。

イエスが神の子であることを、水が証しているのです。イエスはまた、森羅万象を証している。この時初めて、私たちは神の子として、神にかたどりて、神のかたちのように造られたこと、本当の人間の存在の意味が分かるのです。

イエスを神の子と信じる者はこの証を持っているのであって、この証を持っている者はとこしえの命を持っていると言っているのです。

イエスが神の子であることを、水が知っていた。だから、イエスが波に向かって、「静まれ」と言ったら、静かになったのです。水がイエスを知っていたから、波がイエスの声に従ったのです。

なぜ霊を渡さないのでしょうか。人生を自分で握り込んでいるからいけないのです。

六節はイエスのことを言っています。七節、八節はイエスのこととは違います。ただ、水と血と御霊のことを言っているのです。

皆様が御霊を見ていれば、御霊が皆様を見ているのです。御霊を見ていなければ、御霊が皆様を見ていないのです。従って、御霊が皆様のことを知らないのです。皆様が御霊を知っていたら、御霊も皆様を知っているでしょう。

皆様が血のことを知っていたら、血もまた、皆様のことを知っているのです。皆様が血のこと、水のことを知らなければ、水も血も皆様のことを知らないでしょう。ところが、御霊と血と水が証してくれなかったら、皆様は神の子ではないのです。

なぜかと言いますと、水を知ることが神の子のしるしになるのです。血の本性を知ることが、神の子であるしるしになるのです。また、御霊の本性を知ることが、神の子のしるしになるのです。

水の証が分かっていない原因は何かと言いますと、創世の原理が分かっていないからです。神が万物を造ったとはどういうことか、人間を造ったとはどういうことか。人間を造ったとは誰を造ったのか。

神が人間を造ったというのは、レザレクションの人間を造ったのです。死ぬ人間を造ったのではないのです。

創世記の第一章を書いたのは、ネヘミヤではないかと言われています。ネヘミヤでなければ、当時の預言者の誰かが書いたのです。その預言者は旧約時代の預言者でした。旧約時代の預言者は、メシアの降臨ばかりを頭においていたのです。私たちが今イスラエルの回復ばかりを念頭に置いているのと同じです。

その時の預言者はメシアが来たりたもうことばかりを考えていたのです。その時神はネヘミヤに何を書かしたのか。神のかたちのごとく神にかたどりて、神が人を造ったと書かせたのです。御霊がそう示したのです。ネヘミヤが書いたというより、御霊が書かせたのです。

御霊はネヘミヤに何を示したのか。ただの人間を示したのではない。聖書を読んでいるイスラエルの人々は、ユダヤ人たちのことを書いていると思っているのです。ただのユダヤ人たちが、なぜ神にかたどっていると言えるのでしょうか。今のユダヤ人たちは人間の実体を全然知らないのです。

第三の天において、神の右に座しているキリストは、復活の命を持っている。キリストご自身がそのままの状態で、復活の栄光を持ったままの状態で、地球上に降りてくるのです。

「天を裂いて下りたもう」と預言されているのです。「彼の足が橄欖山に立つ」とはっきり言われているのです。「我すみやかに来たらん。必ずすみやかに来たらん」とあります。そして、「アーメン」という言葉があるのです（ヨハネの黙示録22・12、20）。これはキリスト教会の信者が言うアーメンではなくて、キリスト自らがアーメンと言っているのです。

再臨のキリストが、「我すみやかに来たらん。アーメン」と言っています。これは大変なことです。皆様はこのキリストをお迎えする光栄ある責任者になるのです。ですから、皆様は親から生まれた体も命も、全部棒にふらなければいけない。これができなければ、その責任は果たせないのです。

現世に生きていることが、神の国に生きているのと同じであれば、そのことを水と血が知っているのです。血とは皆様の食べ方、飲み方です。奥さんの抱き方です。万物と人間は一つです。万物の霊長という言葉は恐ろしい言葉です。

私たちは全世界の歴史を新しくしなければならない責任を負っているのです。人間の命を新しくするのです。イエスがキリストであることを信じるだけでいいのです。イエスがキリストであることを信じることは、皆様が神の子である証を持っていることを意味するのです。神から新しく生まれていることを意味するのです。

神から生まれた者は罪を犯さないと書いているとおりです。古き人で生きていないから、罪を犯す必要はないのです。

パウロは、「私は神に生きるために、掟によりて掟に死んだ」と言っています（ローマ人への手紙7・11）。これを実行するのです。神に生きるというのはとても楽しいことです。

神に生きることを建前にしてご飯を食べるのです。そうすると、私に食べられたご飯が、この人は神の子であることを証してくれるのです。神の子であるという信仰でサンマを食べると、サンマは神の子に食べられたことを知っているのです。万物は非常に素直です。こちらの信仰状態がすぐに分かるのです。

生ける神の子であるという自覚を主人がはっきり持ちますと、その家庭のすべてが勝手に良くなるのです。生きていることが御霊になってしまうのです。

生きていることは御霊に決まっています。パウロは「私たちは御霊によって生きているから、御霊によって歩みなさい」と言っています。

イエスは「生かすものは霊である」と言っています。イエスもヨハネもパウロも、水と血と御霊をよく見ていたのです。聖書を本当に信じると人間が変わってしまいます。水が自分の証をしてくれるのです。水に証をしてもらおうと思いますと、いい加減な信仰ではだめです。受けた御霊を崇めるのです。これだけでいいのです。新約時代はすべての人に死なない命が与えられている。それを受け取ろうとしない人が、全世界に七十一億人もいるのです。

神に霊を渡すというのは、神の導きに対して、徹底的に素直になることです。女性は自分が持っている色気を知らないのです。これはちょうど人間が魂でありながら、魂であることを知らないのと同じです。人間は魂が自分の命です。女性は色気が命です。それを知らないのです。何という愚かかと言いたいのです。

女性は細かい所に気をつかって、男の人にああしてあげよう、こうしてあげようと無意識に考えています。これが女性の色気です。女性はそれが色気だとは知らないのです。誰かの世話をすることが女性の喜びです。そうすると、自分の霊の喜びが分かるのです。それと同じように、人間はどのように神に気をつかうかです。神に気をつかうと、神が喜んでくれるのです。

男は鈍感ですから、女性に気をつかわれても分からないのです。気をつかってくれるのが当たり前だと思っているのです。人間の霊魂が神に気をつかうことを、崇めるというのです。御名を崇めるというのです。神に気をつかうと、人間の三倍も、五倍もそれを知ってくれるのです。女性が男性に気をつかうこととは全然違うのです。

12. 四つの生き物

聖書の基本原理が分かっていれば、神が人間に与えている栄光と誉れが、悪魔に逆用されて人間が欲望の奴隷になっているということの内容が、十分に把握できるのです。

天使長ルシファーが神に反逆した。悪魔は宇宙的な意味での創作を敢えてしたのです。そうして、神の御心に非常に深刻な変化を与えたのです。これが、天地創造の原理になっているのです。

初めに宇宙は空でした。空であってよかったのです。宇宙はすべて、形なくむなしくして、荒涼漠々としたガス体でした。現在でも大宇宙はそうなっているのです。

そのようなガス体の宇宙が、太陽系という特殊な宇宙を造らなければならなくなった。また、地球という超特別な惑星を造らざるを得なくなったのです。

こういう宇宙のハプニングを招来させる原因を造ったのは天使長ルシファーの反逆です。神の御業の一大進化の原因を造ったのです。

いいか悪いかは別として、神の御心にそのような激変性を起こさなければならないような反逆を大天使がしたのです。

ルシファーに言わせれば、これは反逆ではありません。当たり前の事であって、正当な認識であると思っているでしょう。ですから、彼は徹底的に悔い改めることをしません。自分の言い分をますます強力に押し通そうとしているのです。

それと同じように、ユダヤ人が天使長ルシファーが歩んだ道を、そのまま歩ませられているのです。そうして、全世界の人間がその考えに従っているのです。

天使長が歩いた道をユダヤ人が歩いている。そうして、全人類がその後を歩いているのです。人間全体の流れが、何処でどのように混乱を始めたのか。これについての基本的な認識がなければ、世界全体の歴史の流れを変えるという大運動はできません。

私たちは人類の歴史の流れを変えるのであって、その目標は宇宙の流れを変えるのです。ただユダヤ人問題について考察するのではありません。ユダヤ人問題にタッチすることは、世界の歴史の様相を変えることです。

人間歴史の様相を変えるということは、地球存在を初めとして、宇宙全体の流れを変えるという、全く驚天動地の大仕事をするのです。それをするためには、それにふさわしい確固不抜の大信念がいるのです。

天使長ルシファーから流れ出した思想が、イスラエルに受け止められ、イスラエルによって全世界の人間が引きずり回されている。この一連の思想の根底は何かと言いますと、肉の思いです。

肉の思いを徹底的に打ちのめすような神の論理性を身につければ、ルシファーに対して堂々と対抗できるのです。悪魔といちいち理論闘争する必要はありません。彼は悔い改めないから、闘争する必要はないのです。しかし、天使長ルシファーの言い分をイスラエルが受け継いでいるのですから、悪魔に対抗するのと同じ程度の論理性を、私たちははっきり認識していかなければならないのです。

ルシファーという名前が示すように、彼自身は輝ける者です。なぜ輝ける者かというと、神の栄光と誉れを与えられているからです。彼はこれを逆用したのです。

神の栄光と誉れがルシファーに象嵌されているのです。神は天使長であるルシファーのために、惜しむことなく神の知恵と知識を象嵌したのです。

これは旧約聖書に詳しく書いています。

「あなたは知恵に満ち、
美のきわみである完全な印である。
あなたは神の園エデンにあって、
もろもろの宝石が、あなたを覆っていた。
すなわち、赤めのう、黄玉、青玉、貴かんらん石、
緑柱石、縞めのう、
サファイア、ざくろ石、エメラルド、
そして、あなたの象眼も彫刻も金でなされた。
これらはあなたの造られた日に、
あなたのために備えられた。
私はあなたを油注がれた、
守護のケルブと一緒に置いた」（エゼキエル書28・12〜14）。

天使長ルシファーは神の山ではとても輝かしいものでした。ところが、神の栄光と誉れを逆用して、自分の個性と自分の肉性においてそれを展開したのです。表面的には輝ける者という名にふさわしい理論を展開しているつもりですが、その論理は神の栄光と誉れがすべて肉的に入れ替えられて用いているのです。

神は霊ですが、悪魔はこれを肉的なセンスに焼き直して用いているのです。人間も同じことをしているのです。人間の本性として与えられた神の栄光と誉れが、人間の肉の思いにおいて肉性のために裏返されてしまった。これが悪魔の力になっているのです。

人間の優れた優越性は人間自身の優越性ではない。これは人間に与えられたすばらしい恵みです。

「栄光と誉れを冠として与えた」とありますが（ヘブル人への手紙2・17）、この冠が悪魔の王冠として用いられているのです。これが基本的人権という考えです。

基本的人権はまさに悪魔の冠です。肉性の人間がいただいている冠です。この世の君（プリンス）は悪魔ですが、この世の君は人間が受けた冠をいただいているのです。皆様の肉性は知らず知らずの間に、悪魔の冠をかぶらされているのです。

例えば、皆様の自尊心を見て下さい。皆様の人権的な合理主義を見て下さい。それは悪魔の王冠が皆様のハートに乗っているのです。だから、それを捨てなさいと言っているのです。

皆様は何十年間か生きてきたと思っています。その記憶の内容は悪魔の冠です。悪魔が誇りにしているものを自分の誇りにしているのです。

肉体的に生きてきたというのが皆様の誇りです。これだけの給料をとり、これだけの働きをして家族を養ってきたと考えている。これはすべて悪魔の冠です。それを神はアウシュヴィッツでユダヤ人から徹底的に取り上げたのです。

人間に与えられている冠が悪いのではありません。自分の冠だと思っているが自分の冠ではありません。神の冠です。冠のかぶり方が悪いのです。ちょっと横に歪めてかぶっている。これがいけない。真っ直ぐにかぶればいいのです。

皆様が何十年間か生きてきたという記憶が冠をかぶっている。そこで、記憶という名前の長老が、冠を投げ出さなければ役に立たないのです(ヨハネの黙示録4・10)。

皆様の記憶は冠をかぶったままの二十四人の長老です。固有名詞の人間の記憶は二十四人の長老です。栄光と誉れの冠をかぶっている。しかも、人間としてかぶっているのです。何十年間かこの世に生きてきた人間としてかぶっているのです。自分にはこれだけの生活力がある。バイタリティーがある。キャリアがある。力量があるという確信を持っている。それが全部肉性の人間に与えられた冠です。

この冠を御座の前に投げ出さなければ、長老は使いものにはならないのです。そこで、二十四人の長老が冠を投げ出す所を見て下さい。皆様の中にある四つの生き物が徹底的に神を賛美するようになれば、長老は冠を投げ出さざるを得なくなってくるのです。

皆様の中にある四つの生き物は、神に対して賛美歌を歌っていません。だから、長老は冠を投げないのです。黙示録の四章は興味津々たるものがあるのです。

栄光と誉れを神に帰するのです。自分がかぶっていたらいけないのです。

そこで、四つの生き物が神を賛美するためにはどういう気持ちになればいいのか。御座の前にいる二十四人の長老が平伏して、世々限りなく生きておられる方を拝したとあります。

今までこの世に生きてきた経験の原理が何であるのかというと、実は自分が生きてきたのではなくて、神に与えられた栄光と誉れという冠が生きてきたということを、長老が語るのです。そうして、賛美するのです。

「われらの主なる神よ、
あなたこそは、
栄光と誉れと力とを受けるにふさわしい方。
あなたは万物を造られました。
御旨によって、万物は存在し、
また造られたのであります」（ヨハネの黙示録4・11）。

栄光と誉れと力を受けるにふさわしい方は、あなただけである。私のような人間が大きな面をして冠をかぶっているべきではないとはっきり言い現わすのです。これが出来ない者は神の役に立たないのです。

神はアウシュヴィッツ等において、ユダヤ人が現世で持っていたあらゆる意味での冠を投げ出せと言われた。しかし、彼らは自分から投げ出したのではなくて、客観的な強制力によってはぎ取られたのです。これではだめです。私たちは自ら投げ出すのです。自ら御座の前に平伏して、冠を神に投げ出すのです。捧げるのです。それでなければ、神の役に立たないのです。

そのためには、四つの生き物の次のような賛美が分からなければいけないのです。

「聖なるかな、聖なるかな、聖なるかな、
全能者にして主なる神。
昔いまし、今いまし、やがて来たるべき者」(同4・8)。

皆様の中にある四つの生き物は、理性として十全に働いています。それが、推理、記憶、判断、感受性です。そのように、機能性、精神の機動力が皆様の中に働いているのです。人間は五官を通して何を経験すべきか、現前において何を受け取るべきかということを考えなければいけないのです。

二十四人の長老は四つの生き物が、即ち、皆様の記憶力、判断力、推理力が本当の意味において神を賛美していないから、自分自身の能力性を誇大に、過大に認識して、冠を捨てようとしないのです。

皆様の記憶性、推理性が、神を賛美しているということに気が付かなければいけないのです。皆様の記憶は何を賛美しているのか。人間の思い出は何を思い出そうとしているのか。「古里の山に向かいて言うことなし」と言いますが、古里の思い出は何を思っているのか。

これが分からないというのは、皆様の中にある四つの生き物がまだ神を賛美していないのです。皆様の記憶は神を賛美していない。皆様の推理、判断は神を賛美していないのです。

神は何とかして皆様にイスラエル伝道というすばらしい働きをさせて、皆様に最終の冠を与えようとしているのです。本当の命の冠を与えようとしておいでになるのです。

限りなき命の冠を、皆様に与えようとしているのです。それを皆様は受け取ろうとしていない。受け取るだけの悟りに到達していないのです。

皆様の記憶は神を賛美していません。ただ、この世に何十年間か生きてきただけのことです。人間に与えられた栄光と誉れを、自分のものとして横領しているのです。自分の記憶の中に、神の恵みと知識がどのように象嵌されていたのかを、全く知らずに生きてきたのです。

そのような心理状態が悪魔の心理状態であることを悟って頂きたいのです。皆様の記憶性、推理性、判断性は御座の回りに飛び交っているものです。

御座の側近く、その回りには四つの生き物がいるのです。これがそのまま人間の心理機能の重要な役割を果たしているのです。

人間の心理機能の中枢には御座があるのです。その回りには四つの生き物が飛んでいるのです。六つの翼があって、翼の回りには外も内も目で覆われていたとあります。

翼が目で満ちているとはどういうことか。実は六枚の翼があるために、皆様は大変得をしているのですが、またその反面、損をしているのです。

六枚の翼の内訳が良く分らないから、四つの生き物が何をしているのか分からないのです。四つの生き物の本性が何なのかも分らないのです。四つの生き物は働きもするが、自分を隠してもいるのです。結局、人間は自分自身で認識できないような神の秘密の心理機能を植えられているのです。

人間の記憶が何を記憶しているのかというと、すばらしいものを記憶しているのです。そこにあるものは恨みでも不平不満でもない。恵みと喜びの記憶ばかりがちりばめられているのです。皆様の今までの記憶は、すべて神の恵みの象嵌です。それが分からない。自分自身が存在していることについての認識が全くない。そのために人の悪口を言ったり、嘘をついたり、焼きもちを妬いたりしているのです。

その原因は皆ひがみ根性です。私みたいな者と考えるのです。それがあるために、妬きたくない焼きもちを妬くのです。結局、自分自身の実体を客観的に冷静に認めていないのです。そこで、四つの生き物が何を賛美しているのかという内容を聞いて頂きたいのです。

四つの生き物は、夜も昼も、絶え間なく、叫び続けている。皆様が寝ている時も起きている時も、絶えず叫び続けているのです。

例えば、皆様が夕焼けの景色を見ているとします。美しいと感じるのですが、それは何をしているのでしょうか。実は人の内にいる四つの生き物が、神を賛美しているからです。景色を見るとは何を見ているのでしょうか。四つの生き物が神を賛美しているのです。昼も夜もいつも叫び続けている四つの生き物の賛美を聞いていないから分からないのです。

大自然のすばらしい景色を見ていると、心からすばらしいと思えるのです。なぜそう思えるのか。皆様の内にいる四つの生き物が、神に向かって賛美しているのです。

どういう賛美をしているのかというと、「聖なるかな、聖なるかな、聖なるかな、全能者にして主なる神、万軍のエホバ」と賛美しているのです。「昔いまし、今いまし、やがて来たるべき者」と賛美しているのです。

昔いましというのは、創造以前にいますお方です。今いましというのは、創造以後にいますお方です。やがて来たるべき者というのは、現在の世界が終って、新天新地にいますお方です。

地球が出来る前にいました。この世をすべて治め、現世を完成して神の国を展開して下さるお方です。今皆様は景色という形で新天新地における神の幕屋を見ているのです。それに皆様の魂はびっくりしているのです。

ところが、皆様の頭は肉の思いで満ちている。だから、四つの生き物の賛美が全く聞こえてこないのです。景色を見て感心していながら、なぜ感心しているのかが分からないのです。目の前に展開されている景色こそ驚くべき新天新地における幕屋の光景を見ているのです。

昔いましというのは、創造以前の空なる状態をさしています。この世が造られる前の状態です。初めに神が天と地を造ったと創世記に書いていますが、天と地が造られる前に空があったのです。

その時の空は、そのまま霊なるものでした。天でもないし地でもなかった。天と地が一つに含まれている偉大な霊でした。それが昔いました時の神の御名です。

天と地が一つになった霊なるお方が、あえて天と地とを分けられたのです。霊なるお方が自ら天となり、地となって、ご自身の御名を二つに分けて、万物の父でいますことを現わして下さったのですが、そのことを皆様の中にいる四つの生き物は知っているのです。

皆様の中に植えられているすばらしい機能である四つの生き物は、それを知っているのです。生まれたばかりの赤ちゃん、何も知らない赤ちゃんが、夢を見て笑っている。いわゆるベビースマイルです。なぜ笑っているのか。全く経験がなければ笑わないのです。生まれる前の楽しい経験を思い出して笑っているのです。

生まれたばかりの赤ちゃんが、二十四時以内にお母さんのおっぱいをのみます。どうしてのみ方を知っているのかと言いますと、昔いましたお方の生理機能がそのまま植えられているからです。

現世に生まれたばかりの赤ちゃんが、生まれる前の意識を持って生きています。これを人の内に働いている四つの生き物が知っているのです。昔いますお方が今いますということを知っているのです。生まれる前にいましたお方が、今いますのです。

皆様が生まれる前にいました父なる神が、今皆様と共にいるのです。皆様は生まれる前に神の内にいたのです。今は父なる神と共にいるのです。

今父なる神と共にいるということが確認されて、その生活ができるようになったら、やがて新しい地において、皆様は永遠に神と共に住むことになるのです。

現世において、共にいます父なる神を確認するかしないかということが、魂の命運に係る永遠の別れ路になるのです。

私たちは神と共にいるのです。これがインマヌエルという事実です。これがイエスの御名です。現世でイエスの御名を掴まえるか掴まえないかによって、皆様の命運は永久に変るのです。

昔いまし、今いまし、やがて来たりたもうという賛美の内容は、聖なる方、聖なる方、聖なる方、三位一体のお方を四つの生き物がよく知っているのです。私たちの心理機能、判断力、記憶力もやがて来たるべき新天新地のためにあるのです。

13. 二律背反

イエスは言っています。「よくよくあなたがたに言っておく。誰でも、水と霊とから生まれなければ、神の国に入ることはできない」(ヨハネによる福音書3・5)。

これを永井訳でみますと、水からと霊とからによって生まれなければと言っていますが、水と霊とによってと言っても同じ事ですが、水と霊とによってと言ってしまいますと、何となく一つのことのような気がするのです。

ところが、水から生まれること、霊から生まれることとは、本来的には二つのことになるのです。六節には、「肉から生まれる者は肉であり、霊から生まれる者は霊である」という言葉があります。

肉から生まれた者は肉だという六節の言い方を転用して考えますと、水から生まれる者は水だということになるのです。この自覚がなかったら、その人はまだ水から生まれていないことになるのです。神が望みたもうような正しい内容で、水のバプテスマを受けてはいないことになるのです。

五節の水から生まれるというのは、One be born of water となっています。六節の方は born of the flesh となっています。肉から生まれたとなるのです。

水から生まれる者は水だと書いていませんが、六節にある肉から生まれた者は肉だという言葉を転用すれば、水から生まれた者は水だという意味が含まれていると考えられるのです。

このことはヨハネの第一の手紙でも、「イエス・キリストは水によるだけでなく、水と血とによって来られたのである」と言い直しています。

イエスは肉体的にこの世に来たのかと言いますと、来たことは来たのですが、彼が水のバプテスマを受けたことによって、水になってしまったのです。肉体的に人間並に生まれたのですが、イエスは信仰によって神の御心どおりの洗礼を受けたので、水に還元してしまったのです。

肉から生まれた者は肉であるように、水から生まれた彼は、水になってしまった。その時に聖霊が鳩のように下りたのです（マタイによる福音書3・16）。そこで神は、「私のお気に入りの息子だ。大満悦だ」と喜んだのです。

神は何が好きかと言いますと、イエスの肉体が水に帰ったことです。水のバプテスマを受けて、水から上がった時に、彼は水になっていた。水と同化していた。それに対して神が、「これこそ私の愛する子どもである。私のお気に入りだ」ということを、天から証されたのです。

聖霊が鳩のように下った。水に帰ったイエスご自身の信仰がそのまま聖霊ご自身の姿で現われているのです。鳩のように下ったということは、神とイエスが完全に一つになられたというしるしです。御霊が鳩のような形で現われたのです。

私たちも洗礼を受けていますから、水から生まれたと信じたらいいのです。今からでも遅くないのですから、水から生まれたのですから、水となったと信じたらいいのです。

「イエスを神の子と信じる者は、自分が水と血であるという証を持つでしょう。神の子を持つ者は、この証を持っているはずだ」とヨハネ言っていますから、皆様もイエスを神の子と信じるなら、皆様はこの証を持つべきです。持っているはずです。

これは新約聖書を担ぎ出して言うまでもありません。自然科学でも、こんなことくらいは分かるはずです。

人間が水であることは、自然科学でも説明できるくらいに低い問題です。物質が水であることは、ごく自然のことです。今やこれは科学の常識でさえもあるのです。科学者はそういう常識を持っていますが、信じてはいないだけのことです。

自分が水だと思ったら、ばからしくて大学に勤めていられませんから、大学教授は一切信じないでしょう。信じたら月給をもらえなくなるかもしれないのです。大学は人間には月給を払いますが、水には月給を払わないのです。

理論的には理解できますが、実感的には理解できないということは、明らかに人間の常識が分裂しているからです。これが原罪の特徴です。

原罪は常にダブルマインドであって、二つの事がらを使い分けするのです。そういう便利なことをするのです。

肉的（人間の常識、知識）に生きている人間は、いつでもそれを無意識にしているのです。肉的に生きているということは、二律背反の世界に生きているのでありまして、二律背反の世界では一つの事がらについて、二つの正しい理論が展開されているのです。

世間でいう面従腹背というのはそれなのです。京都では「へいへいの糞食え」というのです。表面上はへいへいと言っていますが、後を向いて糞食えと言っているのです。顔で笑って心で泣いている。これを人間はいつもしているのです。

罪の世に生きていると、二律背反の原理が分からなければ、円満に商売ができないのです。いつでも二重人格になっていなければ、人と調和していけないという状態になっているのです。これが罪の世に生きている印です。

そういうインチキが通用するのです。一つの事がらについて、二つの正しい理論が成立するのです。二つの正しい理論ということは、神が二つあるということです。二つの絶対があるということです。二つの神があるから、二つの正しい理論が、一つの事がらについて展開しているのです。

私たちの根性はそれに馴れていますので、聖書を学んでいても、いつか知らない間に二律背反を学んでいるのです。分かったつもりで分からないというのは、二律背反的な学び方をしているからです。

物質はすべて水から出たもので、水によって成り立っています。従って、人間の肉体だけが例外という訳にはいかないのです。ましてや、人間の肉体は最も顕著な例だと言えるでしょう。

そういう訳でありまして、自分の存在は水だ、水と血を兼ねて生きているということを、私たちの生活意識にしているとすれば、平常の生活の形や心構えが全く違ったものになるでしょう。

人間の肉体構造は固体的、実体的に存在する訳はないのです。人間の肉体は構造されたものです。構造されているのです。神の言の働きによって、物理的、生理的、栄養学的、科学的に、いろいろな形に組み立てられているのが人間の肉体です。

肉体は構造されているものであって、独自にユニークな肉体を持って存在しているのではありません。例えば、空気がなかったら、水がなかったら、人間の肉体はたちまち萎んでしまうものです。簡単なことです。

そうすると、人間の肉体があるのではない。天地自然の生理現象、または物理現象があるのであって、自然現象にすぎないのです。虹が現われているようなものです。雪が降って積もっているようなものです。花が開いているようなものです。

ペテロは言っています。「人は皆、草のごとく、その栄華は皆、草の花に似ている。草は枯れ、花は散る」（ペテロの第一の手紙1・24）。人間の肉体存在は草の花のようなものです。どんなに盛んに咲き誇っても、やがて老いて死んでいくのです。これが自然現象です。固定的、実体的な肉体があると考えるのは、よほどおかしいのです。

ヨハネは次のように言っています。「天から下ってきた者、すなわち、人の子の他には誰も天に上った者はいない」（ヨハネによる福音書3・13）。この日本語訳は非常に不完全です。英文には、天にまで上ったものはないと一番先に書いています。「天にまで上った者はない。それは天から下ってきた彼だけだ。それは人の子である。彼は天にいる」と書いています。

イエスは天にいるのです。彼が天から下ったように見えるということが、実は天なのです。イエスが天から下ったように見えるが、言が肉になっただけです。言が肉になったというようにヨハネは考えた。そのことが実は天なのです。

皆様が人間としてこの世に生まれたというその事がらを、イエスにおいて見て下さい。イエスが天から下ってなお天にいたように、皆様が水と霊のバプテスマを受けるとどうなるかと言いますと、皆様も天から下ったが、今こうして生きていることが天にいることになるのです。

イエスがニコデモと話をしています。ニコデモと話をしていることが天です。「お前は新しく生まれなければならない」。お前というのは地のことです。「お前は新に生まれなければいけない」と言っている。イエスは天にいるのです。話をしているイエスは天にいるのです。

天と地は目の前に二つあるのです。一体、人性とはどういうものか。人という性は何かと言いますと、人「である」ことです。性とは「である」と読んだらいいのです。人「である」ことが人性です。

人「である」とはどういうことなのか。これは天から下った者、天を知っている者、そうして、今天にいる者を指すのです。天に上った者、天から下った者、そして、今なお天にいる者が人です。

人間は天から下った者ですし、また、天に上った者です。そして、天にいるのです。天から下ったということが、また、天に上ったことになるのです。

イエスが天から下ったことが、天にいることです。大体、人間存在というものはこういうものです。これが人性です。このことを霊から生まれた者は霊であると言っているのです。肉なる者は実は初めからいないのです。いると思っているのは、悪魔だけです。

悪魔は自分の見解を絶対だと考えています。そのくせ、神がいることを認めているのです。認めていながら、自分の見解は絶対であると考えているのです。

これがおかしいのです。神を認めないのなら分かりますが、神を認めていながら、神の他に自分という絶対がありうると考えている。これが二律背反が発生する原因です。

一つの絶対を認めていながら、もう一つの絶対を認めているのです。皆様はいかがでしょうか。悪魔の真似をしないで頂きたい。一つの絶対を認めたら、それが絶対です。絶対は一つの言葉に対してのみ用いられるものです。

絶対という言葉を使いながら、もう一つの絶対を自分の腹の中に持っているとすれば、それはもはや絶対ではないのです。自分を欺いているのです。自分で自分を裏切っているのです。一つの絶対を認めながら、なお自分自身を絶対であると思おうとすることが、いかに不合理であり、不純であるか。これをよく考えなければ、神を信じるとはどういうことなのかが分からないのです。

ニコデモはイエスと話していたのですが、ニコデモが持っていた人間的な性格は、肉の人間の人間的な性格であって、これは人格ではないのです。本来的に存在する人格ではないのです。そこで、「新に生まれよ」とイエスに言われても、「また、母の胎内に入って生まれ直すのですか」と愚かなことを言っているのです。そういうことを言っているニコデモという人物の心理状態、または存在価値は、人格としての存在価値ではなくて、性格としての存在価値です。

ニコデモは本当の意味での人格を感じていなかったのです。人間の俗念、常識、人間の思いを自分の思いだと考えていた。擬装された人格、悪魔によって焼き直された人格を、ニコデモは自身の人格であるかのように考え違いをしていたのです。

イエスは神からの人格、神からの人性をそのまま直感していたのです。神の信仰に基づく人性によってイエスは発言しているのです。

天から下った人の子というのは、本当の人性を指しているのです。人が人であることを指しているのです。

イエスは天から下った人の子としてものを言っているのです。ところが、ニコデモはそうではない。この世に生きている性格でものを言っているのです。人格で言っていないのです。

悪魔の人格性は彼が勝手に捏ね上げて創造した、いわゆる偽りの創造によって生まれた人間性です。人間はこの人格性を自らの人格としているのです。これは人格というべきものではなくて、性格というべきものです。

人格は永遠に不滅のものです。神のパーソナリティーは永遠に不滅のものです。人間の魂は神のパーソナリティーから派出したものであって、神の人格から分かれて、この世に下った者です。天から下ったものです。

人間もイエスと同じような意味で、天から下ったけれどもなお天にいるのです。そういう自覚において考えるのです。つまり、水から生まれた者は水であるということを自覚するのです。肉の人間から離脱して、肉の思いではない人間、霊の思いとしての自分を確認するのです。

水である自分というのは、霊である自分です。霊的に自分自身の肉体存在を見れば、水であることが簡単に分かるはずです。霊的な角度から霊の思いで肉体的存在を見ますと、自分が水であることはそんなに難しいことではありません。

自分が水であるという事実に基づいて、事実を実感して生きればいいのです。自分は水であると思って生きても、商売はできます。ご飯も食べられるのです。水だから食べられなくなると思う必要はありません。

人間の肉体だけでなく、物質という物質はすべて水です。万物は水から出て、水によって成り立っていると言われているように、物質というものがあるのではない。すべて水素原子の活動があるだけです。

神の霊が水の表を覆っていた。神の御霊によって覆われていた水の表が、現在、物理現象、物体現象として現われているだけです。

これは宇宙の天体現象、物理現象の最も単純な原理です。これを信じることがなぜ恥ずかしいのでしょうか。これを信じることがなぜ不合理なのでしょうか。信じない方がよほど不合理です。目に見える地球という物理現象は、宇宙のエッセンスが集まっている所です。地球は生き物であるという意味は、水のエッセンスを地球に濃縮してできているということです。

水の集まりの状態によって磁場ができたり、電場ができたりしているのです。電離層とかバレアレン帯は、水の集まりによってできたのです。これが全能の神のやり方であって、水の集まり現象が物理状態となって現われているのです。水がどのように集まっているかというだけのことです。

神が大空の上の水と下の水とを分けられた。これが地球創造の第一歩です。光と闇が分けられた。これが地球創造の第一過程です。これが今、森羅万象として私たちに現われている。これは神の色々な知恵を知るために、私たちの魂を教育するために現われているのです。

今私たちが現実にいる所は天です。間違いなく天です。こういうことが言えるのは、すべての肉に神の霊が注がれているからです。従って、神の霊からすべてを見ることができるのです。霊の角度から肉を見ることができるということは、現在私たちが天にいることになるのです。天にいるから天的な見方ができるのです。

こういうことを聞いて理解できるということは、天にいるからです。天にいなければ、私の話が分かるはずがないのです。

皆様は地にいる自分、人間の自分を自分とするという執念深いど根性に捉われすぎているのであって、もっと明解に、率直に、単純に、自分自身の心理作用をよく考えてみて下さい。

皆様は現在、イエスと同じように天から下って、天を知っていますし、また、現在天にいるのです。新約時代というのは、そういうことを自覚できる人間ばかりがいる時代であるはずです。イエス紀元において、こういうことが理解できて当たり前です。理解できない者は、あえて自分の心理状態に基づいて、神に逆らっているのです。

水によりて万物が造られていることの原理については、誰でも理解できるのです。理解できることに基づいて、なぜ生活しようとしないのか。なぜ二足の草鞋を履こうとするのか。性格である自分をなぜ信じるのか。性格と人格となぜ二足の草鞋を履こうとするのかと言いたいのです。

皆様の心理構造は人格です。神からの人格です。神からの人格によって生きていながら、悪魔の人格によって生活しようと考えるのです。

生きている原理と生活している原理が、二重になっているのです。なぜこれを一重にしようとしないのでしょうか。

幼児はこういうことをしていません。人格と性格と二足の草鞋を履こうとしません。大人は草鞋を履いて、その上に長靴を履こうとするのです。いくらブーツが流行っていると言っても、短靴の上にブーツを履くというのは格好が悪いのです。

なぜこういうことをするのでしょうか。どうぞ生活原理を単純にして下さい。

女性が本当に幸いになろうとしたら、愛すべき男性を愛するしかないのです。女性の性とは女であることです。人であることが人性ですから、女であるその魂が幸いになろうと思えば、愛するべき男性を愛するしかないのです。愛するというのは、すべてを与えることです。すべてを与えることなしに愛することはできません。従って、女性がウーマンリブを徹底的に主張するとすれば、女性は絶対に本当の幸福を味わうことができないのです。

男性にすべてを与えてしまうと、男性のすべてを自分がもらえるのです。まず与えるのです。女は男のために造られたのであって、女の体は男のために造られた体です。男に提供するために造られている肉体を、女は持っているのです。それを男に提供すれば、男は自分自身を女に提供せざるを得ないのです。

これは簡単なことです。女性は男性によらなければ、女性になりえないのです。女性としての自分を完成することができないのです。これが人性の秘密です。

人性は神から出たものであって、神性のために造られたものです。人の子というのは神のために造られたのであって、父なる神から出たものです。父なる神のために造られたのです。父なる神によって自らを完成すべきものです。

女性が自分を完成すべきことと、人性が自分を完成するということとは同じことです。女性は愛する男性の人生観、価値観、世界観を十分に理解して、その男性の価値観や世界観に同調するのです。同調のしかたが完全であればあるほど、その男性に愛されるのです。

半分だけ同調すれば、半分だけ愛してもらえるのです。百%同調すれば百%愛してもらえるのです。八分どおり同調すれば、八分どおり愛してもらえるのです。こういう心理状態を惚れるというのです。惚れることなしに、男性に惚れてもらえません。女は男のために造られたのであって、このように考えることが適性平等です。その人の性に適する平等です。

これがその人のあり方に適する平等観でありまして、女はまず男に惚れることです。そうして、男に惚れてもらうことです。惚れるという意識で二つのものが一つになれば、愛する人の思想が自分の理想になるはずです。愛する人の存在が自分自身の根源になるはずです。

人間もそうすればいいのです。人間は神のために造られたのですから、神の理想を自分自身の理想にすればいいのです。神の命を自分の命にすればいいのです。神の信仰を自分の信仰にすればいいのです。

神の判断どおりに自分を判断すればいいのです。そうすれば、無限の平和と無限の喜びが毎日涌き出るのです。イエスはこれを経験していました。私は天から下ってきた。そして、今天にいると言っているのです。

人間は自分が願う願わないに係わらず、好むと好まないとに係わらず、新しく生まれなければならないのです。私たちはそのために地上に遣わされたのです。新に生まれることを経験するために、地上に遣わされたのです。

古い自分は死んでしまうに決まっているのです。死んでしまうことを承知していながら、なお自分の性格に馴染んでいなければならないと、なぜ思うのでしょうか。

自分で自分の個性に馴染みたくないでしょう。馴染んでいるつもりもないでしょう。しかし、神を信じてはいない。イエスと同じ考えに立つのでなかったらいけない。イエスを主として信じるのでなかったらだめです。

イエスを主として信じるなら、その人の考え方はイエスと同じような考えになるはずです。ところが、やはり自分の個性、自分の立場を考えようとしている。これはある女性がある男性を愛しながら、なお自分自身の立場にしがみついているのと同じです。

それは男性を愛しているのでも何でもない。自分の都合によって愛しているような格好をしているだけです。神はそういう偽善的な愛を求めているのではありません。愛しているような素振りを見せても、それが誠の愛ではないことが、ばれるに決まっているのです。

皆様は神の愚かさに同調すべきです。人間の賢さを捨てて、神の愚かさに同調すべきです。人間の賢さは悪魔の賢さです。悪魔の賢さを捨てて、神の愚かさに同調するのです。

神の愚かさとは何か。皆様の心臓が動いている状態が神の愚かさです。地球が自転公転していることが、神の悠々閑々たる愚かさを示しているのです。それに皆様が同調すれば、無限の信仰が与えられるのです。無限の可能力が与えられるのです。

無限の可能力がなければ、イスラエルに伝道はできません。「この山に移りて海に入れ」と言えば（マルコによる福音書11・23）、その言葉のようになるというのがイエスの考え方です。この考え方に同調するのでなかったら、山は動きません。

イスラエルの不信仰は巨大な山です。この山を動かそうと思えば、神の大能と一つになるしか方法はありません。もし私たちがイエスの信仰に同調できなければ、イスラエルに伝道はできないでしょう。もちろん私たち自身の救いもなくなるのです。

これは私たちが望むと望まないという問題ではありません。好むと好まざるに係わりがない。私たちがしなければならない責任であると考えて頂きたいのです。

神は十字架によって、肉体的に存在する人間を否認しました。はっきり肉体存在の人間を否定したのです。私たちは神の御心に従って、水のバプテスマを受けました。そうして今や、自分の肉体が水に同化していることを信じています。このとおり実行すればいいのです。

ちょっと実行しにくい気持ちがあっても、ちょっと実行しにくい感情があっても、そんな気持ちや感情にいちいち義理立てする必要はありません。黙って実行したらいいのです。神に従ったらいいのです。信じることは従うことです。黙って従ったら、必ず御霊の助けを与えられるに決まっているのです。

この地球に聖霊が降臨しておられるのです。こんな混濁しているめちゃくちゃな地球に、聖霊が降臨しておられるとすれば、皆様がちょっと真面目に神の方に目を注ごうという誠意があれば、神の御霊はただちに皆様を助けて下さるに決まっているのです。

皆様は自分でしなければならないと考える必要はありません。ユダヤ人に伝道しなければならないと考える必要はありません。ただ自分を神に渡せばいいのです。そうしたら、御霊が伝道の原動力になって下さるのです。

ただ自分を神に渡せばいいのです。「父よ、わが霊を汝にゆだねる」でいいのです（ルカによる福音書23・46）。そうしたら、皆様は死ななくなるのです。死ぬことも、苦しむことも、悲しむこともなくなるのです。

なぜ死ぬことや、苦しむことの方に自分自身を置いておくのでしょうか。ちょっと分かりにくいとか、気にかかるとか、つまらない自分の気持ち、感情に、なぜこだわるのでしょうか。

皆様は神に選ばれて、天の召しを受けた聖なる魂です。なぜ自分の生活や自分の魂を自分が弁護したり、自分が責任を持たなければいけないと考えるのでしょうか。

現在、導かれている事情、境遇に、無条件で自分を渡すことです。自分の商売も、自分の経済も、自分の健康も、神に渡すのです。自分を神の前に出してしまえばいいのです。そうすると、自分の立場がなくなるのではない。自分の立場が完成されるのです。自分の願いが完成されるのです。

問題は皆様が悪魔から植えられている性格にこだわっていることです。自分の立場があるような気がするのです。利害得失があるような気がするのです。そんなものはないのです。性格にこだわっていることがいけないのです。

悪魔が造ったありもしない影法師のような性格にこだわっていることがいけない。自分の気持ちにこだわっているのです。その気持ちを捨てればいいのです。捨てるというよりも、神に委ねればいいのです。お金を銀行に預けるように、神という銀行に性格を預けたらいいのです。そうしたら、固有名詞という人間が変化して、人の子としての人格が与えられるのです。

さらに、宇宙構造の秘密についてお話ししておきます。これはイエスなら天のことと言うでしょう。今までお話ししたことは、現世に生きている人間の状態について述べたのですが、これからは人性とは何かをお話ししたいと思います。これは天のことです。

宇宙には三つの人格性があります。第一に、神性です。神が神であることが第一の人格性です。神が神であることが、自ずから三位一体として分かれるのです。父と御子、御霊として分かれるのです。これは神性の特徴です。異邦人の神には三位一体の神は全くいません。宇宙本来の人格のもっとも完全な現われとして、三位一体の神がいるのです。これが父、御子、御霊です。

これにかたどって、その形のように造られた人格性があります。第二の人格性、人性です。これが男と女に分けられているのです。神が父、御子、御霊と分けられているように、人格が男と女に分けられているのです。

第三の人格性が天使です。天使長というランクは、天使というランクとは違った、もう一つ上級のランクです。これは人性と非常によく似ているのです。

将来、人性が天使長のランクを兼ねると思われるのです。この人はキリストと共に神の相続人になるのです。人性が天使長の人格を持たされて、その能力を付与される。これがキリストと共に神の相続人になるのです。神の相続人となった人格が、天使を治めるのです。

天使とは一体何か。これが森羅万象です。森羅万象の基礎原理は人格です。物ではありません。物が物である原理は何か。物は人格性を持っている。これが物として現われるのです。

石には石という人格性があります。花には花としての人格性があるのです。そのような人格性がおのずからある姿になって、この世に現われているのです。

天使の場合は、人格性が天使性となって現われているのです。天使性というのは千々万々の物性です。これを治めるために人性があるのです。また、人性の根拠として神性があるのです。

神と人と物が宇宙構造の全体的な展望です。これに人格が貫いているのです。すべてのものの上にいます父なる神というのは、すべてのものの上にいます神です。すべてのものを貫いて、すべてのものの内にいますというのは、万物を貫いて人格が働いているということです。

三次元の時代において最も大きいテーマは何であるかと言いますと、人性が持つべきテーマです。これが一番大きい問題でありまして、人性というのは上は神に連なっていますし、下は天使に連なっているのです。

霊的な魂の本性で考えますと、人性は神に属するものです。肉体的に存在するという形態から考えますと、物に連なる物です。霊的に神に連なっている面と、物に連なっている面と、二つの面があるのです。

そこで、霊と物との仲立ちとなって、全体を治めなければならない責任を人性は与えられているのです。

イエスが神と人との仲立ちになったように、キリストとその教会が神と人との仲立ちになって、万物を統括するという責任と使命を与えられているのです。

この三次元の時代においては、人性の秘密を悟って、自らを神の御心に従って完成するということが、最高、最大のテーマになるのです。

皆様は今や、この最大のテーマの立役者として神に立てられようとしているのですが、このような神の計画を知ってもなお、自分自身の性格から逃れることができないとすれば、その人はもはや地獄へ行くしかないことになるのです。

ただ自分の性格を捨てるだけでいいのです。「父よ、わが霊を汝にゆだねる」と言うだけのことです。自分の理屈を言う必要はない。自分の性格を自分で持っている必要はないのです。自分の個性を自分で握り込んでいる必要はないのです。

皆様は神と万物との仲立ちになって、キリストと共に神の相続人になるのです。もしそうしたいのなら、そのように生きたらいいのです。

自分で自分の思惑を気兼ねする必要はありません。自分の思惑は皆悪魔の思惑です。そんなものに右顧左眄する必要がないのです。

本当に自分を神に委ねる決心さえすれば、直ぐに御霊の助けがあります。自分の性格を神に委ねることは簡単にできないと言わないで、まず神に委ねてみて下さい。そうすると、できることが分かるでしょう。御霊が助けて下さるからです。

そのために、助け主なる御霊が降臨しておられるのです。助け主なる御霊がいますから、その方に助けて頂いたらいいのです。

14. すべての人を照らす誠の光が世に来た

聖書に、「すべての人を照らす誠の光があって、世に来た」とあります（ヨハネによる福音書1・9）。これはイエスが肉体をとって、この地上に遣わされたことを指すのですが、イエスが肉体をとって地上に遣わされたということが、本質的に宗教ではないのです。

もし宗教であるなら、そのように具体的な実例で語られないで、教義的なもの、お筆先とか、ユニークな話で始まるのです。

世界中の宗教は何かの形で、誰かが神がかり的な霊感を受けたとか、神がかり的な独創的な教義を述べたり、奇跡をおこして人間が癒されたということが起源になっているのです。

イエスの場合でも、病人を癒やしたり、死人を甦らせたり、生まれつきの盲人の目を開いたりしています。日本の宗派神道に似たような奇跡とか、神秘主義的に感じられるようなものがなかったとは言えません。

人間的な感覚で見ますと、新約聖書でも他の宗教と同じような摩訶不思議なものがあるように考えられるのです。マホメットもイエスも、大して変わらないのではないかというように見られないこともないのです。旧約聖書を十分にマスターしていない人には、そのように思えるのです。

旧約聖書の根幹、例えば、モーセという人物、歴代の預言者、これらの人々に先立つアブラハムの信仰を詳しく見ていきますと、イエスが現われたことは預言に従って現われたのであって、忽然と現われたのではないのです。

マホメットが忽然と現われて、神の僕であるという啓示を受けたのとは、全然違うのです。もちろん、日本の宗派神道のような神がかりの啓示とも違います。

イエスの場合、奇跡も行いましたし、神がかり的なこともありますが、旧約聖書の預言の内容を精密に検討していきますと、イエスは現われるべくして現われたのです。

神の計画に従って現われた。イエスの言葉を借りて言いますと、「父が私を遣わした」ということになるのです。

万物の本源である神の言が、肉体をとって、もろもろの人を照らす誠の光として現われたのです。

イエスが来たのは、ヨハネが言っていますように、もろもろの人を照らす誠の光があって世に来たという意味です。

もろもろの人を照らすというのは、もろもろの人間存在を照らすための誠の人間存在がやってきたという意味です。すべての人間存在を照らすというのは、人間存在の内容的実質を象徴するとか、それを実体的に証明するという意味です。

人間存在の客体的なあり方を、具体的に照射する、証明するのです。内容を分解して説明することを、すべての人を照らすと言っているのです。

すべての人間存在の内容をそのまま具体的に演繹して証明する。そういう特殊な人間存在が地上に現われたのです。

すべての人は原罪の虜になっている。錯覚の縄に縛り上げられて。身動きができない状態になっているのです。

原罪は徹底的な錯覚です。仏教的にいうと無明煩悩です。無明煩悩に縛り上げられて、変質させられるのが人間です。

これが主観的存在、主体的存在の人間です。これは全く人間と言えるものではない。罪人です。罪人は意識が全く現象感覚で縛られている。本人自身では自分の実体が分からないのです。自分自身の存在が本質的にどういうものであるのか、説明ができない。無明煩悩に閉じ込められているのが人間です。

原罪の縄目に縛られて、錯覚の内に閉じ込められている人間は、自分自身で悟ることができないのです。自分自身で本当のことを悟ることができないのです。

もし人間が本当のことを悟ることができるなら、神はイエスを遣わす必要がなかったのです。もし本当のことが悟れて、自ら真理を究明する能力があれば、それはもはや原罪の虜と言えないのです。原罪というのは、人間の魂が霊的に死んでしまっている状態です。

善悪を知る木から取って食べたら必ず死ぬと言った神の言葉が、文字通り成就したのです。そこで、アダムとエバは現象に対して目が開かれた。現象が実体と考えるようになったのです。

現象が実体であると考えることになったことが原罪の本質ですから、このような状態になった場合には、悟ることができないのです。本当の悟りは不可能です。

釈尊の悟りがどれだけ真理性を持っているかについても、根本的な意味での疑問が提出されなければならないのです。

確かに、人空、法空ということは事実です。聖書的に考えても、現象は実体ではありません。現象は実体ではないということが分かっただけで、絶対真理が究明されたと早合点しているのが仏教思想の軽率な判断なのです。

私は釈尊の悟りを批判しているのではありません。人間の本質が罪人であるということを厳密に受け取るとすれば、人間の感覚が既に麻痺しているのです。人間の思考状態が原罪によって死なしめられているのです。

従って、死なしめられている感覚に基づいて悟りを開いたとしても、それは罪人の悟りであって、本当の意味での人間の悟りであるとは言い難いことになるのです。

仏教のすばらしい解脱の世界、異邦人が考える偉大な悟りの世界は、神的な意味での真実であるとは言えないのです。

真理の御霊によって、もろもろの真理が私たちに解き明かされるという意味での保証は、仏教にはありません。絶対真理であると断定できる客観的な保証は仏典のどこにもないのです。

釈尊の悟りが、東洋人がイエスを知る前提条件としてのすばらしいセンスを持ったものであることはよく分かります。だからと言って、釈尊の悟りに絶対真理と言えるような正確さ、偉大さがそのまま存在しているかというと、答えを躊躇せざるを得ないのです。

無明煩悩である人間が悟りを開いたとしても、それは無明煩悩の悟りです。無明煩悩の悟りが絶対正確な本当の悟りであると言えるかどうか。これに対して重大な疑問符をつけなければならないことになるのです。

その証拠に、仏教全体から考えて、死が破られたという事実はありません。人間の最大の敵は死です。人間の唯一の敵、本当の敵は死ぬことです。

死を破ることなしに、本当の救いはありえません。救いを考えたとしても、なお人間が死んでいくというそのことだけで、それは一つの教えでしかないということになってしまうのです。

悟りでも信心でも、結局人間が人間を考えるための教えです。無明人間が無明人間を教えるための一つの論理方式であると考えなければならないことになるのです。

釈尊の悟りは偉大ですが、真理の御霊が真理を悟らしめて下さるような意味での偉大さを持っている訳ではないのです。

イエスは肉体を持って、普通の人間と同じ五官を持って、この世にやってきた。そうして、父なる神の一人子であるということを、自分自身が証明したのです。

イエスが父なる神の一人子であるということ、本当に一人子であるとはどういうことか。なぜイエスだけが一人子でありうるのか。この判断がなかなか難しいのです。

ユダヤ人と異邦人を含めて全世界の人間は、一人残らず原罪人間です。一人残らず肉性人間です。無明煩悩に満ちた人間です。

こういう人間が本当にイエスを信じることは不可能です。絶対に不可能です。これは自分が自分でないことを信じることになりますから、絶対に不可能です。

イエスを信じることによって、人間の本性を悟るとすれば、罪人である自分ではない自分が浮かび上がってくるはずです。原罪によって魂が死んでいる状態ではない、別の人間が自分であることが分かってくるはずです。自分が自分であることを認めている状態では、イエスを認めることができるはずがないのです。

ある人が言いました。「私はイエス・キリストを信じることができるのでしょうか」。そのとおりです。普通の人間がイエス・キリストを信じることはできないのです。絶対にできるはずがないのです。

ところが、キリスト教ではできると簡単に考えています。そんなことはできるはずがない。ここに宗教のいんちき性があるのです。

自分が自分でなくなって、自分が別の人間だという結論を自分自身が納得して受け止めるということは、自分という人格においてできることでしょうか。

イエスを信じることができる人格はどんな人格かと言いますと、真理の御霊によって導かれているモラルによって初めて可能になるのです。

天から下った真理の御霊、イエスがキリストとして第三の天に上げられた。上げられたキリストによって、この地上に下りたもう真理の御霊の感動によって導かれているモラルでなかったら、イエス・キリストを信じることができるはずがないのです。

ところが、一般のキリスト教は真理の御霊を本当に受け取っていないのです。イエスによって言われた信仰の三原則、イエスの弟子となる三原則を実行していないのです。

イエスは「自分を捨て、自分の十字架を負うて、私に従ってきなさい」と言っています。この三原則をキリスト教の人々は厳密に実行していないのです。こういう者が、真理の御霊を受け取れるはずがないのです。真理の御霊を受けていない者が、イエスを信じることができるはずがないのです。そこで、キリスト教は間違っていると言わなければならないのです。

新教であろうが旧教であろうが、何宗にかかわらず宗教を標榜している者は、真理の御霊を標榜していません。

宗教はどこまでも人間のために人間が造った、人間の教えです。ところが、福音はそうではない。福音は神のために、神の御霊によるところの、神の御霊の教えです。これが真理です。これが純粋な福音です。

そこで、私たちはそれによって神の子を自覚するのです。これは人間が救われるのではなくて、私たち自身の本質が救われるということです。人間存在ではなくて、人間存在の本質である魂が救われるのです。

人間存在と人間存在の本質とは違います。人間存在は自分が主観的に意識している主体的な人間です。人間の立場からの主体的存在である人間が救われるのではないのです。

人間存在の主体的人間は罪人です。罪人は死ぬに決まっている人間、すでに死んでいる人間です。これが救われるはずはありません。

御霊を受けることによって、別の人格として新に造られるのです。御霊の導きと神の言葉によって、新に造られるのです。とこしえに保つ生ける神の言葉によって新に生まれることを、ペテロが言っているのです(ペテロの第一の手紙1・23)。真理の言葉によって新に生まれるのです。新に造られるのです。これが救われた人間です。

御霊と聖書の言葉によって新に造られるのです。「義と聖とによって新に造られた」とパウロが言っている新しい人です（エペソ人への手紙4・22〜24）。

罪人である自分がちょっと変成されたものではありません。罪人である自分が変革されて、次元的に高くなったというものではありません。神の御霊によって新しい人間存在としての目が開かれた。心の目が開かれて、神を見ることができた。そうして、自分の本質がイエスであることが分かるのです。

イエスは生ける神が肉体を持ってやってきた。イエスは大いなる言葉とか奇跡によって、人間を導こうとしたのではない。生きていることを通して、人間にその本質を悟らせようとしたのです。

もろもろの人を照らす誠の光というのは、そういう意味です。自分が生きているというその事がらをそのまま光として、人間存在の実体を照らすという意味です。

人間存在は何かと言いますと、今肉体を持って、五官を与えられて生きていることです。目で見たり、耳で聞いたりして生きています。これが客観的な人間存在です。

ところが、現在の人間の主観意識というものは、客観的な人間存在というものの本質的な意味と価値を知らないのです。

人間の五官を肉体的な感覚で用いるものだと思っています。肉の思い（人間の常識）で見ている。肉の思いで聞いている。それで良いと思っているのです。人間に五官があるのは当たり前で、自分の気持ち、考え、自分の都合でそれを用いればいいと思っている。

ところが、五官は本来、与えられている本質から考えて、全く違ったものになるのです。アダムは現象に対して目が開かれて、現象を実体だと考えた。これがエデンの園における陥罪の結果です。

現象を実体だと考えた人間が、その気持ちによって見たり聞いたりしている。これは全部罪人が見たり聞いたりしているのです。罪人が五官を用いていることになる。その感覚は皆間違っているのです。

そこで、聖書は言っています。

「あなたがたは聞くには聞くが、決して悟らない。
見るには見るが、決して認めない。
この民の心は鈍くなり、
その耳は閉じている。
それは、彼らが目で見ず、
耳で聞かず、心で悟らず、悔い改めて、
癒やされることがないためである」(使徒行伝28・27)。

見ることは見るけれども認めることはしない。これはどういう訳か。認めるというのは、目が働いている状態を正しく用いて、正しく認めることを意味するのです。ところが、人間は見るという機能は与えられていますけれど、それを正しく用いることができません。それは自分の見方が正しいと思っているからです。

自分の見方が正しいと思っているから、それを正しく用いていると思っている。人間に五官が与えられたのは、物質的現象をそのまま見るために与えられたのではありません。物質的現象が存在するその本質、その意味を見破るために、五官が与えられたのです。

ところが、人間はそれをしていない。肉の思いで人間の魂が動かされているから、そうなるのです。ところが、人間はそれを知りません。

イエスが来たのは、五官の用い方、生理機能、心理機能の用い方を正しく教えるためです。イエスは自分に与えられている五官を、正確に、正当に用いたのです。そこで、神の国が見えたのです。父なる神ご自身の御心がありありと見えたのです。

イエスは自分自身の生活において、父と交わりつつ生きていたのでありまして、その状態を人々に見せたのです。そうして、「お前たちも五官を正当に用いれば、とこしえの命がはっきり分かる。だから、私を信じる者は死なない。死を破ることができる」と言ったのです。

人間が救われるということは、五官が救われることです。これが魂の救いです。五官が救われなければならないのです。

目が何を見ているのか。手は何を触っているのか。それが分からなければ救いにはならないのです。

実は私たちが生かされているという事がらによって、神と対面しているのです。神と交わっているのです。現実に生きているという事がらを通して、神と交わっているのです。

真理による誠の救いというのはそういうものであって、人間の生理機能、心理機能、五官が全部救われるのです。見ている目、聞いている耳が、そのまま救われるのです。これが本当の救いであって、これは宗教ではありません。

宗教ではないということは、人間存在そのものが、そのままイエスと同じものにされてしまうということです。これは教えでもないし、教義でもない、事実です。

イエスが「あなたの目が正しければ、全身も明るいだろう」と言っています（マタイによる福音書6・22）。目の使い方が正しいなら、生まれてくる前の目のあり方、現世を去った後の目のあり方が、すべて分かると言っているのです。

「もしあなたの内の光が暗ければ、その暗さはどんなであろう」と言っています（同6・7）。内の光とは未生以前の心です。これが暗ければ永遠に暗いのです。ところが、これが目を覚ますのです。そうして、真理を見ることができる。そうすると、現世を去った後まで明るくなるのです。これが救いです。唯一の救いです。

もろもろの人を照らす光があって、世に来た。これは本当の光です。教えではないし、論理でもない。私たちが生きているということが救われるのです。

そうして、神の子としての実感を本当に持つことができるのです。今、ここに、こうして生きている瞬間において、神を経験しているということが分かるのです。

現在、生かされているという事がらがあります。生かされているという事がらは空ではありません。事実です。肉の人間が空であっても、生かされているという実体は空ではないのです。これがそのまま生ける神の子であるという実感に到達することができるのです。そうして、神が共にいますということを実感することができるのです。

現在生きているということ、見たり聞いたり、手で触ったり、飲んだりしていることが、そのまま神であるということを教えられるのです。私たちは神を経験しているのです。

神を経験していることが、神と交わっていることなのです。今、ここに、こうしている現前が救いです。現前の他に何もないのです。

例えば、私の心臓が止まるとしますと、その現前が神です。私の魂が肉体から出ていくことがあるとしますと、これが神です。

私の肉体と魂が分離されて、魂が天に帰るとします。現世から魂が去っていくということが神です。

神が現前そのものです。現前そのものが神ですから、その人は神の子になります。現前の子ですから、神の子です。これが救われた人間の魂の状態です。そこで、死が消えてしまうのです。

現前が神であるとすれば、死は何処にあるのでしょうか。心臓が止まったら、止まったという現前があるのです。自分の魂が肉体を去っていけば、魂がこの世を去るということが神です。この世を去っていくことが信仰です。信仰によって、この世を去っていくのです。

イエスは、「命を捨てる権あり、また、得る権あり」と言っています。こういう明々白々な実感において、イエスを見るのです。

イエスは私たちの実質そのものです。未生以前の人間の実質がそのままイエスであることを信じれば、すべての人が行き着かなければならない救いとして、確認できるのです。

人間は具体的に救いに辿り着くか、あるいは地獄の裁きに辿り着くか。これ以外にはないのです。救いか裁きかどちらかです。

宗教観念はいくら学んでも、三文の価値もありません。肉体を持っている人間に対する救い主として、肉体を持っている人間を遣わしたのです。肉体に対しては、肉体をというやり方を神がした。これはある意味では目には目を、歯には歯をと言えるかもしれません。

肉体人間に肉体人間の救いを与えたのです。そこで、イエスとしてきた誠の光の他に、救いはないのです。生の人間に対しては、生の救いを与えたという事実は、イエスの他にはありません。

マホメットでも、釈尊でも、肉体を持っていたが、神が共にいるという事実を証明することができなかったのです。神と交わっているという実体を、現世ではっきり証することができなかった。だから、マホメットも釈尊も、いやはての敵である死を破ることができなかったのです。

イエスは生きているという事実を通して、死を破ったのです。死を破ってみせたのです。これが十字架の贖いの本当の意味です。

人間が生かされていることが救われなければ、人間には救いはありません。魂が肉体において生きている。未生の人格が五官において、今神を経験させられているということ、これが救われるのです。

ギリシア語のプシュケーという言葉は、現世に生きている人間の命を指しますし、魂そのものを指している。また、精神とも訳せる言葉です。現世に生きていることが、そのまま魂になるのです。

神において客観的に生かされているということは、事実です。この事実を主観的に確認した時に、人間は死を破ることができるのです。死を乗り越えることができる。これ以外に、死に勝つ方法はありません。

イエスはこの事を私たちに教えてくれました。たった一つの誠の光として、私たちにそのことを教えてくれました。肉の思いで生きている人間は、死ぬために生きているようなものです。人間は死ぬために生きているのではありません。生きるために生きているのです。命の望みを果たすために生きているのです。

そのためには、肉の思いを脱ぎ捨てて、霊に従いて歩むことが実践されなければならないのです。霊に従って歩むということは、物事の本質、本体、実質に従って歩むことです。

霊に従いて見ること、霊に従いて聞くこと、霊に従いて味わうことです。すべてが霊においてなされる時に、五官が救われるのです。五官が救われる時に五官によって生きている魂が救われることになるのです。これが具体的な救いです。宗教ではない救いです。

イエスはその生き方を私たちの目の前で、実践してくれたのです。そこで、キリストとされたのです。

このイエスは私たちが今生きている、また、生かされていることの本質を意味するのです。神が共にいますこと、神が救いであることがイエスの御名（実体）ですが、それがすべての人の本質であること教えてくれたのです。

私たちは未生以前の父の人格をそのまま与えられて、遣わされたのです。父の機能をそのまま与えられて、現世に遣わされたのです。

私たちはイエスと同じ条件で遣わされたのです。ですから、私たちは自分の実質がイエスの名そのものであることを知る時に、私たちの実質であるイエスの名が、私たちのキリストになる訳です。

私たちの内にあるイエスの名が、私たちの救いになり、キリストになるのです。イエスがキリストであるというのは、そのことなのです。私たち自身の実質が、私たち自身の救いである。これがイエスがキリストであるということです。

「イエスがキリストであることを信じる者は、神から生まれたのである」と、ヨハネの第一の手紙の第五章の一節に記されていますが、自分自身の実質が自分自身にとっての救い主であることが分かる時に、私たちは神から生まれた者になるのです。

イエスが神の子であったように、私たち自身もまた、神の子である事に気がつかされるのです。そうして、イエスが水と血と御霊によって生きていたように（ヨハネの第一の手紙5・6）、私たち自身もまた、水と血と御霊によって生かされていることを明確にさせられるのです。

新に生まれること、新に造られることが、神の御霊と神の言葉によって私たちの人生に具体的、実感的な意識となることが、イエス・キリストを信じるということです。

これは宗教ではありません。本当のことです。もしこれが宗教であれば、全世界の人間に救いは全くありません。幸いにして、イエスが自分自身の本質をそのまま生活してみせてくれたことによって、死を破るという歴史的事実を示してくれたのです。

イエスは私の平安を残していくと言いましたが、イエスによって残された平安は、私たち自身の実質として、今現に私たちの中で生きているのです。

この他に救いはありません。人間が客観的に生かされているという事がら、私たちが存在しているということが、そのまま救いであるという事の他に、本当の救いはありません。

これは信じられる救いです。信じなければならない救いです。どうしても信じるべき救いです。この他には真理はないからです。

イエスがキリストであること、そして、今、世界の歴史がイエス紀元として、世界中の人々に守られているということをよく考えて頂きたいのです。

現在の歴史的事実も、社会生活の基礎になるべき歴史的事実も、実はそれがキリストであるのです。社会的事実もキリストですし、人間が生きていることがイエスです。

私たちが今生きているのは、固有名詞に何の関係もありません。霊に従いて生かされているという事実が、今ここに存在するだけです。

このことはいろいろな角度から、いろいろな言葉によって、聖書に書かれています。これは人間の教えではありません。イエスが生きていたという事実が、そのまま記されているのです。論理ではない事実です。

この事実の他に救いはありません。私たちは生きるために生きているのです。死ぬために生きてはならないのです。どうしても、死を乗り越えて生きなければならないのです。

世に勝つ信仰とは何か。イエスを神の子と信じる信仰です。イエスを神の子と信じることは、私自身の実質が神の子であることを信じることなのです。その時に、水と血と御霊の証が、私たちのものになるのです。

異邦人は神の約束に係わりなく、世にありて、キリストなく、望みもなく、ただ死んでいくために生きているのです。現世に生まれて、現世の人生が本物だと思い込んでいる人間が、自分が生かされている実質がイエスの御名であることを受け入れることは、なかなか大変ですが、これ以外の方法で、死から逃れる道はありません。

私たちはこの事実を学ぶために、あらゆる難関を乗り越えて、生活の実感として捉えなければならないのです。

「もろもろの人を照らす誠の光があって、世に来た。世は彼によって成ったのであるが、世は彼を知らなかった」。世という言葉を自分と置き換えて考えたら分かりやすいでしょう。

神の言葉は現実の世にあるのです。森羅万象が生きているという形で、彼が現実にあるのです。現実そのものが彼です。彼は世にあり、世は彼によって成っているのに、世は彼を知らずにいた。

人間がとんでもない盲目にされているという事実が、現世にあるのです。すべての人間は盲目にされていますけれど、生かされているという本質は盲目ではありません。

私たちの目は真実を見ています。ところが、見ていることに対する心の用い方が間違っているために、目が肉を見ているように感じているだけです。

実は目が見ているもの、耳で聞いているものは神の言葉ですが、肉の思いが肉のように受け取っているのです。そこに、死がわだかまっているのです。

私たちの目が何を見ているのか、耳が何を聞いているのか、舌は何を感じているのか、このことさえ正確に把握できるなら、私たちの内にある未生以前の心、いと小さき我を見ることができるのです。これに基づいて、私たちが生きているということを知ることができるのです。

生まれる前に、父に植えられた神の本性、宇宙の本性、神ご自身の本性が、私たちの中に、いと小さき主の兄弟となって、人間自身の本願となって、私たちの内に貫いているのです。

私たちの中に神の光があります。私たちの内にある、いと小さき霊の感性に従って、御霊を受けて神の言葉を学ぶ時に、神の命が自分自身のものになるのです。イエスの御名が私たちの救いの実体になるのです。このことがはっきり実感できるまで勉強して頂きたいと思います。

15. 地の果てにまで及んだ福音

人間には人格が与えられています。これが五官の基礎になっているのです。五官は人格の延長です。生理機能的に人格が働いて五官になっている。心理的には人格が、理性と良心になっているのです。

イエスは次のように言っています。

「あなたを訴える者と一緒に道を行く時には、その途中で早く仲直りしなさい。そうしないと、その訴えるものはあなたを裁判官にわたし、裁判官は下役にわたし、そして、あなたは獄に入れられるであろう」（マタイによる福音書5・25）。

これだけ聞いたら、分かりそうなものです。これだけ聞いて分かったら、聖書はいらないのです。女性はこれだけ聞いたら分かるはずです。

イエスは聖書を読んでいたのではありません。聖書を読んで信じたのではない。アブラハムは聖書を読んで信じたのではない。アブラハムの時には聖書はなかったのです。

人間に人格が与えられていること、人生が与えられていること、これだけあればいいのです。本当に選ばれた人であれば、すべてが分かるのです。

私たちに人格が与えられていること、それが生理的には五官になり、心理的には理性と良心になっている。これだけがあれば、聖書ができるのです。心理機能と生理機能だけで、永遠の命がはっきり保証されているのです。これが分からない人は、火の池へ行くしかないのです。

肉体を持っている人間が、お互いに話し合っているのは、非常に軽佻稀薄です。お互いにおべっかを言い合っている。心にもないことを言ってみたり、嘘を承知で言ったりしているのです。嘘の上に嘘を積み、また、その上に嘘を積み込んでいるのです。これは人間の人格のあり方と反対の方向に行っているのです。これが原罪のなせる業です。

肉体的に生きている自分を本当の自分と考えていることが、神に逆らっていることになるのです。これが理論的にでも分かったら、まず実行したらいいのです。そうすると、前人未踏の人生になっていくのです。

人間は自分の本性として、生理機能を持っている。また、心理機能を持っているので、人格のことが何となく分かっている。分かっていながら、それを実行しないだけです。人間に与えられている人格をそのまま実行したら、自然に前人未踏になってしまうのです。

神は人間にこれほど確かな手掛かりを与えている。救われる道をはっきり示している。ところが、人間はそれを実行しない。責任は全部人間の方にあるのです。神は与えるべきものを与え、提示すべきものを提示しているのです。だから、新しい世界へ入れないのがおかしいのです。

人間は一度死んで、そして、死んだ後に裁かれるのです。つまり、二回死ぬのです（ヘブル人への手紙9・27）。一度は現世を去るのです。現世で生きていて、肉の自分を楽しんでいた。霊を喜ばずに肉を喜んでいた。その罰に、現世を去った後に、もう一度死ぬことになるのです。

一回目に死ぬのは自然現象です。自然現象としての鉄則です。二回目に死ぬのは、霊の命が与えられていながら、肉の命を楽しんでいた。その罰則として、当然のことなのです。一回目に死ぬのは本当に死ぬのではありません。これは与件です。

そこで、神の報いを受け入れる人が親類縁者にいると、その人のお陰で救われることになるのです。

般若心経は肉を切ってしまうのです。般若心経の他に、人間の肉を切ってしまうものはありません。今、全世界に必要なものは、般若心経です。

悔い改めて福音を信じるというのは、般若心経を踏まえて聖書を見るのです。これを神が私たちに明確に命じているのです。

改めてというのは、聖書を信じることです。新約の御霊を受け取ることです。これが原則です。人間の人格はロゴスです。これが人間に与えられているのです。

人格を正しく用いれば、福音は掴まえられるに決まっています。福音を掴まえそこなったら、火の池へ行くに決まっているのです。絶対的な裁きを神が実行するということは、人間の方に絶対的な悪さがあるからです。理性と良心があり、おまけに五官がある。理性と良心は人格が理性的に働いていることですが、これが人間に植えられている。これはア・プリオリの事実に違いないのです。ア・プリオリでなかったら、こういうものはありえないのです。

母親の中にいる胎児は、血液の循環の音を命の慰めとして聞いているのです。母親の胎内の血液の流れ、呼吸の状態が、胎児の感性の基礎になっているのです。

赤ん坊の五官は、生まれる前の母親の命の流れによって調整されているのです。生まれる前の状態が、生まれた後の状態になっている。これは人間の生まれる前の状態を示しているのです。

人間の五官の閃き、感覚、理性や良心の閃きは、人格からくるものです。人間の人格は、神の人格にそっくりです。今生まれたばかりの赤ちゃんは、永遠の生命を持っているのです。嬰児は永遠の顔をしているのです。私たちは嬰児に帰ればいいのです。

自分が生きていると思っているために、人格を阻害しているのです。人世の矛盾、撞着、悩み、苦しみ、欲望は、自分が生きていると思うから発生するのです。人間は自分の肉性に甘える癖があるのです。自分の気持ちを自分で信じる癖がある。これがいけないのです。

現世に生まれてきたことは、肉なる者の下に売られたことです（ローマ人への手紙7・14）。これがカルマです。このカルマを乗り越えることが、霊魂の絶対的な責任です。

まず、カルマを乗り越えようという絶対的な意志を持つことが必要です。自分のカルマを自分で乗り越えてしまうという反発心、そういう馬力がない者は、救いを与えられません。

自分で自分のカルマを乗り越えて、生まれる前の自分に帰るのです。生まれた直後の赤ちゃんの状態に帰るのです。そうして、自分の意識の中から、この世に対する思いを追放するのです。この世に甘えると、自分の肉性を認めるのです。肉性を認めると、それに甘えることになるからです。

肉体的に生きている自分はいない。ただ理性と良心、五官が働いているだけです。飲んだり食べたりしている時でも、肉体的に生きている自分はいないということを、強引に意識しながら飲食するのです。

食べる時には自分は肉体的に生きていないということを、強引に意識するのです。そうして食べるのです。これをすると感覚が変わってくるのです。

歩いていても、肉体的に生きている自分ではないと強引に意識するのです。原罪は強引なものですから、こちらも強引に抵抗しなければだめです。

分かっても分からなくてもするのです。分かりませんからできませんと言ってもだめです。分かっても分からなくても強引にするのです。できなくてもできるという気持ちでするのです。

今まで生きてきた自分の意識ではだめです。肉体的に生きている自分の意識を乗り越えてしまうのです。私たちの生涯はまだ始まっていないのです。私たちの生涯があると考えて妥協してしまうと、もうだめです。

パウロは次のように述べています。


「従って、信仰は聞くことによるのであり、聞くことはキリストの言葉から来るのである。しかし、私は言う、彼らには聞こえなかったのであろうか。否、むしろ『その声は全地に響き渡り、その言葉は世界の果てにまで及んだ』」（ローマ人への手紙10・17、18）。

旧約聖書に、次のようにあります。

「もろもろの天は神の栄光を現わし、
大空はみ手のわざをしめす。

この日は言葉をかの日に伝え、
この夜は知識をかの夜に告げる。
話すことなく、語ることなく、
その声も聞こえないのに、
その響きは全地にあまねく、
その言葉は世界の果てにまで及ぶ」（詩篇19・1～4）。

これをパウロが引用しているのです。これは何を言っているのかと言いますと、エホバの御名を言っているのです。

イエスは言っています。「永遠の命とは、唯一のまことの神でいますとあなたと、また、あなたが遣わされたイエス・キリストとを知ることであります」（ヨハネによる福音書17・3）。

これがキリスト教では全く分かっていません。唯一の誠の神とは何か。私たちが生きているそのことです。神は自分自身のことを、「有りて在る」と言っています。

「在」というのは客観的な意味での神です。「有」というのは、それを受け止める受け皿です。唯一の誠の神を、人の子という受け皿が受け止めているのです。

現実は唯一の誠の神です。ところが、現実がいくらあっても、それを受け止める受け皿がなかったら、現実が成立しないのです。

皆様の霊魂は不思議なことに、現実をはっきり受け止めているのです。味、色、形、香りは神の栄光です。これが現実に現われているのです。皆様の五官は、現実を受け止めているのです。受け皿を意識すると人の子になるのです。これは人間ではありません。

皆様の五官の働きは、人間の働きではありません。自分が見ているのではない。自分が味わっているのではない。霊魂が味わっているのです。だから、肉体がないと考えて食べなければ、本当の味は分からないのです。肉体があると考えて食べると、本当の味が分からないのです。肉体がないと考えて食べる時に、味の妙味が分かるのです。味の受け皿である自分の尊さ、有り難さが分かるのです。

現実があっても、受け止める者がなければ、現実は成立しない。これは世界中の人が知らない重大な問題です。ユダヤ人も分からないのです。

神が自分自身の御名の栄光を、現実という格好で現わしているのです。これをユダヤ人は受け入れないのです。山の全体を見ずに、目の前のことばかりを問題にしているからです。

自然現象は現実の媒体です。山そのものが現実ではありませんが、山がなければ現実が捉えられないのです。天然自然は現実の最も有力な媒体です。これが哲学者に分からないのです。こんな簡単なことが分からない。人間の文化、文明はこれほど頼りないものです。次元の低いものです。

人間の伝統を踏みつぶしていくのです。蹴飛ばしていくのです。神がそうしているからです。現実は人間の伝統を無視しているのです。神がそうしているから、私たちもそうしなければならないのです。

日本人の伝統、アメリカ人の伝統、ヨーロッパ人の伝統、文明というユダヤ人の伝統を踏みつけていくのです。

「その響きは全地にあまねく」とあります。太陽の暖まり、明るさは響きです。人間は花を見てきれいだと意識します。満開の桜を見ると、感動して言葉が出ないくらいです。これが言葉です。その言葉は地の果てまで到る。これが言葉です。おいしいとか美しいことは意識できますが、これが言葉です。

響きは言葉を伝え、言葉は響きを伝える。両々相まって、エホバの御名を証しているのです。唯一の誠なる神を万物が証しているのです。

人間は現実が神であることを受け取る受け皿として、五官が与えられているのです。人間から言えば、五官が働いているという刹那しかないのです。現実の受け皿として、五官が働いていることしか霊の働きはないのです。

現実を与える神と、それを受ける受け皿としての人の子、それを受け取る魂という機能があるだけです。それ以外は全部肉の言葉になるのです。肉の事実というのは、現実を受け止めているだけで満足しないで、肉的に現実を引っ張っていこうとしているのです。

五十年生きてきたから五十歳だという考えは、愚劣下等な考えです。人間の命は瞬間、瞬間しかありません。人間が肉体的に何年も生きていたという事実は、絶対にないのです。何年も生きてきたという考えは、人間の側からの一方的な誤解です。一方的な誤解を神に押しつけているのですから、言葉が全地にあまねくということが分からないのです。

昼が明るいというのが響きです。自分の意識を神に押しつけているから、響きの内容が分からないのです。

人間の魂は神の御名の栄光の受け皿です。受け皿がなかったら、神が神にならないのです。神を神とするのが人間の霊魂です。神を神とした者は、神の方でもその魂を人の子とすると言っているのです。

唯一の誠の神を知ることが、とこしえの命です。唯一の誠の神を知ることによって、唯一の誠の神の方からとこしえの命を与えられるのです。

とこしえとは何か。とこしえは現実です。現実以外にとこしえはありません。日本語でいうと常です。常の他にとこしえはないのです。これは神の人格性と、人間の魂の能力性との相関関係です。

神の栄光を人間が受け皿として持っている。これを神が愛している。神は愛するのです。人は愛されるのです。

現実において、神の栄光を認識して、それを受け止めるのです。花の美しさ、香りによって、その現実を神の栄光の表現形式として受け取るのです。

肉というのは単なる残存意識、残存感覚です。これを問題にしないという感覚を、自分で持つしかないのです。

イエスは風や波を初めから無視しなかった。初めから認めているのです。奇跡を初めからしようとしなかったのです。仕方がないから、波や風を叱っただけです。風や波は人間の心の中にあるのです。人間の心の中にあることが外に現われているのです。

皆様は肉なる者としてこの世に出されたのですから、肉の記憶、肉の感覚があるのは当たり前です。最も重大なのはセックスの感覚です。

人間は今の人間のセックスに対する考えが良くないことを、男も女も知っているのです。だから、セックスのことを公に持ち出そうとしないのです。その感覚が人間にこびりついてしまっているからです。

人間の肉性にセックスがこびりついてしまっている。こげついてしまっているから、しょうがないのです。味ではない味、香りではない香りになっている。得体の知れないものになっているのです。世間一般がそうなっているから、しょうがないと思っているのです。世界中の人間がこげつかしているのです。

これはアブノーマルな状態です。こげつき現象は勝手にそうなっているのではない。こげつかしているからいけないのです。

現実がエホバの御名によって成り立っているのですから、現実が正しく把握できないようでは、とこしえの命は絶対に分かりません。

現実は今です。現実と今とが一つであることが分からなければ、とこしえの命は分からないのです。

現実に響きがあり、言葉があるということを、次に述べています。

「しかし、すべての人が福音に聞き従ったのではない。イザヤは、『主よ、誰が私たちから聞いたことを信じましたか』と言っている。従って、信仰は聞くことによるのであり、聞くことはキリストの言葉から来るのである」(ローマ人への手紙10・16、17)。

キリストの言葉を聞くというのは、現実を聞くことです。現実を聞くことが、神の御名の響きを聞くことです。

花の場合は見た時の感じが響きで、じっと見ていると言葉になるのです。響きが語りかけているのです。これがキリストの言葉として理解できなければ、福音は絶対に信じられません。

民族の伝統、社会の伝統はばかになりません。伝統はこげつきです。芸術や宗教はこげつきを売り込まなければ商売にはならないのです。

文化の香りというのは、こげつきの香りです。こげつきというのは肉の執着です。人間はこげつきの中に逃げ込んでいるのです。

皆様が今という言葉を使う時に、今という時間がある気がするのです。人間の語法としては今という言葉を使わなければならないのですが、今という時間があるかと言いますと、ないのです。パウロは「私たちが顧みる所は、長きの間ではない、しばらくの事だ」と言っている。これを掴まえるのです。この掴まえ方が難しいのです。

夫婦でもこげつきをよく考えなければならないのですが、世間にこげつきの伝統がありますから、人間はつい世間並だと言って自分の欲望を自分で誤魔化そうとする。これがいけないのです。

瞬間であっても、愛というもの、本当に霊的なもので、魂の眼が開かれることに直結していなければならないのです。

お互いに愛し合うことによって、響きを感じているのです。響きは全地にあまねくのです。響きがそのままキリストの言葉になるならいいのです。

イザヤは、「主よ誰が私たちから聞いたことを信じたか」と聞いていますが、聞いたことは英訳では、アワー・レポート（our report）になっています。

イザヤはエホバの栄光が全地に満ちたこと、エホバの位が高く上がって、その裳裾が神殿に満ちたこと、神殿全体にエホバの栄光が取り巻いていると言っているのです。

神が預言者に与えた預言は、預言者自身のレポートになるのです。皆様に与えられている現実は、皆様自身のレポートになるのです。

万国の預言者は自分が生きていることが、そのままレポートになることを信じるべきです。これを認めるような技量がなければならないのです。

神が私たちの日本で起こしたのは、レポーターになるためです。預言者はすべてレポーターであって、自分自身の生活がレポートになっているのです。

現実にどういう響きがあるのか。花を見て美しいと思う。言葉で言えば美しいのですが、美しいとはどういうことか。「福音を伝える者の足は美しい」とありますが、足が美しいのです。

現実は神自身の歩みです。現実から受ける感銘がビューティフルです。これは花だけではありません。私たちは家の中をきれいに掃除して整理すると、美しいと感じます。そのように、いろいろなものをきれいに並べると美しいと感じるのです。

人間の生活は原則的に皆ビューティフルです。人間がビューティフルと感じるのは何か。お茶のマナー、女性のおごそかな立ち居振る舞いは、皆ビューティフルです。

ビューティフルとは何か。女性は自分がビューティフルでありながら、それが分からない。これをとこしえの命に位置づけることが、男の仕事です。女が女であることを、とこしえの命に位置づけるのです。そうすると、女が救われるのです。

女性がなぜビューティフルなのか。女性の本当のあり方がそのまま骨の骨だからです。女性を骨の骨として位置づけなければならないのです。

女性を骨の骨として位置づけるために、女の貞操をどのように受け止めるかです。女が女であることをどのように受け止めるか。その受け止め方です。

こげついた感覚で見ると、顔の形とか、スタイルが気になりますが、女であることが女がいることをさすのであって、女が女であることがビューティフルの原点になるのです。それから感じられることは、女性のやわらかさ、しとやかさ、優しさです。女性がいることがビューティフルなのです。

日本人の場合、たまたま日本に生まれて日本人になったのであって、日本人をやめてアメリカ人になることはできるのです。

ユダヤ人の場合はそうではない。約束の民です。約束というのは相互契約であって、約束を与えた方と約束を受けた方がある。それに対する義務が生じるのです。与えた方は与えた義務、受けた方は受けた義務が生じるのです。それが約束です。そうでなかったら、約束という言葉が使えないのです。

一般社会でもそうです。霊魂に関する限り、約束は契約とも訳せる意味になるのです。契約というように訳せる言葉であるとすると、約束を与えられたことに対する義務は当然あるのです。約束した方にも義務があるし、された方にも義務があるのです。

義務に対する認識を全然実行していないということになると、約束の民であることを自動的に解約されていることになるのです。

第二次世界大戦中に、アウシュヴィッツで六百万人のユダヤ人が殺害されても神は沈黙していたのです。異邦人から見ると、ユダヤ人を助けにくる神はいないのではないかと思えるのです。約束した以上、神が助けなければならない責任があるのです。助けに来ないということは、約束を解除されていることになるのです。ユダヤ人はすべて約束を解除されているのです。

恋とか五官の本体は、生まれる前のものです。セックスを享楽的に扱うことは、けしからんことです。情欲の感覚で女を見ることは、姦淫になるのです。最高のものを情欲として扱ってしまうからです。命の最高の味わいを、享楽として扱ってしまうことになりますと、救われることができなくなってしまうのです。セックスを甘く見たら、ひどい目にあうのです。

神はエデンでいろいろな植物や動物を見せた。神の栄光を見せたのです。ところが、アダムはそれに対してさっぱり反応を示さなかった。しょうがないから、アダムを深く眠らせて、あばら骨を抜いて女を造った。これをアダムに見せたのです。

これは旧約聖書の作り話かもしれませんが、最高の作り話でしょう。人間存在に対する的確以上の真実性を持っている内容です。

アダムはエバを見た時、驚嘆しています。

「これこそ、ついに私の骨の骨、私の肉の肉。男から取ったものだから、これを女と名づけよう」（創世記2・23）。

ついにというのは英訳では、ナウ（now）になっています。これはキリストの復活に関係がないことですが、なぜナウと言ったのか。骨の骨と言ったのは何を感じて言ったのでしょうか。アダムが感じたナウの内容は何であったのか。どういう今を感じていたのか。

私の骨の骨と言ったのですが、この場合の私というのは、妥協を意味するものとは違うのです。エデンの園でアダムは何を見ていたのか。食べるに良いいろいろな木を見て、朝日が昇る姿を見て、そして、夕陽が沈む姿を見たでしょう。雲の流れを見て、鳥が飛んでいる姿、川に泳ぐ魚を見たでしょう。

人間の罪によって、呪われていなかった時のエデンの自然現象は、例えようもないほどすばらしいものであったに違いないのです。

富士山を見ると人々は感動します。なぜ感動するのでしょうか。実は、私（自分）の命を富士山という形で見ているからです。だから、すばらしいと思うのです。

女というのは何か。森羅万象を濃縮すると女になるのです。女を広げると森羅万象に広がっていくのです。エデンにおいて、アダムは森羅万象を見ても、何も感じなかった。森羅万象を見て男が感じないものを女は持っている。神がそれを持たせるように女を造ったのです。

男自身のハートを抜き出して見せるしかなかったのです。男が持っているハートとは何か。それを男に見せたのです。

アダムがそれを見た時に、「今や私の骨の骨」と言ったのですが、彼はまだ神が分かっていなかったので、肉の肉であるとも言ったのです。

アダムには生きている経験がなかった。アダムがその時に持っていた感情というのは、ちょうど御霊を受けた人間と同じ状態であると思えるのです。御霊を受けたけれど、まだ携挙されている訳ではない。神の子になりきっている訳ではないのです。

御霊は受けているのですが、ただの肉ではない。しかし、全くの霊でもない。肉でもないし霊でもない。アダムのその時の状態は、現在の皆様とそっくり同じであったのです。

聖霊を受けた者は、エデンにいる自分を自覚できるはずです。エデンにいるアダムの状態が、自分の状態であると考えてもいいのです。

御霊を受けた人は、神の国に入ろうと思えば入れるのです。御霊を受けたということは、神の国の救いの手形を与えられたことになるのです。手付けを与えたと言っているのです。救いの手は手付けである聖霊を受けたのですから、受けた手付けを深めていけば、救われるに決まっているのです。

ところが、皆様の受け方がどうであったのか。神から受けた福音の手付けを尊んでいない。その時のアダムと同じ状態だったのです。御霊を受けたから死んだ人間ではない。しかし、生きているとは言えない。どちらとも言えるのです。

エデンの園のアダムの状態と、皆様は同じ状態だと言えるのです。神の処置によって、創世記の二章の状態に入らせてもらったのに、皆様はそれを正しく認識していないのです。

アダムには肉の焦げ付きはなかったのですが、皆様には肉の焦げ付きがあるのです。女には女の焦げ付きがあり、男には男の焦げ付きがある。焦げ付きが根を張っているので、アダムのように聡明な感覚で、骨の骨とは言えないのです。

女性はエデンに咲いている花よりも、食べるに良いフルーツよりも優れたものです。鳥や魚や獣、景色や太陽よりも、もっと優れたものです。大自然の景色を見せても、アダムには分からなかった。そこで、大自然よりももっと優れたものを、アダムの中から抜き出したのです。

アダムは良いものを持っていたのに、それを見ることができなかったから、それを引き抜いてアダムに見せたのです。

アダムはそれを見て、「骨の骨、肉の肉」と言ったのです。骨の骨という言い方は良かったのですが、肉の肉と言ったので、元も子もなくなってしまったのです。

今の皆様をどう見たらいいのか。今の皆様の中から引き抜いて、女を見せているのです。女の人は自分の姿が分からない。なぜ分からないのかと言いますと、女は女なりに焦げ付いてしまっているからです。皆様は自分自身の肉体の感覚による罪によって、皆様の霊魂が焦げ付いているのです。だから、美しいとはどういうことかが分からないのです。

実は、女性の美しさは神の歩みです。「良き訪れを告げる者の足は麗しい」とあります。神の歩みの美しさが、エデンの園には満ちあふれていたのです。その光景が見えてくるのが、現代の預言者の特権です。

「地はあなたのために呪われた」のです（創世記3・17）。呪われた地球の中に、エデンの園における神の歩みが見えてくるのです。現在の汚れた地球の中にある万物において現われている、神の歩みが見えてくるのです。万物、神の歩みが喜びの訪れを伝達しているのです。

アダムは万物を見て、何も感じなかった。鳥を見ても太陽を見ても、何も感じなかったのですが、エバを見てひどく感じたのです。

万国の預言者としての霊を与えられた者は、万物を通して、女を感じるのです。女は万物の代表者です。女の良さをちりばめると、万物になってしまうのです。

万物を見た時、何を感じるのか。太陽を見た時に何を感じるのか。花を見た時に何を感じるのか。万物を見た時よりは、女性を見た時の方が濃厚な感じを持ちます。迫力があるからです。万物の美しさが、女において集約されているからです。

麗しい足は一体何を人間に与えるのであろうか。全地に広がっている響きによって、全地に及んでいる言葉によって、何を私たちに教えようとしているのであろうか。これを日本で述べた人がまだいないのです。

そこで、神はキリスト教が日本に入ることを許して、キリスト教的な語法によってそれを皆様に知らせようとしているのです。これが救いです。

人間の魂がビューティフルの足を見る時に、救いを感じるのです。霊魂の救いに直結するような恋愛でなかったら、本当の恋愛とは言えないのです。

人間は神の救いを汚しているのです。性行為を禁じているのではない。そこにすばらしい奥義があることを承知してしなければいけないのです。掟的に見る必要はありませんが、皆様は信仰によってそれをするかどうかです。

人間は耳で聞き、目で見て、手で触っています。何に触っているのか。初めからあった命の言《ことば》に触っているのです。麗しい足が何を持ってきて訪れているかです。

麗しい足から聞こえる言葉がキリストの言葉になるのです。その響きは全地にあまねく、その言葉は地の果てにまで及ぶ。世界全体の森羅万象がそのまま信仰の言葉になるのです。これは日本人にはもったいない言葉です。

男の心理状態は救いを捉える心がなくなっているのです。だから、女性を通して、万物を通して、救いを見つけなければならないのです。

人間の霊魂が海の底から引き上げられるのです。これが救いです。万物や花が救いを示しているのです。日本のお茶とかお花の礼儀作法が救いの入口を示しているのです。

一般生活の中にお茶の作法があることが、霊魂の救いの入口があることを日本文化が示しているのです。

「二人の者が会いて一体となる」ということが、創世記の二章二十四節に書かれています。その後に、「二人共裸であったが恥ずかしいとは思わなかった」とあります。

今の人間のセックスは、神の創造の原点を破壊しています。人間の救いを踏みにじっているのです。それを改めなければいけないのです。目でよく見て、手で触るということだけで、十分に救いが分かるにようになっているのです。

手で触るというのは、一体となるための性行為を意味しないのです。性行為が悪いのではない。心構えが悪いのです。焦げ付いた性の感覚から救われるというのは、本人の心得次第になるのです。

救いというのは、原則的な意味において、報償を与えられることを意味するのです。報償のない救いはありません。救いというのは褒美を与えられることなのです。

世間並だと考えて、欲の焦げ付きに従って、麗しい足を汚していてもしょうがないのです。その人には報償は与えられません。私たちは現世に肉体的に生きている間に、報償を受け取ってはいけないのです。現世で肉的に喜ぶということは、報償を要請することです。肉の喜びは当たり前というのが、こういう考え方です。

現世において、肉体的な今生を喜んではいけないのです。今生を喜ぶ者は、永生を与えられないのです。永生を望むなら、今生を放棄しなければいけないのです。現世の命は生ではありません。命と生は違うのです。生はとこしえの命を意味するのです。

現世の命をとこしえの命と考えてはいけないのです。現世の命は散ってしまうに決まっている命です。

今までのことはいいとして、皆様はこれから神の国を与えられなければならないのです。神の国を受け取ろうとするなら、現世で報償を受けることをやめて頂きたいのです。

恋愛というのはキリストの言葉を感じることをいうのです。救いとしての喜びです。

パウロは「常に喜べ」と言っています。私たちが現世にいるのは何のためか。神の国を受け取るための訓練をしているのです。

皆様が花を見て美しいと感じるのはなぜか。花を見て救いを感じているのです。きれいと感じている時、目を通して、神の救いを感じているのです。これが分かる人は、救われる可能性がある人です。

花を見てきれいだと思った瞬間に、その霊魂は救いを実感しているのです。これをキリストの言葉として受け取ったらいいのです。

花がきれいだということを、神の歩み、エホバの歩みとして受け取るのです。エホバの歩みがそのままキリストの言葉になるのです。

父なる神の歩みがキリストの言葉になるのです。これをユダヤ人が聞いたら、どう思うのでしょうか。これが分かったら、モーセの間違いがすぐに分かるのです。モーセとイエスの違いがはっきり分かります。モーセよりイエスの方が偉大であることが、旧約より新約の方がすばらしいことが、はっきり分かるのです。これはユダヤ人にとって驚嘆すべき福音です。

エホバの歩みがキリストの言葉です。これを神が天地創造の時に語っているのです。こういうことは本来、異邦人が聞けることではないのです。

花はただ咲いているのではない。人間の命に対して非常に深いつながりがあるに決まっているのです。

花が咲いていること、陽気がだんだん暖かくなって春が来たということが、人間の霊魂にどういう係わりがあるかということです。これが皆、救いの感覚です。人間の霊魂がすばらしいと感じることは、皆救いです。日本民族には救いという言葉がありませんから、分からないだけのことです。悟りなら分かるでしょう。

皆様の舌がこれはおいしいと感じた時に、その人は救いを味わっているのです。本当に愛する人と手を握りあうとすれば、救いになっているのです。初めからいる命の言葉を、そういう格好で味わっているのです。これが本当のプラトニックラブです。永遠の命につながるからです。永遠の命につながらないのは人間の理屈です。

永遠の命につながるような、プラトニックラブを経験して頂きたいのです。

人間存在と救いをつなぎ合わせて考えるなら、皆様の肉体は肉（現象）とは違います。霊（本質）です。そのように皆様の意識を転換すると、周波数がぐんと上がるのです。周波数の上昇が携挙につながるのです。

周波数の違いは脳波の違いになる。脳波の違いは存在の違いになるのです。

現世に生きていることはすばらしいことを経験しているのです。救いを現実に見ているのです。人間生活の肉体的な感覚で物を見ると、欲望ばかりが見えますが、生まれた直後の感覚で女性を見ますと、無限の美しさが分かります。これが骨の骨です。

舌で味わうのと同じように、目で見、手で触ることによって、永遠の命の味わいが分かってくるのです。これが本当のおいしさです。

人は神の受け皿です。受け皿がないと神が神ではなくなってしまうのです。

ローマ人への手紙の十章十八節は、詩篇第十九篇四節の引用です。キリストの言葉を伝える麗しい足が、エホバの歩みであって、エホバの歩みを麗しい足として感じる時に、エホバの歩みがそのままキリストの言葉になるのです。

「信仰は聞くにより、聞くはキリストの言葉による」とあります。キリストの言葉を聞いて麗しいということが分かりますと、その人の霊魂に救いが訪れることになるのです。救いが皆様の中に入ってくるのです。

ここまで分かると、御名を呼び求めるとはどうすることかが分かってくるのです。

ローマ人への手紙の十章とルカによる福音書の十二章を一緒に見ていきますと、イエスとパウロがどのように生きてきたか、何を感じていたのかが分かるのです。

どのような世界観を持っていたのか。イエスやパウロの生活感覚がどのようなものであったのかが分かってくるのです。二千年前の人物が今目の前にいるように分かるのです。

16. キリスト

聖書に次のように書いています。

「イエスがまだ話しておられるうちに、会堂司の家から人が来て、『お嬢さんは亡くなられました。この上、先生を煩わすには及びません』と言った。しかし、イエスはこれを聞いて会堂司に向かって言われた、『恐れることはない。ただ信じなさい。娘は助かるのだ』。

それから家に入られる時、ペテロ、ヨハネ、ヤコブ、およびその子の父母の他は、誰も一緒に入って来ることをお許しにならなかった。

人々は皆、娘のために泣き悲しんでいた。イエスは言われた、『泣くな、娘は死んだのではない。眠っているだけである』。

人々は娘が死んだことを知っていたので、イエスをあざ笑った。イエスは娘の手を取って、呼びかけて言われた、『娘よ、起きなさい』。

すると、その霊がもどってきて、娘は即座に立ち上がった。イエスは何か食べ物を与えるように、指図をされた。

両親は驚いてしまった。イエスはこの出来事を誰にも話さないようにと、彼らに命じられた」(ルカによる福音書8・49〜56)。

この記事をどのように見たらいいのでしょうか。合理的な説明をするにはどうしたらいいのでしょうか。この記事について、未だかつて説明をした人がいないようです。

こういう事件は、ごたごたと長口舌をもって説明すべきものではなくて、ぎゅっと圧縮して、この事件の本体をいうべきものです。

本当に死んだ娘が生き返ったのです。これは復活の第一号です。ラザロの事件の前のことです。四十二節に書いてありますが、娘が死にかけていたから、イエスを呼びに行ったのです。ところが、血漏の件があったために、イエスが行くのが遅れたのです。だから、息が切れてしまったのです。死んでしまったのです。冷たくなっていたのです。

息が切れてから数時間も経っていたのですから、はっきり息が切れていたのです。もし医者がいたら、お亡くなりになりましたと言ったでしょう。それから一時間以上も経過してから、イエスがやってきたのです。

この時のイエスの心理状態が皆様にとって助けになるのです。イエスは枕元にいませんでしたから、いつ息が切れたのかよく知らなかったのです。

五十節には、会堂司に向かって、「恐れるな。ただ信じなさい。娘は助かるのだ」と言っています。娘は助かるのだとなぜ言ったのか。回復すると言ったのです。どうして、イエスはこう言ったのでしょうか。

五十節で会堂司に助かると家の外で言って、五十一節で家に入ったとあります。ペテロとヨハネ、ヤコブ、両親の他は、誰も中へ入れなかったのです。この時、両親と三人の弟子たちは初めて室内に入ったのです。

イエスは死んだ娘を見ていません。全然知らないのです。それなのに、イエスは助かると言っている。恐れるな、ただ信ぜよと言っている。なぜこう言ったのでしょうか。今、神が私たちに命じておられるのは、この信仰です。この信仰を持てと言われているのです。このイエスの信仰とは何でしょうか。どうして会堂司に、危険な、野放図な、はったり的なことを言ったのでしょうか。

病人を見ていないイエスが、この病人は治るのだと言い切っている。恐れるな、ただ信ぜよと言っている。これができたら初めて、十字架がはっきり受け取れるのです。これから私たちに必要なのはこの言葉です。

これをイエスはどうして言ったのか。イエスの心境が、本当の信仰です。イエスはいつでもこの方法で勝ったのです。

「我は世に勝てり」とイエスは言いました。どうして勝ったのか。恐れるな、ただ信ぜよ。このやり方です。恐れるなとは何に向かって言ったのでしょうか。恐れるな、ただ信ぜよという短い言葉の中に、イエスの信仰の秘訣が入っているのです。

これがイエスの信仰の心髄となる言葉です。信じられることを信じるのは、信仰とは言わないのです。それは信心とか、信念とか、信頼というほうが妥当です。

信仰というのは、辛子種のようなものであって、「この桑の木に移りて、海に入れ」と言える気持ちです。できないことができるという気持ちです。これをイエスは辛子種一粒の信仰と言っているのです。

信仰とは本来そういうものです。禅に、「百尺竿頭進一歩」という言葉があります。百尺竿頭とは、百尺の柱の上をいうのです。百尺の竿の上でもいいのですが、その上にまで上れというのです。

一尺が約三十七センチですから、百尺は三十七メートルになります。その竿の上までよじ登れというのです。仮にその竿の頂上まで登っていったとします。そこで、直立した。そして、前へ一歩踏み出した。これが禅の悟りです。

豁然大悟です。豁然大悟というのは、百尺の竿頭をあえてするのです。これはキリスト教が考えている信仰とは全然違います。この意味で、キリスト教の信仰より禅の悟りの方が勝っていると言えるかもしれません。

ところが、禅の悟りには保障がありません。百人中百人落ちるのです。百%落ちるのです。禅には言葉がありますが、実行はありません。

なぜ実行がないかと言いますと、禅では実行できないのです。形容詞としてはありますが、それを具体的に体験している人はいません。

あると言っている人もいますが、百尺の竿頭から一歩を進めたことにしているのです。本当に一歩を進めたと思っているし、また、回りの人もそれに驚いて、正に百尺竿頭を実行していると認めているだけです。しかし、本当に一歩進めたという事実はないのです。

イエスは百尺頭進一歩を本当にしているのです。死んだ人間に向かって、必ず治ると断言しているのです。死んだ人間に向かって、眠っていると言っているのです。眠っていると言っても、人々は皆、娘のために泣き悲しんでいた。その人々に向かって、イエスは泣くなと言っているのです。

外から入ってきたイエスは娘が眠っているのか、死んでいるのか、知るはずがないのです。見舞いにきたユダヤ人たちは、死ぬ前から家にいた。人々は娘が死んだことを知っていたのです。だから、イエスをあざ笑ったのです。

これは当たり前です。娘が死んだことを知っている人たちがたくさんいたからです。家の中にも、家の外にもいたでしょう。その人々に向かってイエスは、「娘は生き返る」と断言したのです。これは正に、百尺竿頭一歩です。

イエスは何を考えていたのでしょうか。イエスは「私は生ける神の子生けるキリストである」と信じていたのです。

キリストとは何か。これは重大な問題です。死んでいる人間に向かって、甦るに決まっていると考えた。これがキリストの信仰です。

キリストの信仰とは、神の処置に勝つことができる信仰です。これこそ第三の天における神の右に座する信仰です。

イエスは生ける神の子であると信じていた。これは実に偉大な信仰です。偉大すぎるほどの信仰です。神の処置に勝つことができるという信仰です。キリストとはそういうものです。メシアとはそういうものなのです。

メシアは神の処置に勝つのです。造り主なる神の処置に勝つのです。造化の主の偉大なる御手に勝つのです。

なぜそれがキリストかと言いますと、現在皆様が見ている森羅万象は、神が天使の反逆によって造ったものです。三次元世界の事々物々は、神の本当の意味での創造ではないのです。仮の創造です。

第一創造（現在の天地の創造）は、第二創造（現在の天地が消滅した後にできる新天新地）への前提です。それをイエスは知っていた。

そこで、第一創造に関するすべての処置は、変更できると考えたのです。変更されるべきであると考えたのです。

自分がキリストである以上、新約の時代を創造すべき人間である。旧約の約束を破って、新約の新しい約束を擁立すべきであると考えたのです。

旧約を破棄して、新約を擁立する。現在の現象世界を破棄して、新天新地を創造するべきであると考えたのです。これがキリストです。キリストの信仰です。

キリストとは神の処置、神のあり方をどんどん変更するものです。これをイエスが現わしたのです。

17. ユダヤ人に対する神の怒り

「ユダヤ人は預言者を殺し、御子を十字架につけた」。これは聖書に書いてありますが、私たちが異邦人であるために、神がユダヤ人にどれほど怒っているのか、神の煮えくりかえるような怒りが分からないのです。

十四〜十六世紀にかけてイタリアを中心として全ヨーロッパに広がった、ギリシア・ローマの古典文化を参考として、学術、文化の革新をめざす文芸復興、ルネッサンスと言われる動きがありました。

これが実は神に対する悪逆非道の行いでした。ルネッサンスは偽キリスト運動です。ユダヤ人は口では言えない程、残虐非道なことをしたのです。

自分たちの不信仰を全世界の人々に押しつけた。専門学によって世界中の人間の頭をだめにしたのです。皆様はその被害者です。ですから、聖書を読んでも分からないし、また、私の話を聞いても分からないのです。

学問主義、進歩主義、人権主義という考えによって、神の経綸の根底を覆そうとした。誠にけしからん考えです。けしからんという言葉では全く言い現わせない悪逆非道なことをしたのです。彼らはバイオレンスそのものを実行しているのです。私はイスラエルを愛する気持ちがありますので、なるべく彼らの悪行を言わないようにと思っていましたが、最近のやり方を見ていると、彼らを憎まなければしようがないという気持ちになっているのです。

ルネッサンスは全く悪逆非道です。現代文明がどれほど悪いものであるかということです。今まで、文明が悪いものであることは分かっていましたが、その悪さの真髄が分からなかったのです。

何のために彼らがギリシア文明の復興を言い出したのか。その裏には彼らの言い知れぬ企みがあったのです。

毎日マスコミに、ルネッサンスの悪逆ぶりが全面に出ています。彼らがしていることは、狂気の沙汰です。本気で怒らなければならないことです。

アリストテレスやソクラテスが全面的に復興したのならいいのです。ところが、文芸復興という名において、とんでもないものを造り上げたのです。これが偽キリスト王国です。

文明は偽キリストの徹底した王国です。人権の王国というのは、偽キリストの王国です。今の人間は人権主義のどぶ漬けになっていますので、自尊心とか自覚心が根本から間違っているのです。

自分の霊を神に明け渡すのならいいのです。そうでなければだめです。悪魔を本気で憎むのならいい。この現代文明を偽キリスト王国であると認識しているのならいいのです。

今の世界は考えれば考えるほど、めちゃくちゃです。でたらめです。これを冷静に考えれば、神の怒りの本当の意味が分かってくるはずです。

この気持ちでユダヤ人のことを考えて頂きたい。彼らがいかに悪逆非道であるかが分かるでしょう。子どもから老人まで、皆文芸復興に浸っているのです。これは異邦人社会だから強く感じられるかもしれませんが、本当にひどい状態です。

皆様が霊を委ねることができるかどうかです。本当に神を信じるかどうかです。

皆様が生きていることは神です。ところが、皆様が考えている状態は悪魔です。リビングという状態は完全に神です。思っていることは全部悪魔です。皆様ほど、聖書が分かっている人でもそうなっているのです。

ユダヤ人のやり方がどのように悪逆かと言いますと、全世界の人間を全部悪魔に明け渡したのです。人間だけでなくて、万物全体も悪魔に明け渡して、呪いの下においてしまうという大計画がルネッサンスです。

今生きている人間の命の本質を、全く違った状態にしてしまった。肉の思いを盛り立てること、肉の思いをどのように論理化して飾るかということが、文明の仕事です。

学問という名において、社会主義の名において、平和の名において、国際連合の名において、人間が言っていることはすべて神を呪っているのです。神をあざけっている。神を愚弄して、悪魔に味方することばかりを言っているのです。

今まで、人間として生きてきた考えを、全部捨てるのです。皆様が生きているという事実が、自分という形で現われているだけです。自分という人間がいるのではありません。

リビングという事実、鼻から吹き込まれた命の息が、自分という格好で現われているだけです。これが人間の意味です。これが霊魂です。これをはっきり確認することが、霊を渡すということです。

霊とは人間として生きている状態です。これを神に渡してしまうのです。そうすると、霊魂としての実体が自分の認識になるのです。それならいいのです。

命の息を吹き込まれたことによって、人間は生ける魂になった。リビング・ソールになった。ここに戻るのです。命の息を吹き込まれて、命の息が人間という格好で生き始めた。これが皆様の実体です。そこに戻るのです。これが永遠の命の入口です。

ここに戻ること以外に、とこしえの命を持つことはできません。

命の息が自分という格好になって現われているのです。これを確認すると、固有名詞である人間が間違っていることが分かるのです。

今まで固有名詞の人間として生きてきたことを渡すのです。これが霊を渡すことです。固有名詞の自分がいると思って生きてきた。これを神に渡すのです。これが霊を渡すことです。

現在、自分が生きている状態を霊と言います。またはことがらです。これが霊です。人間として生きていたことを渡すのです。イエスはナザレのイエスであることを、神に渡してしまったのです。そうして、生ける神の子になった。私たちもそうすべきです。

今日からすぐに、理想的になれというのではありません。今までの精神的な習慣性がありますから、これを切り替えて、自分の中にある習慣性と闘っていかなければならないのです。その闘いを今日から始めるのです。

切り替えると言っても、過去の自分を簡単に捨てられるわけではありません。しかし、今日から切り替えを始めることを決心するかどうかです。

問題は、皆様のハートが切り替えられるかどうかです。霊を渡してしまうと、自分のハートが変わるのです。生きている基本はハートです。これが変わるのです。これを変えるという決心を持って頂きたいのです。

今まで、現世に生きているという気持ちが非常に大きかったでしょう。例えば、結婚をした。家庭がある。仕事をしたということを全部神に渡してしまうのです。そういう決心ができるかどうかが問題です。

霊を渡したら、渡したことを生活するという責任が当然発生します。その責任を実行するためには、今まで自分が生きていたという気持ちと、闘わなければならないのです。

パウロは、「自分の中にある肉体と、毎日ボクシングをしている」と言っています。そのファイトがあれば、そのやり方が幼稚であっても神が助けてくれるのです。

ファイトがなければ、神は助けてくれません。そういうことを前提にして、本当にイスラエルに祈ることです。今までも皆様は祈っていましたが、言われて祈っているようなところがありました。本気になって、皆様の魂からしぼり出すような祈りを、神に捧げるのです。ユダヤ人の悪さを認識して、それを変えて下さいと神に祈るのです。

聖書が分からなくても構いません。ユダヤ人の悪さがはっきり分かればいいのです。この怒りがキリストの内にあったのです。だから、ユダヤ人の悪さを十分に知っていたのです。だから、「父よ、彼らを許したまえ」と祈っているのです。

イエスが祈り、そして、十字架につけられたのですが、なおイスラエルは悔い改めができないのです。キリストの悩みの足らなかった所とパウロが言っていますが、ユダヤ人が威張っているのです。今のユダヤ人は天下の大将だと言っています。

現在、ノーベル賞が世界で最高の賞になっています。ノーベル賞の創設者であるノーベルは、ダイナマイトを発明したユダヤ人でした。ユダヤ人はノーベル賞を与えると言って威張っているのです。これがキリストの悩みの足らざる所です。

ユダヤ人が威張っているのですから、十字架の本当の効き目がないのです。そこで、私たちはイエスの十字架が本当に効き目があるように、祈るのです。イエスの祈りに合わせて祈るのです。イエスが第三の天で祈っているのですから、イエスの祈りに合わせて、私たちも祈るのです。そうすると、イエスの祈りが成就するのです。

「キリストの悩みの足らざる所を補う」とパウロは言っていますが、それを本気でできる人は花嫁になれるのです。自分が分かるか分からないかはどうでもいいのです。そのためには、聖書の根本をもう一度はっきり確認する必要があるのです。

ユダヤ人たちは旧約聖書に出ている預言者を殺して、預言ができなくすることが仕事でした。神が一人子なるイエスを遣わしたら、これは息子だから殺してしまえとなったのです。預言者のいうことは黙殺せよ、イエスは一人息子だから殺してしまえとなったのです。

その後、パウロがイエス・キリストの名を持ち歩いて、ユダヤ教を否定して、新約の教会の基礎を築いたのです。これはパウロの功績です。

ところが、ユダヤ人はカトリック教会、マルチン・ルターの宗教改革を通して、キリスト教全体を骨抜きにしたのです。キリスト教会という格好だけを残して、精神を全部変えてしまった。ユダヤ人たちはそういう悪逆非道を行ったのです。これは口では言えないほどのひどいことをしたのです。

十字架の贖いを無力にしてしまうこと、十字架によって流された血を無意味にしてしまうこと、聖霊の降臨を封殺してしまうのです。イエス・キリストの十字架、復活、第三天をなくしてしまうというのが、ユダヤ人の狙いです。恐るべきことです。しかもその計画が着々と功を奏しているのです。だから、イエス・キリストの復活を学の対象にしないのです。

イエス・キリストの復活を学の対象にしなければ、人間は救われません。イエス・キリストの復活の事実が皆様の生活の感覚にならなければいけないのです。自分自身が今生きているのは、復活の命を生きているのであって、イエス・キリストの復活が自分自身の生活の実体であることが認識できなければ、とても救われません。

ユダヤ人は十字架、復活、聖霊降臨、第三天を、全部風化させようとしているのです。これによって、キリスト王国の実現を根本から壊してしまおうとしているのです。これが悪魔の思想です。偽キリストの思想です。

ルネッサンスという言い方によって、進歩主義という言い方によって、人間本位の文明意識によって、神が行ったすべての処置を、全部空っぽにしようとしているのです。それが非常に効果を上げているのです。

私たちはそれに対して、いちいち興奮する必要はありませんが、冷静に怒りを持たなければならないのです。聡明な怒りを持たなければいけないのです。神の手先として、第三天における復活のイエスのお先棒を担ぐ者として、冷静にイスラエルの悪逆非道に対決しなければならないのです。

本来、ユダヤ人は悪くないのです。悪魔が悪いのです。ユダヤ人がなぜ悪逆非道なことをしているのかと言いますと、悪魔がユダヤ人の中に入って、もう一度天に帰りたいと思っているのです。これがイスラエルの悪逆非道の根本精神です。

ユダヤ人は掟でも信仰でも、皆裏返してしまうのです。神の言葉を裏返して解釈するのです。これが現代文明の最も悪い所です。

ユダヤ人は命という言葉は使いますが、それが全部逆になっているのです。善とか悪とかいう言葉も同様です。霊が皆肉になっている。これが文明の基本原理です。

悪魔が天へ帰るためには、神の経綸をすべて毀してしまって、神の言い分を全部だめにしてしまうと、神が仕方なく沈黙しなければならないことになるのです。そうして、悪魔が元の天に帰って、神の王権を自分の権にして、神の座に座ろうとするのです。そんな事はできるはずがないのに、やろうとしているのです。

悪魔が天に帰ろうという考えによって、人間文明を造っているのです。人間のあらゆる学問は、全部悪魔に同意しているのです。

私たちの生活感覚でさえもそうです。ややもすると、自分の妻がどうであるとか、自分の生活の安全がどうであるとか、自分の肉体がどうであるとかを考えるのです。これが悪魔的です。経済や肉体はどうでもいいのです。私たちは神が共にいて、神に生きればいいのです。ところが、自分の生活のことを考える。これは悪魔にしてやられているのです。

イエスは「自分を捨て、自分の十字架を負うて、私に従ってきなさい」と言っています。これを実行しなければいけないのです。

霊を渡すというのは、生活的に神と行動を共にすることです。「わが魂は主を崇める」というのはそれです。わが霊は救い主を喜ぶということを、そのまま実行するのです。マリアがしたことですから、皆様にできないことはありません。マリア以上になれというのではありません。マリアの程度でいいのです。自分の人生を、自分で認めなければいいのです。

今までの生活を捨てるのではありません。今までの生活に対する認識の仕方を変えたらいいのです。肉の思いで見ないで、霊の思いで見たらいいのです。これが霊を渡すことです。キリストの欠けたる悩みを補うためにそうするのです。

キリストの救いを抹殺する。イエスの十字架、復活、聖霊降臨を揉み消すことが、ユダヤ王国の策略です。

ところが、異邦人である私たちが、聖霊によって聖書を読ましてもらいたいという決心を持つであろうことを神は予め計画し、私たちを今、秘密裡に養って下さるのです。そして、私たちによってユダヤ人の悪逆が暴露されようとしているのです。

そのために、御霊が私たちと一緒に闘っていて下さるのです。その結果、ユダヤ人の一部の人々が目覚めることになるのです。第三天を潰したつもりのユダヤ人の中から、第三天を信じる者が出てくるのです。

せっかくルネッサンスによって偽キリスト王国を実現したのに、それが危うくなってしまう。他方、キリストが第三天にいること、聖霊がおいでになること、「私の霊をすべての人に注ごう」というヨエルの預言を（使徒行伝2・17）、まともに信じるユダヤ人が出てくるのです。

そこでとうとう、私たちのグループの人々と聖霊を信じるユダヤ人を殺そうとするのです。偽キリストは一回目は文明の指導者として現われた。二回目には、殺人者として現われるのです。サタンが天から下りてきて、殺人者として現われるのです。

私たちは命を棒にふらなければならないのです。肉の命はどうでもいい。嘘の命だからです。肉の命はどうでもいいという人だけ、神に従ったらいいのです。

ルネッサンスは偽キリストです。ここまではっきりいう人いませんが、そのとおりです。

聖書の言葉が、神学になってしまった。これはキリストの踵が砕かれたことになるのです。私たちはイスラエルの頭を砕かなければいけない。頭を砕くということは、文明を否定するということです。文明が偽キリストの頭です。ルネッサンスという大トリックによって、文明が頭をもたげたのです。これを叩きつぶすのです。そうすると、悪魔が二の矢をつげなくなるのです。

そこで、彼らは殺人者となって現われるのです。文明の考え方が悪魔の頭です。これがルネッサンスになって現われているのです。これを潰すと、悪魔はどうしようもなくなるのです。そこで、私たちを殺そうとするのです。

私たちの現世の命は本当の命ではありません。仮の命です。そこで、イエスの命を生活するのです。これほどやりがいのあることはありません。

文明という考え方が悪魔の頭ですから、これを潰すのが聖霊の仕事です。私たちが御霊を崇めないとできないのです。悪魔の頭を潰すのは、神の御霊の仕事です。

私たちは御霊の手さきを努めるのです。だから、御霊が完全に私たちに味方をして下さるのです。これからどんどん聖書が開かれるでしょう。恐るべき状態で開かれるでしょう。今までの開かれ方は不完全だったのです。聖書は宗教ではない神の言葉の手引き書であって、これからの開かれ方は本格的です。

文明そのものが偽キリスト王国ですから、文明全体を敵にまわして闘うのです。私たちに敵するのはユダヤ人ですが、また、私たちを助けるのもユダヤ人です。

天皇は国民と違います。国民と違うというのは、人間とは違うということです。イエスは一般人とは違います。ナザレのイエスとして成長しましたが、本当のイエスはユダヤ人でさえもなかったのです。ユダヤ人のようでユダヤ人ではなかったのです。人間としての権利を持っていなかった。それで、ユダヤ人からみれば、ナザレから人が出てそれがメシアであることがよく分からないのです。人間と違うからです。

イエスの一生を考えてみますと、処女懐胎から始まって、死んで復活した。このことを冷静に考えてみると、ナザレのイエスという人間はいなかったことになるのです。幻のように現われて、幻のように消えているのです。

イエスが信じられる人は、その人自身の本体がイエスと同じものです。そうでなければ、イエスが信じられるはずがないのです。

イエスは幻のように現われてこの世を去って、第三天に上っていった。この原理が皆様の脳細胞にインプットされているのです。イエスが皆様にインプットされているのです。これがなければ、私のいうことや聖書の内容が理解されるはずがないのです。理解できるというのは、そういう原理がインプットされているからです。

リンゴの味が皆様の中にインプットされている。だから、リンゴを食べてもおいしいと思えるのです。インプットされていないものは、評価したり理解したりできないのです。

イエスという人がインプットされている人間は、予め愛をもって、キリストの内に選ばれていた人だけです。すべての人がイエスが信じられるのではないのです。イエスがインプットされていない人は、キリストを信じることができないのです。その人が良い悪いではなくて、生まれ性が悪いだけのことです。

現世に生きている人間は現世の人間であって、神の国の人ではないのです。イエスがキリストであることを信じる者は、神の国に生きる人であって、現世に生きることに対して同意できないのです。これはできるできないの問題ではない。できない人はできないだけのことです。

自分の意見を非常に強く主張する人は、自分がインプットされているのです。自分というのは悪魔ですから、悪魔がインプットされているのです。

神から離れて、自分が独自にいるという認識が、悪魔の心理認識です。これが偽りです。神から離れた自分がいるという認識は、悪魔が創造した人格です。悪魔が創作した人格が、自分がいるという認識です。これが自分の中にインプットされているのです。

イエスの生き方は、みずからの生き方ではなくて、おのずからの生き方です。おのずからというのは、天然自然ということです。悪魔はみずから自分がいるという思いで自分を見たのです。イエスはおのずからという思いで自分を見たのです。

おのずからにしても、みずからにしても、自分がなければならないのです。これが創世記の第一章二十六節に書いています。

自分という認識がなければ、二十六節の海の魚と空の鳥、家畜と獣を治めることができない。それを治めるために、自分という経験人格がなければならないのです。

経験人格がなければ支配権を持つことができないのです。支配権を持つためには人格がいるのです。これはどこまでもおのずからなのです。

海の魚はおのずから造られたものです。おのずからのものを治めようと思えば、おのずからの人格がなかったらだめです。

自分が生きているという考え方では絶対にだめです。皆様が五種類の命を治めようと思ったら、この世に生きている人間を認めたらいけないのです。

自分の本当の真心で、聖書にアーメンと言えるかどうかです。理解とは違います。自分のハートでアーメンと言える人は、そのように生まれているのです。「この世に生まれる前に、選ばれていた」と聖書に書いています。これは予定説ではありません。本質説です。

人間の本質は二通りあるのです。悪魔的な本質を持つものと、神的な本質を持つものとあるのです。肉か霊かどちらかです。予定説とか神学は嘘です。神の言葉が本当です。神の言葉を信じたらいいのです。

天皇は自分の意志でできることは一つもありません。全部侍従がこうしなさい、ああしなさいというのです。楽しいからもう少ししたいと言ってもできません。自分が行きたい所へ行く訳にもいかないし、天皇を自分で辞める訳にもいかないのです。裕仁、明仁と書くだけが自分の仕事です。

冷静に考えてもらいたいことは、ナザレのイエスが本当にキリストであれば、イエスとキリストは別です。イエスは人間的な存在です。キリストは神の計画に基づく位です。

イエスは人間存在の名称です。もし処女マリアから生まれたイエスが本当にいたなら、その痕跡がどこかにみられなければならないのです。

聖書に証明されていることは、別にその影が必ずあるのです。神は霊と肉の両面を管理する方ですから、霊の面を出す場合に、その肉（影）を造っているに決まっているのです。

これが神の処置であって、イエスという人間ではない人間がいるとすれば、その影となるべき実在が、どこかになければならないのです。

イエスはキリストとなるように生まれた人です。その影がどこかになければならない。王として生まれた形で、普通の人間としての権益、実体を持っていない人が、どこかになければならないのです。

自分と言えない自分、人間と言えない人間がどこかにならなければならないのです。これが天皇です。天皇は人間と言えない人間です。自分と言えない自分です。これは完全にキリストの影です。

しかも、ヤマト（大和）というのは、ヘブル語の古い言葉では枝という意味になるのです。ダビデの枝です。日本の皇室の菊の紋章は十六弁です。これは枝です。ダビデの紋章は十二弁です。本家の紋章です。

こういう紋章の問題よりも、現実に人間ではない人間がいるのです。自分と言えない人間がいるのです。しかも、王権を持っているのです。何でもできそうで、何もできない人間がいるのです。

イギリスやベルギーの王朝とは全然違います。イギリスの王朝は、自分の権を持っていますが、日本の天皇は持っていないのです。こういう事実があるのです。

キリストという位が天皇制という位です。明仁という名前です。イエスと明仁は同じことです。キリストという位の雛形と、イエスという人間の雛形が日本にあるのです。

私たちが本当に日本の人間であるのなら、天皇によって日本の国が象徴されるのなら、私たちの人格も天皇によって象徴されるべきなのです。イエスの御名が私の命であると考えても、何ら構わない。天皇の人柄と同じようになるだけです。権利を剥奪されたのはとは違います。権利を問題にしなかっただけです。

天皇制が日本にあること、私たちに福音の大原則がはっきり知らされたということは、神にとっては当然のことです。

人ではない人、自分ではない自分という証拠がない国で発言しても、誰も信じないでしょう。

日本なら実物があるのです。私たちは天皇と同じ人格になったらいいのです。日本の国柄と同じ人柄になったらいいのです。その国を見込んで、神はこういう福音の大義を開いたのです。

日本の天皇が本当に世界的に確認されるのは、千年王国が現われてからです。王国が現われ始めると、日本の天皇制が世界的なものであることが、はっきり分かるのです。天皇制は王国の中に溶け込んでしまうでしょう。人間ではないから簡単に溶け込めるのです。そういう可能性を持っている王は天皇制だけです。

皇室典範を見ると、天皇の個人性はないのです。それを日本人は皆承知しているのです。皇室典範に基づく天皇だけを天皇というのであって、皇室典範に基づかない熊沢天皇などは、天皇とは言えないのです。

それと同じように、人権を主張したらまともに人間にはなれないのです。創世記一章二十六節の人間にはなれないのです。人権を持っていなければ、海の魚、空の鳥を治める者になれるのです。

万世一系はおのずから出た神のつながりと、同一の意味を持つのです。みずから名のり出た人格性とは違うのです。自分を意識すると、自分ではない自分は生まれてこないのです。万世一系だから、自分ではない自分になれるのです。

人間は神なんかあるもんかと平気で言っているのです。神を踏みつけにして生きているのです。ところが、神は何も言いません。神の謙遜は恐るべきものがあるのです。神の謙遜をじっくり考えたら、恐れ入りましたと平伏しなければならないのです。人間がどう言おうが、何をしようが、神は黙って見ているのです。何をしても咎めようとしないのです。ただ黙って見ているのです。

そこで、神を信じるというのは、ただ恐れるだけのことです。信じる必要はないのです。ここに神がいますことを実感すること、これを恐れるというのです。英語でいうフィアー（fear）とは違うのです。畏むことです。

聖書に、「その御名は聖なり、世々畏み恐れるものに及ぶ」とあります。ここにフィアー（fear）という言葉を使っています。

神を畏み恐れるというのは、自分が生きているという命を自分で無視することです。自分の命を自分で認めるのは、恐れていないのです。

自分が生きていないことを考えると、生きていることが神になるのです。これを恐れるというのです。

信じることは簡単です。見ているのは自分の力で見ているのではありません。天然自然の生理機能によって見ているのです。

天然自然の生理機能はおのずからです。おのずからは神です。おのずからが神ですから、神はへり下っているのです。私は神だということを、全然言いません。ただのおのずからです。これが神格です。

努力したらだめです。信じます、霊を渡しますといって努力したらだめです。人間がしていることは、いつも正反対です。努力して信じようとしているのです。

神は謙遜です。謙遜な方に頭を下げようと思えば、恐れる以外に方法がないのです。神は黙っているのです。黙っている方に言おうとしたら、頭を下げて言わなければならないのです。神は天地を造ったのです。天地を造った目的はどこにあるのと言いますと、闇が淵の表に座り込んだからです。闇が淵の表に座ったので、万物を造らなければならないことになったのです。闇が淵の表に座らなければ、神は万物を造ることをしなかったのです。この世を造る必要がなかったのです。神がこの世を造ったのは、闇が淵の表に座り込んだからです。これが原因です。

神は闇が淵の表に座り込んだことが間違いであることを、思い知らせるために、万物を創造したのです。闇は思い知ったからと言って、神に許してもらえるのではありませんが、とにかく闇は淵の表に座り込んでいるのです。しかし、闇はこの事実を撤回しないのです。

ところが、妙なことに、闇が座り込んでいる淵の表が、やがて消えてしまうのです。そこへ闇は座り込んでいるのです。

闇は淵が王国だと言って踏ん反り返っているのですが、それが王国ではないことを示すためには、淵の表を有形的に現わして、彼自身が座っている所が火の池であるようになっていくのです。

火の池に座っていることになっていることを、悪魔に見せてやるのです。これが王国だと思って座っていると、それがだんだん火の池になっていくのです。そうすると、悪魔は黙ってしまい、自滅せざるを得ないことになるのです。

神は創造の第一日目に、光と闇とを分けられた。第二日目には、大空の上の水と下の水とを分けられた。三日目には植物が造られているのです。

第四日目に、大きい光と小さい光を造り、昼と夜をつかさどらせたとあります。

第五日目には、海の魚と空の鳥を造り、第六日目に地に這う獣と家畜を造り、そして、人間を創造したのです。三日目までの植物と、四日目以後の創造が一つになって、今の世界ができているのです。これが現在の世界になって現われていますが、これが淵であることを示しているのです。

光と闇が分けられたことが、現実世界の原理になっているのです。光というのはプラスの原理です。闇はマイナスの原理です。

プラスのエネルギーとマイナスのエネルギーが激突しているのが、現在の世界です。この瞬間が現実です。これ以外に現実はありません。

プラスとマイナスが触れ合う形で、現象も現実もできています。これが今です。今というのはずっと移りながら存在しているのです。

神が光と闇とを分けられた。分けたというのは、デバイド（divide）という言葉を使っています。これは対立する、喧嘩するという意味です。光と闇が喧嘩するように神が仕向けている。それを神がじっと見ているのです。

闇は悪魔です。光はキリストです。神は悪魔とキリストの行司をしているのです。片方が勝って、片方が負ける。例え、悪魔が勝ってキリストが負けても、神が神でなくなるのではない。しかし、宇宙は大混乱に陥るのです。そのようになるのか、あるいは、キリストが勝って、千年王国が実現するのか、神はじっと見ているのです。

これを見極める役が私たちです。何を見極めるのかというと、植物と動物が見極めるのです。

神が造った万物、被造物全体が、どちらにつくかによって、決定されるのです。

被造物全体が神につくと決定すれば、悪魔はしょうがない、下りるというのです。もし、被造物全体が悪魔につくと言えば、悪魔の天下が現われるのです。

被造物全体を代表するのが人間性です。人間性というのは、人間がいるのではなくて、被造物全体がいるのです。皆様の頭の中に、被造物全体がインプットされているのです。森羅万象という言葉を使うことが、頭の中にあることを意味しているのです。

私たちは人間としているのではない。天皇としているのです。被造物全体の代表としているのです。

人間が罪を犯すとどうなるのか。「土は汝のために呪われている」と書いています。人間が罪を犯したために、万物が皆呪われている。現在の万物は皆呪われているのです。

そこで、皆様が自分が天皇だということに気がつくと、私たちが万物の代表者であって、人間として生きているのではないという認識になるのです。

自分の霊を渡すと天皇になれるのです。霊を渡さないと地獄へ行くことになるのです。

自分のことしか考えない者、人生の目の前のことしか考えない者は、皆悪魔の子です。神は海の魚、空の鳥、家畜、獣を治めさせるために人間を造ったのです。この人間が失敗すると天地が失敗するのです。人間が罪を犯したことによって、地球全体が呪われるのです。

ごくわずかの人々でいいのですが、神の役に立つ人が本当に目覚めて、神の御心を理解しますと、天地が回復するのです。人間が罪を犯したことによって、砂漠ができ、地震が発生し、疫病が発生した。ところが、神が定めていた若干の人々が目覚めると、天地が回復するのです。砂漠がなくなり、地震も疫病もなくなるのです。天地が理想的な状態に回復するのです。

私たちはキリストの細胞になるのです。キリストは一人の人間です。イエスは頭であり、私たちはボディーになるのです。これが悪魔に代わる新しい天使長です。新しい天使長になれるだけの数ができればいいのです。

その定数が満ちるまで、神は待っているのです。御霊とその定数をつくることに一生懸命です。そういう状態になるのです。

人間が救われるということはどこにも書いていません。万物と人間との関係はどうなっているのか。私たちは万物をどのように治めているのか。神の国が来たら、それをどのように治めるのか。これが聖書に出ているのです。これは驚くべきことです。

パウロが言うように、福音は雨の下のすべてのものに述べ伝えられています。私はその福音が天下に述べ伝えられと言っているのです。

万物に福音が述べ伝えられている。それを読んだらいいのです。そうしたら、すべてが分かるのです。

18. 目いまだ見ず、耳いまだ聞かず

聖書に次のようにあります。

「しかし、聖書に書いてあるとおり、
『目がまだ見ず、耳がまだ聞かず、
人の心に思い浮かびもしなかったことを、
神はご自分を愛する者たちのために備えられた』のである。
そして、それを神は御霊によって私たちに啓示して下さったのである。御霊はすべてのものをきわめ、神の深みまでもきわめるものだからである。
一体、人間の思いは、その内にある人間の霊以外に、誰が知っていようか。それと同じように神の思いも、神の御霊以外には知るものはない」（コリント人への第一の手紙2・9〜11）。

人間が究極的に知らなければならないことは、九節のことです。自分が損すると思っても、得をすると思っても、どうでもいいのです。皆様が究極的に知らなければならないことは、九節です。

そのためには十節が必要です。十一節は人間存在についてのことを、譬として言っているのです。九節、十節のことを説明するために、人間存在の事例を持ってきて話しているのです。

人間自身のあり方を知ることが、神のあり方を知ることになるのです。そのために、十節、十一節について知らなければならないことになるのです。人間が突き止めなければならない人間自身の存在価値です。目がまだ見ず、耳がまだ聞かず、人の心に思い浮かびもしなかったことが、

神を愛する者たちのために備えられたというのは、そういうことなのです。神を愛する者たちというのは、端的に言いますと、天使長ルシファーに同調しない者を指すのです。これは万物の霊長として自らを完成する素質を持っている者という意味になるのです。それを錬成し、まとめて一つの人格として完成するためです。そういう目的で聖書は書かれているのです。そのために天地が造られたのです。

神を愛する者たちに特殊な特権を与えるためです。特別の利益と権利を与えるために、天地が造られたのです。どういう形で利益が与えられたのか。目がまだ見ず、耳がまだ聞かず、人の心に思い浮かびもしなかったとはどんなことか。聖書に次のように書いています。

「私はまた、新しい天と新しい地とを見た。先の天と地とは消え去り、海もなくなってしまった。また、聖なる都、新しいエルサレムが、夫のために着飾った花嫁のように用意を整えて、神のもとを出て、天から下って来るのを見た。

また、御座から大きな声で叫ぶのを聞いた。『見よ、神の幕屋が人と共にあり、神と人と共に住み、人は神の民となり、神自ら人と共にいまして、人の目から涙を全くぬぐいとって下さる。

もはや、死もなく、悲しみもなく、叫びも、痛みもない。先のものがすでに過ぎ去ったからである』（ヨハネの黙示録21・1〜4）。

先のものというのは、今私たちがこのように経験している世界のことです。いわゆる現象世界です。この現象は、人間の肉体に植えられている五官によって、触れること、見ること、聞くことができる世界です。これが今の世界です。

ところが、肉体的な五官によって感覚できる世界というのは、可視光線の世界です。肉体的に感覚することが可能な世界に限定されているのです。

太陽光線の反射によって、物が見えるのであって、太陽光線の紫外線から赤外線までの七色に分光される範中に属するものだけしか見えないのです。それに反射するものしか見えないのです。反射しないものは一切見えません。

聞くこともそれです。私たちの耳の鼓膜に適応するような音響だけしか分かりません。例えば、地球が自転公転している恐ろしい音は全然聞こえないのです。

そのように、私たちが見たり聞いたりしている世界は、宇宙存在のほんの一部です。それが宇宙の全部ではないのです。

ところが困ったことに、人間はギリシアの昔から今日まで、宇宙のことをああだこうだと考えてきたのです。太陽系宇宙のようなものが宇宙にはたくさんあるというのですが、それは人間が肉体的に感覚できるような限度からしか見ていないのです。

自分自身の善悪利害でさえも、肉体感覚からしか見ていない。全くばかみたいなことをしているのです。

人間の五官で感じられる世界は、やがて消え去ってしまう世界です。先の世界はすでに過ぎ去ったとあります。

人の目から涙をぬぐい去って下さった。死もなく、悲しみもない、痛みもない。つまらない妄念を抱くことはなくなったのです。

神の幕屋があって、そこに人が住んでいる。人が神と共に住み、神自ら人間と共に住んでいるとあります。神と人が共に住んでいる世界が、宇宙が完成された、人間が完成された後の世界です。これは仏教阿弥陀経による仏国浄土とは違います。これはあらゆる矛盾を完全に克服して、地球が完成された状態を示しているのです。

海がなくなった。時間、空間の世界がなくなったのです。従って、死もなくなったのです。すべての涙がなくなったのです。苦しみも悲しみもすべての痛みもなくなっている。もはや焼きもちを妬くことも、疑いを抱くことも、くよくよすることもなくなっているのです。

人間はこれを望んでいるのです。人間が出てきた所がそれであったからです。それは人間が先天的に、先験的に経験していた所です。

先験的にというのは、生まれる前に経験していたということです。人間の経験の原点です。従って、これは先験的というよりも原験的にと言った方がいいかもしれません。これは生まれる前に経験していたという意味です。

先験というのは、前に経験したという意味になるのです。今年の経験よりも去年の経験という場合に、先験という言葉が使えるのです。

原験という言葉を使いますと、元々の経験となるのです。皆様は元々の経験で今生きているのです。生まれながらの赤ちゃんは、おっぱいを飲むだけの知識、感覚があるのです。知識、経験がなかったら、そういうことができないのです。

赤を赤として認識する。甘い物を甘い物として認識するのは、すべて人間の経験に基づくものです。この経験がなかったら、衣食住という人間の営みが成立しないのです。

赤ちゃんがおっぱいを飲むことを知っているというのは、記憶していることです。記憶しているということは、経験したということです。これは元々の経験であって、人間になる前の経験です。ですから、原験（元験）というのが正しいのです。

元々の経験が記憶になって働いている。記憶が無意識に行動になって働くのです。仏教でいう受想行識になっているのです。受想行識が働いて、これが赤ん坊の行動になって、自然に現われているのです。

蜘蛛が巣を張る原理です。鹿が子を育てるのもその原理です。動植物一切はすべて原験によって生きている。ア・プリオリによって生きているのです。

山がなぜ山であるのか。山になぜそのような風景があるのか。これが宇宙の原験です。天地が造られる前に、宇宙が経験していたことが、今天地として現われているのです。

ア・プリオリというのは、人間だけのことではありません。魚や鳥、木々やすべての花、すべての形、すべての香りに、皆そのことが言えるのです。

電子の運動によって、分子が生まれる。分子が要素を造っている。ここまでは分かりますが、なぜそれが木々や、色々な花になって現われるのか。鳥は飛び、魚は泳ぐのか。

量子力学的な運動が、金魚になって現われるとはどういう訳なのか。すばらしいハンサムな人になったり、すばらしい美人になったりして現われる。人間の顔は千差万別という程違いますが、どうしてその違いが現われるのか。この説明が科学にはできないのです。

それは目がまだ見ず、耳がまだ聞かず、人の心に思い浮かびもしなかったことですから、分からないのです。

目がまだ見ず、耳がまだ聞かずということが分かるようにならなければ、人間は自ら完成することはできません。人間が自ら完成するとどうなるのか。これが「聖なる都、新しいエルサレムが夫のために着飾った花嫁のように用意を整えて、神の元を出て天から下ってくるのを見た」とある状態です。

これが新しい大天使の姿です。新しい宇宙の支配者の姿です。人間はこういう格好で完成するのです。

人間は新しい町になるのです。新しい集団になるのです。新しいグループになるのです。そうして、新しい人格になるのです。これが十万億土の彼方にある仏国浄土の原形です。これが阿弥陀如来の浄土です。

浄土とは何か。人間完成の状態です。皆様にはここへ行くまで、勉強して頂きたいのです。

自分一人が救われるのではありません。集団として救われるのです。これがエクレシアーです。集団行動でなかったら、救いはありません。これをまず承知して頂きたいのです。

人間は他人と協力、協調なしに、絶対に救いはありません。互いに相愛することなしに、絶対に人間完成はありません。だから、違和感があったら、いよいよ一致しなければならないのです。

人間はニューエルサレムとしてしか完成されないのです。集団的にしか救いは成就しません。だから、お互いに打ち解けて、心から相愛する気持ちがなければいけないのです。

皆様は表面的には和気藹々に見えますが、腹の中に一物があるようです。腹に一物、背中に荷物を持っているとだめです。結局、お互いに言いたいことが言えないし、知りたいことが分からないのです。

「汝ら互いに相愛せよ」が、集団の原則です。一致協力できなければ、イスラエルに伝道はできないのです。

新しいエルサレムの一員としての自覚を持たなければいけないのです。従って、個人の人間の利害得失があってはならないのです。そんなことを考えていたら、新しいエルサレムはできないのです。

そのためには、一人ひとりが自分の望みを捨てなければいけないのです。自分が持っている理想を捨てなければいけない。そうすると、一致することができるのです。

お互いに自分の利害得失を捨ててしまえば、イスラエル伝道に対して思いは一つになれるのです。

自分が生きている原形が分かっていない。ア・プリオリによって生きている。神によって与えられた原験的な意識で生きていることが分からないのです。

皆様は生まれる前に神を見ていたのです。神を経験していたのです。生まれる前に神を見ていた経験が、現在の生活の営みの基礎になっているのです。

皆様は甘い物をなぜ甘いと思うのでしょうか。辛い物をなぜ辛いと思うのでしょうか。砂糖を舐めたら、アメリカ人でも、イギリス人でも、ロシア人でも、中国人でも皆甘いと思うのです。塩を舐めたら辛いと思うのです。私は世界一周を二回して、そのことをつくづく経験してきました。

人間に世界共通の見解がなぜあるのかということです。それは人間は一人しかいないからです。世界中に、人間は一人しかいない。それが数十億人に分かれているだけのことです。

「一つの血から全人類が造られた」と聖書に書いています。だから、人間は一人しかいないのは当たり前です。

人間は主観的な意識で考えるという習慣がついてしまっているのです。だから、客観的に考えるという思考方式を行動原理にしようと考えないのです。だから、お互いに一致できないのです。

客観的な思考方式を自分の行動原理にするということをはっきり確認できなければ、絶対に一致できません。

皆様は長年聖書を理解していながら、まだ神を信じていません。神を信じますと、客観的な意識が自分の行動原理になるのです。人の立場を自分の立場として確認できるはずです。

ところが、自分の立場は自分の立場、他人の立場は他人の立場だと思っているでしょう。こういう感覚がある間はイスラエル伝道はできません。やっても失敗します。人の立場を自分の立場として考えるのです。

神が現実に誰かを用いることによって、おのずから位が決定するのです。序列があります。中心になる人はもちろん神を絶対中心にしなければなりません。神を中心にするという条件において、指導者はその中心にあるべきです。

動物の世界にも中心になるべきボスがいます。猿の集団にはボスがいます。蟻の群にもボスがいるのです。預言者の集団にも位があるのです。

質問や疑問を解決するために、意見を述べるのは結構ですが、いわゆる客観的なあり方を自分自身の主観として認識しない。その意識がいけないのです。

神という絶対客観を自分自身の主観とする。これが神を信じることです。イエスはこれをしていました。私たちもこれをするのです。もちろん指導者はそうする責任があるのです。これは誰かが偉いとか、偉くないというのではない。そういう組織が必要なのです。

ニューエルサレムには、イエス・キリストという中心があります。神の幕屋が人と共にある。神が人共に住み、人は神の民になる。

これはどういうことかと言いますと、人間が肉的に意識している諸現象が、消えてしまうということです。物理的現象、物質的現象、肉体的に生きるという現象が、皆消えてしまうのです。消えてしまえば一つになるに決まっています。

皆様が一つになれない原因が何処にあるのかと言いますと、自分が肉体を持っているからです。肉体を持っているから、家庭があるのです。家庭があるから生活があるのです。それはすべて消えてしまうのです。

神の幕屋に人が住むのです。神の幕屋というのは、肉の幕屋とは違います。神自身の幕屋です。人間が認めているような幕屋ではありません。霊なる幕屋です。

この時人間は上から幕屋を着せられて、携挙されるのです。その時、肉体は持っていません。肉体を脱いでいるからです。

どういう人が肉体を脱ぐのかと言えば、携挙される前に、日常生活の状態において、自分自身の幕屋を脱げるような気持ちを持っている人が携挙されるのです。その人自身の肉体が脱落してしまうのです。従って、有形的な宇宙が全部脱落してしまうのです。そうすると、神の幕屋が展開するのです。

神の幕屋を皆様は見ているのです。人間が直感的に感じる景色とは何か。これが神の幕屋です。神の幕屋を感じるから、景色がすばらしいと思うのです。なぜすばらしいのか。神の幕屋だからです。自分自身が完成される原形が景色という格好で出ているのです。すばらしい景色を見たいというのは、神の幕屋を望んでいるのです。

今の世界で本当の神の幕屋に生きている人間は、少なすぎるのです。皆自分の幕屋に住んでいるのです。神の幕屋には住まないのです。

自分の幕屋は死ぬべき幕屋です。ここに住んでいると危険です。いつ死ぬか分からないからです。

神と人と共に住むのです。ここに完成状態があるのです。この時、人間の気持ちはどういう気持ちかと言いますと、自分の主観がきれいに消えているのです。

自分の主観は何処から来たのかと言いますと、皆様の後天的な生活から来ているのです。原験的なものではないのです。後天的な肉の生活習慣から、皆様の主観は割り出されているのです。

皆様はどうすればいいのかを暗黙のうちに理解できているのですけれど、顕在意識的に論理化することができないのです。

世界中の人間は、ケーキを見たら甘いと思います。果物を見れば、およその味が判断できます。食べられるものと、食べられないものとが、大体区別できるのです。

ナマコ（海鼠）については、見ただけで食べられるとは判断できませんが、食べたらおいしいのです。食べられると予想ができたから食べたのです。

食べられるものと食べられないものとを分ける先天的なセンスが、人間には与えられているのですが、それが論理化されていない。顕在的に意識化されていないために、人間存在の価値が分からないのです。

神をまず論理的に顕在的に意識的に受け止めなければ、神に生きることはできません。

神とはこういうものだということを常識として、いつも頭におく訓練をすることが大切です。その次に、常識的にいつでも頭においた神を、生活原理に持ってくるのです。神が常識になっていても、それだけではまだ頭の信仰です。生活の信仰にはなっていません。

神とはこういうものだということが頭できちっと分かったら、今度はそれを行動原理に据えるのです。

ざっくばらんに言いますと、皆様は肉において物をいう習慣がついてしまっているので、何を見ても欲の対象になるのです。

聖書でいう欲という言葉は、色欲、情欲を基点にしているのです。異性を見る時、例えば、男が女を見る時、肉体的な女性として見ているのです。ところが、峡谷の景色が神の幕屋をそのまま出しているように、男が女に対して感じる色気は、人として現われたすばらしい幕屋です。神の幕屋ですから、アダムにエバが与えられたのです。

アダムはエバを見て、「これこそついに私の骨の骨、肉の肉」と言ったのです。これは骨の骨という幕屋です。肉の肉という幕屋です。それをアダムは直感的に知っていたのです。

骨の骨というのは何でしょうか。骨ならありますが、骨の骨はあるのでしょうか。何処にもないのです。骨の骨というのは、骨として使われている幕屋のことをいうのです。つまり、霊なる骨、霊なる肉をアダムは看破したのです。これは陥罪する前ですから、何となく分かったのです。

男性から見ると、女性の色気がすばらしく見えるのです。神の幕屋ですから、すばらしいのです。それを肉欲的に認識したら、何の価値もありません。霊的に見ると価値があるのです。

ところが、色情を抱いて女を見ることができる人は、霊的にも見る能力があることを示しているのです。情欲を抱いて女を見るということが、神の幕屋を見ることができるという天性的な能力を持っていることを証明しているのです。

神の幕屋を見る能力がなかったら、情欲を抱いて女を見ることはできないのです。そういう先天性の英邁な素質が、皆様の内に既に備わっていることに気づいて頂きたいのです。

それを研けばいいのです。研かずに放っているから、腐ったぼた餅を有り難がっていることになるのです。

本当の女性の色気はすばらしいものです。なぜすばらしいのでしょうか。神を知っている皆様が見てもすばらしいと思えるのですから、神の幕屋に決まっています。

大自然の美しさを見れば、すばらしいと思うのです。神の幕屋という宇宙の原形も、大自然の原形が、有形的に表現されているのです。それを私たちはすばらしいと見ているのです。

もし原形がなかったら、どうしてすばらしい大自然が展開しているのでしょうか。人間は原形に基づいて色々な機械を設計、製造しているのです。天地の創造も原形に基づいて創造されたものであるに決まっているのです。

女性の原形は一体何でしょうか。愛が原形です。愛の幕屋が原形になって、女性の格好ができているのです。それがすばらしい女性のボディーラインになっているのです。

原形に基づかなければ、本当の価値判断はできません。これが正しい価値判断です。神が分かると初めて価値が分かるのです。景色の価値、色気の価値が分かるのです。

女性から男性を見るとどうなるのか。男の原形はキリストです。知恵と知識と力の原形がキリストです。知恵と知識と力が男性に現われているのです。

女性から見ると、男性は「わが知恵の知恵、わが力の力」です。こういう見方がア・プリオリの見方です。皆様はそういうア・プリオリに基づいて生活しているのです。ア・プリオリの原理が自分の常識になれば、自分自身の利害得失はなくなるのです。

先に引用したコリント人への第一の手紙の二章十一節を英訳で見ますと、人間どおしがお互いに生きています。愛し合ったり、憎み合ったり、嘘を言ったり、おべっかを言ったりしている。そういう事がらは人間自身の中にある霊の他に知っている者はないと言っています。

そして、十五節には、「霊の人は、すべてのものを判断するが、自分自身は誰からも判断されることはない」と言っています。

それぞれ個々の人間は、色々なことを判断します。良いとか悪いとか、利益とか損害とかを判断します。しかし、自分自身は誰からも判断されないと言っています。これが悪魔の本性です。

この十五節にある状態の人は救われません。自分自身は誰からも判断されることを許さない。自分は自分だけの考えに立てこもっている。こういう意識を持っている人は、自分の霊を自分で押さえ込んでいるのです。

そこで、霊を渡すということは、霊を神に渡すのです。自分自身のことを自分自身で判断するが、他人の容喙《ようかい》を許さないのです。これをやめるのです。絶対自主行為、絶対自主意識、このような主観的認識を捨ててしまいますと、神の霊において、神の事がらを見ることができるようになるのです。

神の霊によって神の事がらを見るのです。

男性から見た女性の色気、女性から見た男性の尊さというものが、神の幕屋です。男性には神の位、神の知恵、神の幕屋が現われているのです。

男という人間がいるのではない。女という人間がいるのではない。神が男を現わしている。神が女を現わしているのです。現われているものはすべて神の幕屋です。これは神の御霊によらなければ分かりません。そこで、神の御霊によって歩むことが大切になるのです。

これは端的に申しますと、純粋な客観的感覚で見ることです。自分の主観で見ないのです。特に純粋主観が最も悪いのです。

例えば、誰かの小説を読んで、また、誰かの論文を読んで感じるというのは、純粋主観ではありません。自分自身が根も葉もない所から、自分の腹の中にある根性から何かを考えようとする。私みたいなものはと考えるのです。これは純粋主観です。これははっきり悪魔の考えです。

その反対に純粋客観があります。これは神の考え方です。人の心未だ思わざることです。私たちが見ている景色は、驚くべきことに、新天新地における神の幕屋の片鱗を見ているのです。これは純粋客観です。こんなことは人間の主観から出てこないのです。

純粋主観ははっきり罪です。どうしてそういうものが出てくるのかと言いますと、自分の人生は自分のものだと思っているからです。自分の命、自分の財産、自分の持ち物が存在すると考えている。そこから純粋主観が出てくるのです。

この純粋主観を放擲《ほうてき》しなければ、本当の協力一致はありません。あり得るどうりがないのです。

自分の人生とか、自分の命を持っていたら、互いに相愛することはできません。give and take という考えだと、全部そうなってしまうのです。give and take をやめて、give and give にするのです。

「汝ら互いに相愛せよ」と言っています。愛してもらいなさいとは言っていないのです。愛することだけを神が命令しているのです。愛することだけを考えていれば、その人は神の愛が分かるのです。

なぜ神が愛することだけを命令しているのかと言いますと、愛することだけを実行すれば、神はその人を愛するに決まっているからです。愛されることを期待する必要はないのです。愛することだけを考えたらいいのです。

男女の間でも、愛することだけを考えたらいいのです。あの人は私を愛してくれているかと考えなくてもいいのです。そんな考えは、けちくさい考えです。その人を愛しているなら、純粋に愛したらいいのです。

もしその人が愛してくれなかったら、神が代わりに愛してくれるのです。神が代わりに愛してくれますから、安心して愛したらいいのです。

ニーチェが愛した女性のようなことを言わなくてもいいのです。「あなたは永久に私を愛してくれますか」という必要はないのです。永久に人を愛すると約束できるはずがないのです。今日愛しても、明日愛するか分からない。これが人間です。

皆様が何を願って、どうして生きているのかをよく考えて頂きたい。人間は純粋主観のばかばかしさをよく知っているはずです。

人間が生きている事がらは自分自身の主観によって、いつでも自分が裏切られているのです。

自分の主観によって、自分が苦労していることが分かるはずです。

人間の霊はそれを知っているのです。主観的意識は罪です。純粋主観は絶対に罪です。純粋客観が信仰です。純粋客観が一番まともな考え方です。これが本当の世界観、価値観です。

生きているのは自分ではない。神が自分という格好で生きているのです。従って、自分の人生はないのです。

人生は全部キリストの人生です。これはニューエルサレムにつながるべきものという意味です。人間はニューエルサレムにつながる可能性で生きている。これが人間最高の望みです。私たちは望みによって生きているのですから、そのような客観意識に立てばいいのです。

19. アウフヘーベン

現在、私たちが地球上で生きていることが、実はそのまま福音を証しているのです。これがそのまま神の国、人間完成、神の教会を証しているのです。

これは詳しくお話ししなければお分かり頂けないかもしれませんが、イエスが十字架上で、「事終わりぬ」と言われました(ヨハネによる福音書19・30)。十字架によって神のあらゆる御業は完成されたのです。私たちは事が終わったという事がらの次第を弁えて、それを受け止めていきさえすれば、勝手に救われるのです。救われている自分を自覚することができるのです。

現在、世間一般の人は偶然に生まれてきて、偶然に存在すると考えています。いちいちそう考えている訳ではありませんが、何となく生まれてきた、何となく生きていると考えている。何の目的で、何のために生きているのかを考えようとしないで、ただ生きていることをそのまま鵜呑みにしている。これは偶然に存在していると考えていることになるのです。

マルクスは人間は偶然に存在しているとはっきり言っていますが、そういう考えでいますから、本当の人間存在の意味が分かりません。分かろうとしないのですから、分からないのは当たり前です。

人間は却って自分を不幸にしているのです。マルクスのいわゆる革命論のようなことを考えて、それを実行するためには、大変な努力をしなければならないのです。

マルクスの理論を勉強するだけでも大変な努力がいりますし、その理論を実体化して革命運動を実行することになりますと、言語に絶する無理なことをし続けなければならないのです。

そのような努力を重ねて、仮に全世界を革命の理想に近いものにしたとしても、人間文明の終末に出会うことになるのです。革命はできたが、文明は潰れるのです。何をしているのか分からない。そういう愚かなことを人間は繰り返しているのです。そうして、十字架を愚かなものと考えているのです。

現在の人間の感覚は愚かそのものです。愚かの見本みたいなことをしているのです。

パウロは言っています。

「十字架の言《ことば》は、滅び行く者には愚かであるが、救いにあずかる私たちには、神の力である」(コリント人への手紙1・18)。

滅び行くというのは、英訳ではペリシュ(perish)という言葉を使っています。これは人間や動物が死んでしまうことを意味しているのです。現在の人間はペリシュです。文明そのものがペリシュです。

こういう人々にとって、十字架はフーリッシュネス(foolishness)に見えるのです。フーリッシュネスというのは、ばかばかしいとか、滅茶苦茶とか、ちゃんちゃらおかしいものに見えるという意味です。死んでいく人間から見ると、十字架はちゃんちゃらおかしいものになるのです。

十字架は現存在の人間の正体を余すところなく暴露しているのです。現存在の人間を肯定する立場から見ますと、十字架は全く認められないことになるのです。

大体、万物が存在するということを人間は鵜呑みにして肯定していますけれど、現存在の万物を鵜呑みに肯定することが、愚かと言わなければならないことなのです。現存在の万物をそのまま認めることがフーリッシュネスです。ばかばかしいこと、ちゃんちゃらおかしいことなのです。

ところが、人間は万物を認めている。肯定しているのです。そこで万物が存在することを否定した十字架を、逆にフーリッシュネスと言っているのです。

人間の文明から見ると、十字架ほどフーリッシュネスなものはありません。文明を完全に否定しているからです。

こういう十字架をキリスト教では全然見ていません。第一キリスト教では人間自身が死んでいるに決まっているということを信じていないのです。また、人間がペリシュであることを、文明は信じていないのです。

生きている現時点の事がらに、何かの意味を見出そうとしているのです。現在生きていることに、何かの楽しみ、喜び、幸福を見出そうとしているのです。だから、人間がペリシュであるとは思えないのです。

今生きて楽しんで暮らしている。だから、ペリシュではないと思っているのです。目の前で楽しんで生きています。しかし、生きて楽しんでいることが何をしているのか知らないのです。

知らず知らずにただ肉の思いで楽しんでいる。俗な言葉で言えば、酒と女で楽しんでいるのです。何をしているのか分からずに、ただ酒が楽しい、女が楽しいと考えているのです。楽しいとはどういうことかを知らずに、楽しんでいるのです。そうして、やがて死ぬかもしれないが、現在を楽しんでいる。楽しみが目の前にあると思っているのです。

ところが、聖書は「今の人間は死ぬ彼ら（them that perish）」と言っている。死ぬに決まっている彼らです。もっとはっきり言えば、死んでいる彼らということになるのです。

人間は肉体的に生きていることを生きていると思っているのです。ところが、肉体的に生きているのは、ペリシュそのものです。死んでいることなのです。ここにどんでん返しがあるのです。肉体的に生きている。だから、生きていると思っているのです。しかしそれは、肉体的にという但し書きがつくのです。ところが、神から見ると、肉体的に生きていることが死んでいることになるのです。

パウロは「アブラハムはこの神、すなわち、死人を生かし、無から有を呼び出される神を信じた」と言っています（ローマ人への手紙４・17）。

死人を生かしという所を英訳では、who giveth life to the dead となっています。これを直訳しますと、死人に生活を与えているとなるのです。現在の人間は神の命、永遠の命を知らずに生きている。これは死んでいることになるのです。死人がただ生活しているだけなのです。また、パウロは言っています。

「あなたがたは死んだものであって、あなたがたのいのちはキリストと共に神のうちに隠されているのである」（コロサイ人への手紙3・3）。

肉体的に生きているということがペリシュです。これに気がつくと、俄然十字架の意味が分かるのです。

人間は生きているはいるが、命が分からない。命とは何かが分からない。生きてはいるが、命が分からないということが、死んでいる証拠です。彼らはすでにペリシュであることを意味しているのです。

森羅万象とは何か。言《ことば》が働いて万象ができているのです。「すべてのものは言によってできた。できたもののうちで一つとして言によらないものはない」と聖書は厳命しているのです（ヨハネによる福音書1・3）。

言が物になっているのです。物というのは聖書の語法に従えば、肉になります。言が肉となっている。これが万物存在です。

大体、言が肉となるということがおかしいのです。言は霊なるものであって、肉になるはずがないのです。ところが、言は肉になってはいないのです。

言が肉となったというのは何か。ヨハネによる福音書の一章十四節に、「そして、言は肉体となり、私たちのうちに宿った」とあります。これはイエスが肉体的に来たことを言っているのですが、イエスという人物が本当にいたのかというと、肉的に認識することはできたのですが、実体的には存在していたのではなかったのです。

イエスは生きていましたが、彼自身が肉体的に生きていることを、実体とは考えていなかった。

イエスは天から下って肉体的に現われているけれど、依然として天にいたということは、彼は肉になったけれども、霊に従って生きていたのです。依然として天に下ってきたけれど、これを肉体的に存在するとは考えていなかった。霊的に存在すると考えていた。これが人間存在に対する正しい認識です。肉体的にこの世

実は、言が肉となったという事実はないのです。人間の仲間ではそう見えるのです。人間の意識によって見ればそう見えるのですが、実体的に霊的に、神的に見れば、肉になっていないのです。

大体、肉というのは物象的現象が仮存在態で捉えられるもの、認識できる存在をいうのです。それを肉と呼んでいるのです。物象的存在があたかも存在するかのように捉えられる意識、感覚の認識的名称を肉というのです。

物理現象が物体となって現われている状態を、人間が固定的な感覚で捉えて、物があると思っているのです。物は実は存在しないのです。

肉とか物が本当にあるのかというと、本当にあるのではない。物理現象があるだけです。物理現象とは物理運動のことです。運動が現象となり、現象が物として捉えられている。これが肉です。

従って、肉があるべき道理がない。自然科学の理屈でもこの程度のことは分かるのです。ですから、あるべき道理がないものをあるというようにイエスが考えるはずがないのです。

学者は物はないという理屈を並べていながら、実は物は存在するという意識で生活しているの

です。理論的な演繹と、生活の実感とが分裂しているのです。これが学者です。

イエスにはこういう分裂はなかったのです。なぜかと言いますと、信仰によって生きていたからです。イエスの信仰を説明しますと、理論性と意識性が一つになっていたのです。これがイエスの信仰です。

皆様は理論性と意識性がばらばらになっているのです。学者が持つ分裂状態と同じになっているのです。

物理世界は存在するというべきではなくて、現われているというべきものです。現象というべきものです。存在ではなくて現象です。現われているだけです。

現われているということは存在していることとは違います。万物は現われてはいるが存在していないのです。そこで、聖書は物という言葉を使わないで、肉という言葉を使っているのです。肉というのは新陳代謝の過程を示しているのです。これを指摘しているのが、肉という語法になっているのです。

言は肉となったとありますが、妙なことに、言は肉とならなかったのです。人間が肉という言葉を用いますと、牛肉の肉を考えたり、豚肉の肉を考えたり、大根の太り具合を考えたりします。肉を全く肉的に考えるのです。

聖書にある肉という言葉は、新陳代謝の過程です。プロセスです。プロセスの原理は何かというと、神の口から出るプロシードワード（proceed word）です。プロシードワードがそのままプロセスを意味するのです。

プロシードワードが現象体になっている状態を人間はプロセスと捉えて、肉と呼んでいるのです。あるのは肉ではなくてプロセスです。プロセスがあるだけです。言が肉となったという言葉はありますけれど、肉となったという事実はないのです。

イエスは肉体で生きていたけれど、肉の思いを持っていなかった。従って、肉体で生きていることがイエスの命にはなっていなかったのです。命になるというのは、思いが命になるという意味です。肉の思いが命になっている人は肉の命に生きているのです。

イエスは肉体を持っていたけれど、肉の思いに生きていなかった。霊の思いに生きていたのです。彼の命は霊の命でありえたのです。

皆様の場合も、皆様の思いがそのまま命になるのです。思いがそのまま命になるのです。今まで肉体で生まれて今日まで生きてきたという思いを持っている間は、皆様の命はやはり肉の命です。ペリシュの命です。死ぬべき命そのものです。

死ぬべき命、肉体で生きているという気持ちを持っていながら、十字架を信じようとしても信じられるはずがありません。肉体で生きていると思いながら、自分は十字架で死んだのだと考える。これは全く精神分裂の状態です。

十字架で死んだと言いながら、自分は肉体で生きている。利害得失、喜怒哀楽、善悪の情がいっぱいあるのですから、その自分の感情とか欲望に任せていながら、自分は十字架で死んだと考えている。そんな欲深いことを考えてもだめです。

そういう考えが偽善です。御霊をばかにしているのです。神を侮っているのです。そういうことをキリスト教は人々にさせているのです。キリスト教の考えは根本的に神と神の御霊をばかにしているのです。

こういう教義の根幹は、ユダヤ人から出ているのです。キリスト教とユダヤ人とは正反対のように見えますが、実は同じ所から出ているのです。キリスト教を叩くことは、同時にユダヤ人の間違いを叩いていることになるのです。

宗教概念は一つの文化概念であって、すべて近代文明に属する文化概念は、ユダヤ人から流れ出していると考えても間違いないのです。

イエスは肉体で生きているという条件はありましたが、肉に従って生きていたのではないのです。霊に従って生きていた。そこで、彼は天から下ってなお、天に生きていたのです。

神がイエスをこの地上に遣わされたというのは、彼をメシアとするためです。メシアとするということは、油注がれた者とするという意味です。油注がれるとは何かと言いますと、天使の長にするという意味です。

御子は生ける神の御子であると同時に、天使の長にされるために、この地上に来たのです。従って、天使の長になる人は、肉にありて肉を治める者でなければならないのです。肉の外にいて肉を治めることができたとしても、天使長にはなれません。天使を動かすため、天使を治めるためには、自ら天使の中に入らなければならないのです。これがアウフヘーベンの原理です。

アウフヘーベンの原理とは、その事がらの中から発生してその事がらを克服することをいうのです。揚棄というのは何か。白い色があったとします。白に関係がない黒がやってきて、「白よ、お前は間違っている」と言ったとしても、これはアウフヘーベンにはならないのです。

白というテーゼがあって、白というテーゼの中から必然的にアンチテーゼが発生することが、本当のアンチテーゼです。白の中から出てきた白でないもの、白の中から出てきて白に対立するものです。これでなければ、本当の弁証法的原理にはなりません。

肉の中から出てきて肉を否定するのです。これを油注がれるというのです。メシアとは油注がれた者ということですが、肉体的に生まれては来たが、肉体に従って生きていなかった。これがキリストの明白なしるしだったのです。

イエスは肉体を持ってきたけれど、彼の認識は水と血とによって生きていたのです。肉体的に来たということは、水によって来たということです。水だけでなく血も兼ねていた。ヨハネはイエスを見て看破したのです。そうして、同時に、自分自身がイエスと同じように水によって来た者であり、同時に水と血を兼ねている。これを証するのが御霊である。こういうことが分かったのです。

「イエスを信じる者、神の子を信じる者は、水と血と御霊の三つの証を与えられている。これは神の証であって、この証を持たない者は、御子を持たない者である」とはっきり言っているのです（ヨハネの第一の手紙5・6〜8）。これがヨハネの証です。

パウロは、「死ぬべき肉体にキリストの霊が宿っているなら、肉体が変質してしまう」と別の言い方をしています。「死は勝に呑まれた。たちまち瞬く間に化せられる」。いわゆる携挙ということをパウロは言っています（コリント人への第一の手紙15・50〜56）。

また、パウロは第三の天に引き上げられた。肉体においてか、肉体を抜け出してか分からないと言っている。つまり、肉体はあると思えばある。ないと思えばないと言っているのです。自由に肉の思いの外に出て生活しているのです（コリント人への第二の紙12・1〜5）。

これと同じ感覚を、イエスの弟子のペテロ、ヤコブも持っていたのです。皆様もそうならなければ救われません。

皆様はまだ本当にイエスを信じているとは言えない状態にあります。イエスを信じていない者が、救われるはずがないのです。肉体的に生きている自分を自分だと思っている。こんなばかなことがあってはいけないのです。肉体的に生きているのが自分だと思う人は、聖書の勉強をする資格がないと言わなければならないのです。そういう人はキリストと何の係わりもないのです。キリストと係わりがないということは、仲間として一緒に勉強することができないということです。

「私を信じる者は私と同じ業をするであろう」と言っています。また、「私よりも大いなる業をするであろう」と言っています。

私たちは肉にありながら、肉を支配することができなければいけないのです。肉にならなければ肉を支配することができない。しかし、肉になったということは、肉に従って生きるために肉体を与えられたのではなくて、肉を従わせるために肉体を与えられたのです。これがナザレのイエスの肉体認識だったのです。

イエスは肉にありて、なお肉に生きてはいなかった。この世に現われたけれど、依然として天にいた。以前在天です。これが私たちの生活意識でなければならないのです。

これはまた、人間を造った目的でもあるのです。すべての肉を支配するため、万物を支配するために、人間は創造されたのです。

私たちは肉を支配するために、肉において地上に生かされているのです。支配するとはどうすることかと言いますと、揚棄すること、アウフヘーベンすることです。

肉に従って生きるという形はあるが、意識では肉に従って生きないで、霊に従って生きるのです。そうすると、生きているという形がありながら、肉をアウフヘーベンすることができるのです。肉を揚棄するのです。これがイエスの生活態度でした。

肉的に生きていないのなら、肉を揚棄することができない。肉的に生きているという条件があるから、揚棄できるのです。

肉的に生きているというのは、肉が実は存在するのではなくて、一つの過程として意識されているだけです。意識されているのであって、存在しているのではない。これが肉です。

私たち自身の意識の持ちようによって、私たちが存在させられている状態が変化する可能性があるのです。意識の持ちようです。思いの持ちようです。自分の思い方一つによって、私たちが現在存在させられている条件をどんどん変えていけるのです。神の与件を変更していくのです。これが信仰の目的です。人間の創造の目的です。

肉にありて肉を従わせることが、肉を揚棄することです。肉を揚棄させるということが、神の第一創造（現在の物理的創造）を完遂することになるのです。

神の第一創造というのは、目に見える形の創造ですが、これは現在の地球が消滅した後にできる完全無欠の地球、目に見えない地球への前提です。第一創造は第二創造への前提です。新しい創造への前提です。

第一創造に与った者は、その事がらの故由を弁えて、第二創造へのきっかけを掴まなければならないのです。第二創造こそ、とこしえの命そのものですから、第二創造へのきっかけを掴み損なった者は、地獄へ行くしかないのです。

ヨハネは、「もろもろの人を照らす誠の光があって、世に来た」と言っています（ヨハネによる福音書1・9）。

もろもろの人はすべて、本質的にはイエスと同じ内容を持っているのです。もろもろの人を照らす光となって、イエスが現われた。もろもろの人とイエスが違ったものであれば、イエスはもろもろの人を照らすことができないはずです。照らされても何のことか分からないはずです。

ところが、もろもろの人を照らす光があって、この世に現われたというのは、照らされるべきもろもろの魂はイエスと同じ性質を持っているのです。だから、キリストがあなたがたを照らすとあるように、キリストの光によって照らされると、私たちの本体が明らかになるのです。

そうして、自分がイエスと同じものであることを自覚することになる。これを救いというのです。従って、イエスが肉において肉に従っていなかったように、逆に肉を従わせていたように、私たちも肉にありて肉を従わせる生活態度を取らなければならないのです。

エペソ四章十三節に、「光にさらされる時、すべてのものは明らかになる。明らかにされたものは皆、光となるのである」とあります。

人間の魂は神の御子です。だから、一人子の光によって照らされると、御子である本性が目を覚ますのです。そうして、一人子なる御子と同じ意識に立つことができる。そういう信仰状態に立つことができるのです。

そのために、神はイエスを与えただけでなくて、彼の肉体を十字架につけて、肉とはこういうものだということを私たちに示して下さったのです。これがゴルゴタの十字架です。

父なる神が肉なるものをこのように処分した。また、処分すべきであるという神の絶対的な御心を、ゴルゴタの十字架ではっきり示されたのです。

神は十字架につけたままのイエス・キリストを私たちにお示しになった。そうして、肉というものは処置された。従って、もはや肉なる者は生きてはいない。キリストの肉が殺されたことによって、すべての肉は殺されたということが、十字架によって証明されたのです。そして、これを信じる者は肉から抜け出した者と認定されたのです。

肉が殺されたことを認定するのでなかったら、十字架を信じたことにはならないのですから、肉が殺されたことを認定する者、自覚する者は、キリストと共に十字架につけられて罪はないと神に認めて頂くことになるのです。これが十字架の贖いです。

大体、宇宙に肉が存在しなければならない理由はありません。ところが、肉を真実だと考える逆性が発生したのです。神はやむを得ず、肉を発生したのです。淵の表にある思想が発生したので、淵のような意識を具体化した形で、この世に現わさなければならなかったのです。

肉というのは淵のことです。淵が肉です。肉の思いは淵の思いです。淵の表に立つ思いです。これが肉の思いです。

こういうものが発生したから、キリストが肉となって地上に下らなければならなくなったのです。肉とならなければ肉を従わすことができないからです。

神の御子によって肉を完全に揚棄した。逆性をはっきり滅ぼして、逆性は実体ではないという事実を証明したのです。淵の表の思想は、実体ではないという事実を、イエス・キリストを通して証明されたのです。

皆様は現在肉体的に生きてはいるけれど、肉性に従って生きてはいけないのです。霊に従って生きるのです。これは自分自身の肉を揚棄しながら生きることになります。自分の肉をアウフヘーベンしながら生きることになるのです。

さらに十字架を信じることによって、自分自身がアウフヘーベンされてしまうのです。固有名詞の存在である自分という人格が、アウフヘーベンされてしまうのです。ただ肉が揚棄されるだけではない。自分が揚棄されるのです。自分という意識存在が揚棄されて、自分ではないものになるのです。このことを新に生まれるというのです。

この世に生まれてきたものではないものになってしまうのです。これが十字架の一大特徴です。ただ肉が消えるだけではない。霊的にも自分ではないものになってしまうのです。

自分の業《ごう》にも先祖代々のカルマにも何の関係もない、原罪に何の関係もない人間になってしまうのです。自分の記憶とか経験にも関係がないものになってしまうのです。別の人間になってしまうのです。これが光に照らされた者は光になるということです。イエスに照らされた者はイエスになると言ってもいいでしょう。

「私を信じる者は私と同じことをするであろう」とイエスは言っています。皆様は万物を支配する力を神から与えられなければならないのです。これがイスラエルに伝道するための一つの切り札になるでしょう。

神は異邦人の中から皆様のような人を起こして、全く驚天動地の大事業をさせようとしておいでになるのです。その結果、千年王国がこの地上に現われるのです。イスラエル伝道をきっかけにして、キリストの王国をこの地上に現わす。千年王国を実現させるという神の御心を成就させようとお考えになっているのです。だから、自分の古き人生に馴染んではいけないのです。

十字架によって自分自身が揚棄された。十字架よって自分が否定されることが実現しました。そうして、イエス・キリストの復活によって、揚棄された事実が歴史的に現われたのです。

十字架と復活のこの二つのことを踏まえて考えますと、今私たちが生きているこの世界は、全く違ったものになってしまっているのです。

言が肉となったということは、イエス個人だけのことではないのです。人間全体もそうですし、万物全体もそうです。

イエスは万物全体を代表して現われたのです。なぜかと言いますと、万物を治めるためには、万物を代表する形でこの地上に現われる者が必要です。万物万人を治めるためには、万物万人を代表する形で、一人の人格が肉体的に現われなければならないのです。これを油注がれた者というのです。

神が人間を造ったのは、万物を治めるためです。この目的を果たすためには、万物万人の中からすべてを代表する見識と力を兼ね備えた者が現われて、万物と万人を治めなければならない。これが油注がれた人格です。

ナザレのイエスがそれです。ナザレのイエスは万人を代表した。すべての人に誠の光を与えただけではなくて、万物の存在の原理を示し、神の御名を示して、万物を本来あるべき所に変えてしまったのです。いわゆる草木国土悉皆成仏を実現させた。これがメシア王国の実体であって、そのためにキリストはメシアとしてこの地上に送られたのです。

彼の十字架と復活において、特に復活において、この事実が実現したのです。この事実が実現したことを新約聖書は第三の天と言っているのです。

今、第三の天において、イエス・キリストは神の右に座している。彼は万物を完成したので、神は彼を甚だしく崇めて、彼の功績を認めて、彼を自らの右に座せしめたのです。このような事実が現われたことを第三の天というのです。

今イエス・キリストを信じる者は、彼が座している所と同じ所に座せられるのです。ですから、私たちの信仰と私たちの祈りは絶対です。この祈りと信仰は、神の驚くべき力と知恵によって、神に支えられているのです。

全知全能のお方が、私たちの祈りを支えているのです。私たちの信仰の見方をしているのであって、「すべてことが働きて益となる」という事実を私たちに示しておいでになるのです。

今まででも神は私たちを導かれていましたが、これからも神自身の御心を成就するために、神は私たちに対して援助を惜しまないでしょう。

十字架は滅びるに決まっている者、死ぬに決まっている者から見ると、ちゃんちゃらおかしいものですが、救われるべき者、救われた者にとっては神の力です。何者にもかえがたい絶対者の力が、十字架となって私たちに与えられているのです。十字架は神の力です。私たちは十字架によって救われたのです。救われてしまっているのです。

十字架という歴史的事実、宇宙的事実は、私たちの人生の土台であると共に、神の経綸の基礎原理になっているのです。

既に第二創造（新天新地）は始まっているのです。そうなるであろうではなくて、そうなりつつあるのです。イエスの復活は神の救いが具体的事実になって現われていることの証明であって、神はこのような明々白々の保障を万人に与えて、悔い改めを命じておられるのです。

イエスが復活昇天したという明々白々な歴史的事実を保障として人間に与え、人間に見せ、知らせて、悔い改めを命じておられるのです。「悔い改めて福音を信じよ」。このことを私たちはどうしてもイスラエルに伝えなければならないのです。

20. 太陽系宇宙は神の宇宙計画の中心

ダビデは次のように言っています。

「話すことなく、語ることなく、
その声も聞こえないのに、
その響きは全地にあまねく、
その言葉は世界の果てにまで及ぶ。
神は日のために幕屋を設けられた。
日は花婿がその祝いの部屋から出てくるように、
また勇士が競い走るように、その道を喜び走る」（詩篇19・3〜5）。

この口語訳は少しだらしがない訳になっていますが、文語訳は次のようになっています。

「語らず言はず、その響き聞こえざるにその響きは全地にあまねく。そのことばは地の果てにまでおよぶ。神はかしこに帷幄《あげばり》を日のためにまうけたまへり。日は新婿がいはひの殿をいづるごとく勇士《ますらお》がきそひ走るを喜ぶに似たり」。

最近、世界の宗教者が集まって、平和の祈りをしています。平和を祈るということは、人間自身の生活状態を守ろうとしているに過ぎないのです。地球上に住んでいる人間が、人間どうしのあり方を存続しようとする意識が、平和を祈願することになって現われているのです。ある宗教指導者は宗教は祈ること、感謝することだと言っています。

神に祈るということは、人間の生活のために祈ることではありません。神と霊魂の関係は人間の生活のためにあるのではなくて、生命のためにあるのです。

地球は地球自身が存続することが目的ではありません。地球が生きていることに地球の目的があるのです。地球が生きている。これが地球存在の目的ですが、これが宗教では分からないのです。

地球が生きていることが分からない。それは人間が生きていることが分からないのと同じです。宗教家は生きていることは有難いとすぐに短絡的に考えようとするのです。抽象的、概念的に有難いと言っているだけです。

生きている本質を何処に置くかです。現世に人間が生活していることを生きていると考えている。そうではないのです。

近世文明によって人間が決定的に堕落した。肉的に運命づけられたのです。文明思想によって、人間を肉の思いに縛り付けてしまったのです。

文明を信じるということが、霊魂の自由を束縛するのです。宗教を信じることによって、霊魂の自由を奪われてしまうのです。その上に輪をかけられることになるのです。

宗教によって命の実体が分からなくされてしまった。現世に生きていることが命であり、生活そのものが命であるというような誤解を信じ込まされてしまうのです。

宗教を信じると生活主義を強固にする上に、人間の思想の根底を拘束してしまうのです。生活的な拘束と精神的な拘束と、二重の拘束になってしまうのです。これが偽キリストの文明です。キリストは死んでいく人間を甦らせるのです。死んでいく人間の罪をなくして甦らせて、新しい命を与えることがキリストです。

偽キリストの文明を信じている人は、死んでいく人間が新しくされて、死なない命を与えられているということが分からないのです。ユダヤ人を中心にした人間文明は、これが分からなくなっているのです。

その原因は何かと言いますと、宗教と学問の堕落です。宗教主義と教育主義の堕落です。イエスはこれを「禍なるかな学者パリサイ人」と痛烈に批判しているのです。学校の教育制度と宗教制度が人間の魂を完全に殺してしまったのです。この二つが現世に生きている人間を徹底的に擁護しているのです。真正面からそれを認めているのです。

人間が人間を認めて、生活を安全、強固にすることが近世文明の目的です。現世に生きている人間を認めてしまうと、永遠の命に生きている人間を否定しなければならないことになる。そこで、キリストを否定したのです。イエス・キリストの十字架と復活を黙殺しているのです。

ユダヤ人は十字架と復活を否定できないので、黙殺するという方法をとったのです。聖書に反対することができない。キリストの復活に堂々と反対することができない。そこで、黙殺する方法をとったのです。これが人権主義です。キリストの厄介にならなくても、現世で人権を尊重すれば幸福になれる。キリストを信じなくても、人間は現世で生き甲斐を感じることができる。こういう方向をユダヤ人が選んだのです。これが偽キリストの文明です。

神のキリストを否定して、基本的人権という人間のキリストを肯定した。これが現代文明の急所です。現在の人間は文明を肯定したことによって、ユダヤ人の旗振りに同調した。そして、キリストを失ってしまったのです。自分自身の現世におけるはかない命を、キリストに仕立てているのです。

現世のはかない命、死ぬに決まっている命をキリストに仕立てて満足しようとしている。これが世界に平和を、平和を世界にというモットーになるのです。

世界平和を実現してどうなるのか。人間は皆死んでしまうのです。世界平和が実現されない方が、人間自身の鬱屈した精神が回転していいのです。それを人間自身が肉の思いを肯定することによって、文明がストップしてしまうのです。生命の伸長性を失ってしまうのです。

人間は現世に生きることが目的ではありません。永遠の命への踏み台として現世があるのです。命の本質を究明するために、肉体的な生命があるのです。

肉体的な生命を経験することによって、生命そのものの本質を捉えること、生命の本質へ目を向けることが、肉体的生命の目的です。

物理的に存在するものは、心理的に存在するものへの踏み台です。これが色即是空の原理です。目に見える形で常識で肯定できる物質は、それをマスターするためにあるのです。

人間は死ぬに決まっているのです。地球はやがて壊滅するのです。どういう形で壊滅するのか。聖書は次のように預言しています。

「今の天と地とは、同じ御言によって保存され、不信仰な人々が裁かれ、滅ぼされるべき日に火で焼かれる時まで、そのまま保たれているのである。

しかし、主の日は盗人のように襲って来る。その日には、天は大音響をたてて消え去り、天体は焼け崩れ、地とその上に造り出されたものも、皆焼き尽くされるであろう」（ペテロの第二の手紙3・7、10）。

恐らく、太陽が大爆発を起こして、地球がその火に呑み込まれてしまうことが想像されるのです。今、太陽が地球を愛しています。太陽は無条件で地球を愛しているのです。これは地球が造られた目的が、太陽を通して地球の物理現象を愛することを示しているのです。太陽という天体現象を通して、地球という物理現象を生かし、育てることが目的です。

育てるということの向こうには、成長して完成するという目的がなければならないのです。地球は現在、ある目的のために存在しているのです。地球は地球のために存在しているのではない。物質的に存在している地球は、物質的に存在している地球であって、地球は必ずしも物質的でなければならないとは言えないのです。

存在するということ自体が、本来霊なのです。物質が存在しているのは、霊なる状態を物柄として証明しているのです。これが物質存在です。

物質が存在するというのは、物質そのものの存在を意味するのではなくて、存在しているという事がらの内容を哲理的に現わそうとするためのものです。

地球が存在することの初歩的段階として、現在物理的に現われているのですが、物理的にある地球というのは、存在の本質を現わすためにあるのです。物理的に存在する地球は、やがて消え去るに決まっています。そうすると、物理的に存在する地球は、根本的に変質するに決まっているのです。

現在、物理的に存在している地球の中に、将来完全な地球として誕生する地球が内在しているはずです。地球の完成目的が、今の地球に含まれているのです。

花が咲いていること、鳥が飛んでいること、蝉が鳴いていること、人間が生きていることの中に、地球が完成することの原理が内包されているのです。その原理を見つめて、物体的に存在する地球をアウフヘーベンするような思想を持つことができる者だけが、永遠の命に与ることができるのです。

この地球がどのように完成するのか。地球は将来完成された地球において、人間はどのような責任を持つべきか、どのような仕事を分担すべきなのか。これを勉強することが、人間の最終的な最高の唯一の目的になるのです。

現世でどんな文明を造っても仕方がない。世界平和を祈っても仕方がない。物理的な地球は必ず潰されるからです。人間は死ぬに決まっているからです。死ぬに決まっている人間や、崩壊するに決まっている地球を当てにして、現在の学校教育や、宗教的な思想が存在しているのです。現世を認めることが永遠を認めないことです。人間は現世と永遠とを同時に認めることはできません。

現世の生活はプロセスとして存在するものであって、現世そのものが目的ではないのです。過程的なもの、一時的なものとして現世を見るならいいのですが、現世が人間存在の目的ではないのです。

現世の政府は現世の社会制度を堅固にすることが目的です。日本の法律は現在の生活を守ること、現在の国や組織、形態を守ることを第一義にしているのです。

ところが、天皇制はそれを第一義にしていない。

「君が代は
千代に八千代に
さざれ石の
巌となりて
苔のむすまで」

これは永遠です。永遠を目的としているのです。天皇制の目的論は天壌無窮《てんじょうむきゅう》であって、永遠を求めること、永遠であることが天皇制の特徴です。従って、天皇制を認めるとすれば、現世の人間の政治状態、教育状態が成立しないことになるのです。

ところが、日本の政府は昭和十六年から二十年にかけて、天皇制の名においてキリスト教を弾圧したのです。刑務所で殺された牧師も多数いたのです。全くばかなことをしたのです。

現代文明は人間の目的、地球の目的、文明の目的を持っていません。国家組織が目的を持っていないのです。文明構造が理想を持っていないのです。

文明の理想は世界平和です。こんな低劣なことが文明の理想であるということが、文明が肉の思いであることを暴露しているのです。

人間自身の手製による文明理論を展開して、一時的な人間の平和、事なかれ主義の平和を実現することが、文明の目的です。

ところが、地球存在は混乱することによって、人間社会の進歩があるのです。それを事なかれ主義で押さえつけようとすれば、文明も社会も停頓してしまうのです。これが宗教の目的です。

地球という奇妙な物理構造が存在している。地球という物理構造が宇宙に存在しているということは、奇蹟というよりもハプニングというべきものです。

大体、地球という物理構造、物体現象が太陽系宇宙に存在するということが不思議です。また、太陽系という妙な宇宙が存在することが不思議です。

詩篇十九篇の四節に、「その響きは全地にあまねく。その言葉は地の果てにまで及ぶ。神はかしこに帷幄《あげばり》を日のためにもうけたまえり」とあります。

かしこにとはあそこにということです。帷幄というのはめったに使われない言葉です。これは大きい戦争をする場合の大本営のことです。

天に帷幄が設けられたというのは、地球が存在すること、太陽系宇宙という特殊な物理的宇宙が存在することが、神の大本営になっているのです。神の宇宙経営の大本営です。

これは英語ではタバナクル（tabernacle）となっています。これは幕屋という意味です。帷幄という言い方は英語にはありません。帷幄というのは、柵をめぐらし、のきを渡して布帛《ふはく》で覆った仮小屋です。

参謀の戦略の根本原理はここで決定されるのです。部分的な勝った負けたを決める所ではない。全体的な戦略、戦術を決定するのが帷幄です。これはタバナクルというただの幕屋とは違うのです。

これについてパウロは次のように書いています。

「しかし、キリストがすでに現われた祝福の大祭司として来られた時、手で造られず、この世界に属さない。更に大きく、完全な幕屋を通り、且つ、やぎと仔牛との血によらず、ご自身の血にとって、一度だけ聖所に入られ、それによって、永遠の贖いを全うされたのである」（ヘブル人への手紙9・11、12）。

手で造られない、この世界に属していない、更に大いなる完全な幕屋とあります。これが帷幄の意味です。

太陽系宇宙は現在の宇宙に属していないと書いているのです。現在の銀河系の宇宙に属していないのです。この世に属していないのです。この世とは現在の宇宙構造のことを言っているのです。

太陽系の宇宙は特殊な宇宙であって、現在の宇宙構造に属していないのです。現在の宇宙構造は原則的には星雲です。ガス体の集まりです。分子の集まりであって、絶えず離合集散を繰り返しているのです。

太陽系宇宙は単なる分子の集まりとは違います。海があり、陸があるという不思議な宇宙です。万物が生育している。生命現象に満ち満ちている。こんな宇宙は太陽系以外には何処にもないのです。

地球には天地森羅万象という奇妙なものがある。これがタバナクルです。太陽系宇宙という幕屋です。この天地森羅万象が神の永遠の計画の原点を示しているのです。

これが初めに神が天と地を造ったということを受けているのです。初めに神が天と地を造ったという言葉がスタートラインです。

初めに神が天と地を造ったという悠遠無双の大構想が、旧約聖書の創世記第一章の冒頭に書かれている。初めに神が天と地を造ったのは何のためか。何の目的においてなのか。また、その完成はどうなるのか。これが太陽系という帷幄において証明されているのです。

初めに神が天と地を造った。絶対者がこの宇宙に存在する。絶対者の意志によって宇宙が活動を開始した。

その受け皿というべきもの、または目的論的な終点、終末、完成の状態が、手にて造らないこの世界に属していない、更に大いなる幕屋です。イエスはここを通ったのです。イエスはここを通って血を流したのです。これによって、宇宙の矛盾がきれいに洗われたのです。

私たちは宇宙の矛盾を洗うためではなくて、私たち自身の誤解、考え違いを根本的に修正するために、イエス・キリストと同じように血を流さなければならないのです。

血を流すとはどういうことか。イエスが血を流したのは、十字架にかかったということではない。十字架にかかって血を流したというのは、終末的な意味における象徴です。

十字架の血というのは、イエスの全生涯を象徴しているのです。ところが、イエスは自分自身の毎日の生活で、血を流していたのです。

これについてイザヤは次のように書いています。

「彼にはわれわれの見るべき姿がなく、威厳もなく、
彼は侮られて人に捨てられ、
悲しみの人で、病を知っていた。
また、顔を覆って忌み嫌われる者のように、
彼は侮られた。われわれも彼を尊ばなかった。
まことに彼はわれわれの病を負い、
われわれの悲しみをになった。

しかるに、われわれは思った、
彼は打たれ、神にたたかれ、苦しめられたのだと、
しかし、彼はわれわれのとがのために傷つけられ、
われわれの不義のために砕かれたのだ。
彼はみずから懲らしめをうけて、
われわれに平安を与え、
その打たれた傷によって、
われわれはいやされたのだ。
われわれはみな羊のように迷って、
おのおの自分の道に向かって行った。
主はわれわれのすべての者の不義を、
彼の上におかれた。
彼はしいたげられ、苦しめられたけれども、
口を開かなかった。
ほふり場にひかれて行く小羊のように、
また毛を切る者の前に黙っている羊のように、
口を開かなかった。
彼は暴虐な裁きによって取り去られた。

その代の人のうち、誰が思ったであろうか。
彼はわが民のとがのために打たれて、
生けるものの地から断たれたのだと。
彼は暴虐を行わず、
その口には偽りがなかったけれども、
その墓は悪しき者と共に設けられ、
その塚は悪をなす者と共にあった。
しかも彼を砕くことは主の御旨であり、
主は彼を悩まされた」（イザヤ書53・2〜10）。

このようにイエスは、毎日の生活で血を流していたのです。これを私たちもしなければならないのです。ところが、毎日の生活で血を流そうとしないことに、宗教制度、学校制度は悪いのです。血を流すことを最も嫌うのです。血を流さないようにしているのが、近代文明、現代文明の本質です。血を流すことを拒むのです。血を流すというのは、現世の生活において不自由を感じることです。悲しみをこらえるのです。矛盾を呑んでしまうこと、我慢をすること、苦しみを乗り越えることです。

人間の現世における生活は水と血です。肉体は水です。苦しさと悲しみ、喜びは血です。喜怒哀楽は人間の肉体生活における血です。これを流すのです。これが聖書を信じることです。

現世における人間生活は、喜びとか楽しみという形で、血をわかす面がある。また、悲しみ、苦しみという意味で血を流す面がある。血をわかす面と血を流す面と、両方が人生にはあるのです。私たちは血をわかすために生きているのではない。血を流すために生きているのです。

神は恵みに富みたもうお方です。人間が肉体生活を続けることによって、喜びや楽しみを味わうことを認めてはいますが、それが目的ではありません。

肉体的に人間が生きていることは、血を流すことが目的です。悲しみを通りこすこと、苦しみや悲しみによって闘うことが目的です。

自分自身の精神的な矛盾は罪を味わっているのです。罪と闘うことが人間が生きている目的です。欲を忘れて、矛盾を消すのです。我を忘れて暑さを消すのです。

罪と闘って血を流すことが、私たちがこの世に生まれてきた目的です。罪と闘って血を流すと、自分自身の生活の中で死を味わうことができるのです。悲しいこと、苦しいこと、寂しいこと、辛いことを呑んでいく。これが血を流すことです。

特に男はこれをしなければいけない。これをしなければ、男はちりに帰れないからです。ちりに帰ることができない男は、一切救われません。ちりに帰る男だけが救われるのです。

女は現世で男の下積みになって苦労してします。女の人は男の中に入るということだけで許してもらえるのです。男は何処に入るのかというと、キリストの中に入るのです。キリストの中に入る男だけが救われるのです。そして、キリストは神の中に帰るのです。これが新天新地の構想です。

これを実現するためには、まず女が男の中に帰らなければならない。男がキリストの中に帰るためには、男は女にならなければならないのです。女が男の中に入ると、男が女になれるのです。女になった状態で、今度はキリストの中に帰るのです。これが、キリストとその教会の組織になるのです。

現在の地球には森羅万象が溢れています。これが神の約束です。生命現象が地球に一杯溢れている。これが神の約束です。この原点がコビナント（covenant）です。人間がこの約束を受け取るとプロミス（promise）になるのです。

コビナントは神が一方的に人間に与えようとしている決心です。エバーラスティング・コビナント（everlasting covenant）が創世記の九章に使われている。これが虹の契約です。

エバーラスティング・コビナントを永遠の契約と日本語で訳しています。永遠の契約が地球現象です。これが虹です。虹ですから、物理的に存在していません。本当の空即是色はここから出てきているのです。

宇宙構造における空即是色は、空が色になっている。これは虹の契約を了承して、しっかり学ばなかったら分からないことです。

般若心経だけ読んでいても、空即是色の意味は分かりません。色即是空、空即是色というのは、ノアの洪水の後に現われている地球現象を指しているのです。洪水までの地球現象と、洪水以後の地球現象とでは、全然違ったものになっている。こういうことを根本的に弁えなければ、神の計画の原理が分からないのです。

21. 九福

新約聖書の山上の垂訓（マタイによる福音書五章から七章）に、九福と言われるものがあります。ここに幸いであるということを、次のように九つ言っています。

「心の貧しい人たちは、さいわいである。
天国は彼らのものである。
悲しんでいる人たちは、さいわいである。
彼らは慰められるであろう。
柔和な人たちは、さいわいである。
彼らは地を受け継ぐであろう。
義に飢え乾いている人たちは、さいわいである。
彼らは飽き足りるようになるであろう。
あわれみ深い人たちは、さいわいである。
彼らはあわれみを受けるであろう。
心の清い人たちは、さいわいである。
彼らは神を見るであろう。

平和を造り出す人たちは、さいわいである。

彼らは神の子と呼ばれるであろう。

義のために迫害された人たちは、さいわいである。

天国は彼らのものである。

私たちのために人々があなたがたを罵り、また、迫害し、あなたがたに対し偽って様々な悪口を言う時には、あなたがたはさいわいである。

喜び、喜べ、天においてあなたがたの受ける報いは大きい。あなたがたより前の預言者たちも、同じように迫害されたのである」（マタイによる福音書5・3〜12）。


幸いであるという条件を一つひとつ見ていきますと、現世的に言えば幸いではないことばかりです。現世的にいうと、自己滅却、または、自己否定、自己規制に属することばかりを述べているのです。

自分を無視することが幸いということの基本前提になっているのです。そうすると、幸いということの本当の基準は何なのかということです。

皆様がもし幸いな人間になりたいなら、この中のどれでもいいですから、一番あうものを一つ自分の特長として持って下さい。どれでも好きなものを選んだらいいのです。

最後の箇所は私たちに共通の状態になるでしょう。現在の社会的な常識を基準にしたら、私たちを罵るとか、様々な悪口を言うことはあるでしょう。

日本は幸か不幸か、無宗教、無霊魂の国です。日本人は霊魂のことを全然考えません。これは最も劣悪な国です。そういう国ですから、私たちを罵るとか、迫害すると言っても、大したことはありません。ただ口先だけで、悪口を言う程度のものです。

ところが、日本以外の国で、私たちの思想を明らかにいうと、さんざん罵られ、迫害されるでしょう。

そこで、幸いということの原理ですが、幸いとは何か。幸いとは「さ」と「いわい」からできています。つまり、祝うことです。

「さ」とは何かと言いますと、日本のことを言霊《ことだま》のさきわり国と言います。さきわりとさいわいとは関係があるのです。さきわりとはさきいわうということです。

言霊のさきわいとは、言についてのあり方が盛んであって、それによってお互いを祝い合うということです。さきわいとは咲き合うという意味もあるのです。お互いに話の花が咲くのです。これは咲きわいです。話し合うことによって、だんだん祝い合うことになるのです。

さきわうとは咲き競うという意味もあるのです。お互いに咲きあって、だんだん満開になるのです。

さいわいの「さ」とは、先にという意味もあるのです。今日の幸福を意味するのではなく、先の幸福を意味するのです。来るべき未来を祝うという意味が一つあります。

また、現実的に考えまして、例えば、十人の人が話し合っているとしますと、自分の気持ちを先に立てようとしないで、人の気持ちを立てようとする。これが先を祝っているのです。

また、甲と乙が話し合っている時に、甲が乙を祝うような態度で話をするのです。甲にとって乙は先です。相手方が先様です。相手方を祝うのです。相手を褒めるのです。そうすると、それがその人の幸いになるのです。

これをもっと大きく言いますと、さいわいの「さ」とは人間の相手の神です。魂の相手方は神です。甲と乙が対話をしている場合、甲から見て乙は実は神です。神が乙という形になって現われているのです。

自分を虚しくして、先を祝うという心理状態になると、これが愛になるのです。

九つの条件を見て下さい。皆先を祝っているのです。自分を否定しているのです。自分を無視するのです。自己批判であり自己滅却です。そういう状態が幸いです。神を祝っているからです。そこで、「悲しむ者は幸いである。慰められるからである」とあります。お返しが来るのです。お返しが来ることを幸いだと言っているのです。

神を祝い、人を祝い、他人を祝うから、そのお返しが帰ってくるのです。先を祝えばお返しがやってくる。お祝いを先に配るからです。

普通の結婚式なら、結婚をする方がお祝いをもらいます。そして、お返しをしますが、神と人との関係は先に祝うのです。そうすると、お返しがくるのです。

「悲しむことは幸いである」とあります。自分の肉性を悲しむことです。自分の肉性は何とも困ったものです。この肉性をもって大いなる福音を担っていかなければならないことは辛いことです。

肉性を乗り越えなければいけないのです。肉性をクリアーしなければ、福音の本義を全うすることはできません。肉性を立てれば福音が立たなくなるのです。この矛盾があるのです。自分のことをまず悲しみますが、同時に、現在生きている人たちのことが本当に悲しいのです。やがて滅ぼされるに決まっているからです。それなのに、平気な顔をして生きている。第三の天に生命の根源があることを全然知らないのです。

現在、現象世界に人間が生かされていることは、第三の天の命がそのままこの地上に反映しているのです。キリストが神の右で祈っていることが、そのまま現世に反映している。そこで、人間がのんびり生活できるのです。

もしキリストが第三の天において祈っていなければ、人間の生活があるはずがない。こんなに人間を優遇するはずがないのです。

人間の代表であるイエスは、神を祀ることに成功したのです。神を祀ることに成功したので、神がイエスを祀ったのです。もろもろの名に勝る名を与えるというやり方で、彼を祀ったのです。これが今の人間が神の顧みを受けている原因です。

神がイエスを祀っているから、豊富な食物が食べられるのです。神はすべての人をイエスと見なしているからです。

イエスは「我すでに世に勝てり、汝ら恐れるな」と言っています。イエスは人類と自分とを一つに考えて勝ったのです。イエスが勝ったことが、我々の勝利として神に映っているのです。だから、人間はこんなに呑気に暮らしていけるのです。

人間はこのことを知らずに、自分には生きる権利があると考えている。これはイエスに対する甚だしい冒涜です。人間は自分で勝ったのではない。イエスが勝ったのです。彼がキリストとされたからこそ、私たちに現在のような生活があるのです。

生活を楽しみ、レジャーを楽しみ、恋を楽しむことができるというのは、破天荒の恵みです。しかし、栄光をキリストに帰していない。自分が幸いになる資格があると思っている。自分が恋愛をする資格があると思っている。結婚する資格があると思っている。これはとんでもない間違いです。

皆様は神の子としての暮らしと、人の子としての暮らしを神に許されている。神は黙って許している。この神の処置を人間は無視しているのです。

今人間がこうして生きていられるのは、第三の天のキリストの祈りの反映です。そうでなければ、肉の思いで一杯の人間が、生きていられるはずがないのです。キリストをキリストとしない者、神を神としない者を、なぜ養わなければならないのでしょうか。

かつて、イエスが一人勝ちを得たからです。そして、モーセの十戒の原則が貫かれているのです。一人勝ちを得たら、子孫千代にまで恵みを施すと神が言ったからです。この言葉が生きているのです。

神はこの言葉を裏切りません。二枚舌は使いません。

イエスは新しい人類の始祖でした。終わりのアダムであり、初めの人だったのです。先祖一人が神の前に義を全うした。そのために、子孫千代、全人類が全部義とされているのです。

一人が義を全うしたために、全人類が義人と見なされて、神の前に生きる資格がある者とされたのです。そして、豊かな衣食住を提供されているのです。これを神の恵みと言わずに何と言ったらいいのでしょうか。

本当は最近のように天候不順の状態ですと、大飢饉になって騒いでいる時です。本来なら、日本全体が苦しまなければならないのに、世界全体が助け合うという相互扶助の経済機構があるために、経済危機をお互いに乗り越えられるようになっているのです。

これは一体祝福というべきなのか、災いというべきなのか。こういう文明を神が許していると いう点では祝福です。そのために、いよいよ神を疎かにしているという点では誠に災いです。飢饉があり餓死者が出る方が、人間は真剣に生きて、考えるようになるでしょう。神を賢み恐れることができるでしょう。

今は各国の相互援助によって、そういうことが起きないようになっている。末の時代になればなるほど、自我を主張して、人間の権利を乱用しているのです。

人間の文明の発達は、人間の権利の乱用です。神を崇めて文明を発達させるのならいいのですが、神を崇めないで文明を発達させると、この反動が恐ろしい状態になって現われてきます。

これが大艱難時代です。未曾有の大災害が、人類を容赦なく襲うでしょう。その時、ユダヤ人が初めて間違っていたことに気がつくのです。

イエスはザ・キング・オブ・キングスです。王の王であったが、政治家でもあったのです。宗教家ではなかったのです。ザ・キング・オブ・キングスは政治家であることを意味するのです。

やがてイエス・キリストは歴史の中心に下りてくるでしょう。そうして、世界全体を治めるのです。その時、人々は災害や病気、争いが全くない、千年間の絶対平和を体験するでしょう。そうして、心から本当の幸せを味わうことができるのです。

22. 三次元の世界

現在の三次元の世界は、悪魔の反逆のために神が造ったものであって、三次元の物体は物ではなくて肉です。存在ではなくて仮存です。存在というべきものではなくて、仮にあるものです。

そこで、このような世界を造って、これを現象と見るか、非現象と見るかによって、神に見方をするか悪魔に見方をするかを、神が判定しようと考えたのです。

悪魔は果たして、三次元の現象世界を実体だと考えたのです。そうして、自分は淵の表の王であるはずだと考えた。そこで、彼は現世の王となるために人間をたぶらかしたのです。

人間は現世における最高の創造ですが、それを自分の弟子にしてしまえば、悪魔が現世の王になるのです。悪魔はこの手をうったのです。現世が実体だと思えたからです。

悪魔は現世を押さえてしまえば、自分の勝ちだと考えた。現世を押さえた者は神に勝つと考えたのです。現世を信じた者、現世に権威をはった者は、神に勝てると考えたのです。

ところが、イエスはそう考えなかったのです。現世は仮存在である。だから、現世に対する神の処置を変えるくらいの信仰を持つ者こそ、勝てるのだと考えた。

悪魔は現世に勝てないと考えた。イエスは現世に勝てると考えた。事々物々に勝てると考えたのです。現象は幻ですから、勝たなければ信仰ではないと考えたのです。

イエスは言っています。

「もし、からし種一粒ほどの信仰があるなら、この桑の木に、『抜け出して海に植われ』と言ったとしても、その言葉どおりになるであろう」（ルカによる福音書17・6）。

桑の木は抜け出して海に植われるはずがない。桑の木の根は縦横に曲がりくねっていて、土をしっかり抱いるのですから、桑の木が抜けるはずがないのです。仮に抜けた所で、海に植わるはずがないのです。

聖書に次のような記事があります。

「イエスがまた舟で向こう岸へ渡られると、大勢の群衆が御元に集まってきた。イエスは海辺におられた。

そこへ、会堂司の一人であるヤイロという者が来て、イエスを見かけると、その足元にひれ伏し、しきりに願って言った、『私の幼い娘が死にかかっています。どうぞ、その子が治って助かりますように、お出でになって手をおいてやってください』。

そこで、イエスは彼と一緒に出かけられた。大勢の群衆もイエスに押し迫りながら、ついて行った。

イエスが、まだ話しておられるうちに、会堂司の家から人々が来て言った、『あなたの娘は亡くなりました。この上、先生を煩わすには及びますまい』。

イエスはその話している言葉を聞き流して、会堂司に言われた、『恐れることはない。ただ信じなさい』。

そして、ペテロ、ヤコブ、ヤコブの兄弟ヨハネの他は、ついて来ることを誰にもお許しにならなかった。彼らが会堂司の家に着くと、イエスは人々が大声で泣いたり、叫んだりして、騒いでいるのをご覧になり、内に入って、彼らに言われた、『なぜ泣き騒いでいるのか。子供は死んだのではない。眠っているだけである』。

人々はイエスをあざ笑った。しかし、イエスはみんなを外に出し、子供の父母とともの者たちだけを連れて、子供のいる所に入って行かれた。そして、子供の手を取って、『タリタ、クミ』と言われた。それは、『少女よ、さあ起きなさい』という意味である。

すると、少女はすぐに起き上がって、歩き出した。十二歳にもなっていたからである。彼らはたちまち大変な驚きに打たれた。

イエスは誰にもこの事を知らすなと、厳しく彼らに命じ、また少女に食物を与えるようにと言われた」(マルコによる福音書5・21〜24、35〜43)。

現象的に全く不可能なことができると信じるのが信仰です。三次元世界においては当然できないことです。死んだ娘は耳が聞こえないはずです。それに向かって物を言うのです。

イエスは娘が死んだとは考えなかった。眠っていると考えた。人間的に考えたら無茶苦茶です。イエスは死んでいるという客観条件をあえて無視したのです。死んでいるのではない。眠っているのだと考えた。そう考えた時に、そうなったのです。イエスがそう考えた時に、そうなったのです。

娘の手を取って娘に呼びかけた。「娘よ起きなさい」と言って起こしたのです。そうしたら霊が帰ってきたのです。

娘は聞こえなかったけれど、娘の霊は聞こえたのです。だから、霊が帰ってきたのです。娘の耳は聞こえなかったが、霊の耳には聞こえたので、霊が帰ってきたのです。

死者の霊は死骸から出るのです。ところが、イエスはその霊に向かって呼びかけた。この信仰です。イエス・キリストの信仰はこれです。

イエスは言った。「私は甦りであり、命である。私を信じる者は、たとい死んでも生きる。また、生きていて、私を信じる者は、いつまでも死なない」(ヨハネによる福音書11・25、26)。

甦りというのは現在の命を初めから否定しているのです。イエスは現世に生きている大工の青年である命を否定していたのです。

イエスは現世に対しては、初めから死んでいた。そして、神に生きていた。現世に対して、初めから死んでいるとイエスは考えていた。そうして、神に向かって生きていた。これは甦りです。

私は甦りであり、命である。イエスは十字架にかかって復活するはるか前にそう言っているのです。十字架にかかる前です。死んで復活して甦りというのなら分かるのですけれど、十字架にかかる前に、私は甦りであると言っている。これを考えて頂きたいのです。

皆様は三次元の現象世界を絶対だと思っています。天地万物、森羅万象が本当にあると思っているのです。

目に見える現世は幻だということが分からないのです。自分の肉体があるということ自体が、色即是空であって、嘘です。こんなことは般若心経にも書いてあるのです。

現在、私たちが見ている山川草木は嘘です。色即是空です。自分自身の肉体も実在していないのです。仮存しているのです。仮に存在しているだけです。

私たちは毎日、般若心経をあげたらいいのです。般若心経をまずマスターしなければ、十字架はとても信じられません。

般若心経が了得できない者は、十字架が信じられるはずがないのです。色即是空が信じられない者は、十字架がどうして信じられるでしょうか。

色即是空は前篇です。十字架は後篇です。こういう順序になっているのです。

現在の地球存在は、このまま存在していても何の意味もありません。信仰ということは現象を信じないと同時に、全能者の腕を動かすことができると確信することです。

ただ現象を信じないだけなら、色即是空を信じるだけで終わりです。これでは信じたとは言えないのです。全能者のかいなを動かす、大能のかいなを動かすのです。これが信仰です。

これは般若心経にはありません。何処にもありません。これは宗教の世界にはないのです。ヨシュアはヨルダンの水を止めたのです。モーセは紅海の波を裂いた。しかし、死者を甦らせなかったのです。これはイエスが初めてしているのです。命を呼び帰すということを、イエスが初めて行ったのです。これは絶大なる偉業です。

アブラハムがイサクを捧げよと言われた時、神がイサクを必ず甦らせると信じた。神がそれに負けたのです。

アブラハムはイサクが必ず甦ると信じた。なぜなら、イサクは約束によって与えられた子供であるから、神が召し上げてしまうはずがないと確信していたのです。つまり、神の約束を信じていたのです。

現象よりも約束を信じていた。約束は必ずなると信じたのです。これが約束の霊です。この約束の霊が皆様の心に張り付いたら、神の約束は必ず成るという恐ろしい信仰が働き始めるのです。約束は実現するのです。創造者の約束ですから、実現するに決まっています。

創造とは何か。モーセがホレブの山で神に出会った時に、あなたの名前は何ですかと質問した。その時に神は「私は有って在る者」(I am that I am.)と答えているのです。ただのBe動詞が恐ろしいのです。アム(am)が神の実体です。ただのBe動詞です。ただのBe動詞が恐ろしいのです。一番平凡なものですが、一番恐ろしいのです。

Be動詞の処置を変えるのです。死人であるということを変更するのです。死人であるということを、生きる人間であると変更するのです。であるという状態を変更するのです。

イエスはこれをしたのです。モーセも海であるという状態を陸であるという状態に変えたのです。モーセのやり方は華々しく見えますが、一人の人間を甦らせたということには到底及ばないのです。太平洋の波を裂くよりも、一人の人の魂を生き返らせる方が重大です。

旧約時代には、モーセやエリアによって物理的な意味での信仰はなされていたのです。エリアでもしていました。物理的な意味で神の手を動かした人はいましたが、命理的な意味で神の手を動かした人はイエスが初めてです。

イエスは新しい命を創造したのです。死んでいる人間を生き返らせたのです。これは新約の復活ではありませんけれど、新約の復活への前提条件となるべきものだったのです。

この娘は生き返りましたが、また、死んだに決まっています。何十年かの後に、この娘は死んだのです。ベタニアのラザロも生き返ったが、また、死んだのです(ヨハネによる福音書11・1〜44)。

ところが、イエスが復活した後の甦りの命を信じる者は、絶対に死なない。永遠に死なないのです。これをよく承知して頂きたいのです。

大体、現世に生きていることが幻です。幻ですから、現世から去ることは死を意味しないのです。幻の世界から霊の世界へ帰るだけのことです。これは死ぬのではないのです。

私たちは今、幻の世界にいます。幻の事がらを見ているのです。だから、利害得失、善悪を信じたらいけない。現世のできごとを、自分の気持ちで信じたらいけないのです。

命に関する神の処置を曲げるということができなければ、人間は救われないのです。私は生ける神の子キリストであるという以上、命に関する神の処置を曲げることができなければ、キリストであるという証が嘘になるのです。

イエスはここで、私は生ける神の子キリストであるという言葉に対する証をしている。これがキリストの証です。そこで、皆様もキリストの証を持ちたいと思うなら、古い自分はもう死んでいる。再び、甦って新しい命に生きていることを信じて頂きたい。

第二の命に生きていることを信じて頂きたい。生まれながらの命には生きていないと信じるのです。第二の新しい人生に生きていると信じて頂きたい。そうして、新約聖書がそのまま自分の命であると信じて下さい。

自分の気持ちを全く信じないことです。どんな理由があっても信じないことです。新約聖書の言葉を自分の命として受け取るのです。

「私の言葉は命であり霊である」と言ったイエスの言葉のように、イエスの言葉が命です。また自分の霊であると信じることです。

パウロは言っています。

「あなたがたはすでに死んだものであって、あなたがたのいのちは、キリストと共に神のうちに隠されているのです。私たちの命なるキリストが現われる時には、あなたがたもキリストと共に栄光のうちに現われるであろう」(コロサイ人への手紙3・3、4)。

人間は賤しい低い状態でこの世に現われているのですが、これは私たちの本当の命ではないのです。私たちの命はキリストです。キリストが再臨する時に、キリストと共に栄光のうちに現われるのです。

今の命は本当の命ではない。キリストが再臨する時に現われる命、携挙される時の命が本当の命です。

23. 狡猾

陥罪後の人間の中に野の獣の思いが入ってしまった。陥罪以前の人間の中には、野の獣の思いがなかったのです。野の獣の思いがなかったから、へびに騙されたのです。

もし、野の獣の思いがアダムやエバの中にあったら、へびが誘惑してきても、それはおまえの意見だと言えたのです。おまえの意見に従う必要はないとはっきり言えたのです。

アダムは何も言わずに善悪の木の実を食べたのです。そこで、善悪の木の実を食べるとはどういうことか。ここに非常に深い意味があるのです。

自分の命を自覚しない者は、善悪の木の実、即ち禁断の木の実を食べられないのです。従って、火の池には行けないのです。

自分の命を自覚しない者は、火の池へは行けないのです、禁断の木の実を食べられないし、火の池にも行けないのです。神の国へも行けないし、火の池にも行けないのです。神のお付き合いもできないし、悪魔のお付き合いもできないのです。

創世記三章一節の野の獣の狡猾さを味わって、初めて五種類の命（海の魚、空の鳥、家畜、地のすべての獣、地に這うすべてのもの）を、治めることができるのです。

人間は必然的に陥罪しなければならない運命を持っていたのです。

自分の命はないのです。野の獣の命の狡猾さ、へびの狡猾さを十分弁えるために必要なことは、自分は生きていないのに、自分の命があると考えなければならないのです。これが狡猾です。

野の獣は狡猾です。自分の力で生きているのではないにも係わらず、自分の力で生きているような顔をして、餌を食べるのです。これが狡猾です。

神は野の獣に餌を与えている。ところが、彼らは自分で餌を見つけたと考える。それで自分で生きていると考えるのです。こういう考え方が狡猾です。

生きる力もないものが、自分の力で生きていると考えるのは、傲慢であり、曲解でもあるのです。また、錯覚でもあるのです。自分の命がないのに、あるように考え生きている。これを狡猾というのです。

自分が生きているという人間の意識全体は、全部狡猾です。ユダヤ人は狡猾の代名詞です。狡猾の先端を行くのがユダヤ人です。

私たちはこの狡猾を滅ぼすために、ユダヤ人と接触するのです。そのためにはまず、自分自身の狡猾が消えてしまわなければ、ユダヤ人の狡猾を消すことはできないのです。狡猾どうしが喧嘩してもだめです。ユダヤ人を説得する必要はありませんし、説得しても意味がないのです。

自分が生きているという意識を完全に放棄することです。これができなければ救われません。自分が生きているから、自分が理解しなければならない。自分が信じなければならない。自分が救われなければならないと考えることは狡猾です。

自分が理解しなければならない。自分が信じなければならない。自分が先生になりたいと考える。これが狡猾です。

聖書が分からなければならないと言っているのではない。自分の根性を捨てなければいけないと言っているのです。分からなければいけないというのは難しいでしょう。しかし、捨てることなら誰でもできるはずです。それをしないから私は叱るのです。

この感覚を理解してもらいたいのです。私は何も新しいことを教えられたのではないのです。人間の中にある根性を捨てただけです。捨てただけであって、分かったのではないのです。

人間の中にある狡猾な根性を捨てただけです。自分の狡猾さを自分で捨てるのです。自分で生きているという意識を極度に警戒するのです。自分が分からなければならないとか、自分がどうかならなければならないと考えることが狡猾です。

そういうことを考えること自体が狡猾です。これは悪魔のレベルです。自分はいないのです。強いて言えば、五種類の命が一つに固まっている者を、人間というのです。

ですから、人間というものが特別にあるのではない。五種類の生き物を管理する形で、五種類の生き物と、もう一つの思いがワンセットになっている。これがあるだけです。これが人間です。人間は五種類の命の頂点にいるだけのことです。ですから、人間存在という事実が特別にあるのではないのです。

イエスが荒野において、獣と一緒にいたのは当たり前です。獣も虫けらも魚も鳥も、イエスと一緒にいたのです。そこで、命には自ら意識を持っていない命と、自ら意識を持っている命があるのです。同じ生き物でも、海の魚と空の鳥は自ら意識を持っていないのです。家畜も自ら意識を持っていない。持とうとしないのです。

野の獣と虫けらは意識を持っているのです。野の獣はユダヤ人の雛形です。虫けらは異邦人の雛形です。

命は思いになって現われる。これが第一創造のあり方です。ところが、第一創造でない命がもう一つあるのです。これが植物です。植物の命は自ら意識しないのです。植物は命はありますが、動物との違いはどこにあるのかと言いますと、動物は自ら意識するのです。自分の意志で勝手に動くのです。植物は命を意識しないのです。

植物は自分で動かない。自分で意識してはいけないのです。一切を神に任せているのです。枯れようが花が咲こうが、折れたら折れたまま、一切を神に任せるのです。自分自身で毀誉褒貶を一切考えないのです。

動物は利害得失を考えるのです。これが禁断の木の実です。そこで、人間は禁断の木の実を食べにくるものを叩かねばならないのに、自分が先頭に立ってそれを食べているのです。

これはレベルの高い話ではありません。創世記の原点で、当たり前のことなのです。

第六の思いは五種類の命を思いに振り替えて、それを自分の思いとして理解するだけでなくて、これを取捨選択してコントロールすることができる思いです。そうすると、五種類の命が全部救われるのです。私たちの中にある五種類の命がコントロールされると、それが皆救われるのです。そして、私のハートが世々限りなく王となるのです。

今私たちは本当の世代に生きているのではないのです。肉体的に生きている人間の世代というのは、試みられている世代であって、本当の世代ではないのです。

イエスは次のように言っています。

「また天国はある人が旅に出る時、その僕どもを呼んで、自分の財産を預けるようなものである。すなわち、それぞれの能力に応じて、ある者には五タラント、ある者には二タラント、ある者には一タラントを与えて、旅に出た。

五タラントを渡された者は、すぐに行って、それで商売をして、他に五タラントを儲けた。二タラントの者も同様にして、他に二タラント儲けた。しかし、一タラントを渡された者は、行って地を掘り、主人の金を隠しておいた。

時が経って、これらの僕の主人が帰ってきて、彼らと計算を始めた。すると、五タラントを渡された者が進み出て、他の五タラントを差し出して言った。『ご主人様、あなたは私に五タラントをお預けになりましたが、ご覧のとおり、他に五タラントを儲けました』。

主人は彼に言った、『良き忠実な僕よ、よくやった。あなたはわずかなものに忠実であったから、多くのものを管理させせよう。主人と一緒に喜んでくれ』。

二タラントの者も進み出て言った、『ご主人様、あなたは私に二タラントをお預けになりましたが、ご覧のとおり、他に二タラント儲けました』。主人は彼に言った、『良き忠実な僕よ、よくやった。あなたはわずかなものに忠実であったから、多くのものを管理させせよう。主人と一緒に喜んでくれ』。

一タラントを渡された者も進み出て言った、『ご主人様、私はあなたがまかない所から刈り、散らさない所から集める酷な人であることを承知していました。そこで、恐ろしさのあまり、行って、あなたのタラントを地の中に隠しておきました。ご覧ください。ここにあなたのお金がございます』。

するると、主人は彼に答えて言った、『悪い怠惰な僕よ、あなたは私がまかない所から刈り、散らさない所から集めることを知っているのか。それなら、私の金を銀行に預けておくべきであった。そうしたら、私が帰ってきたら、利子と一緒に私の金を返してもらえたであろうに。さあ、そのタラントをこの者から取り上げて、十タラントを持っている者にやりなさい。おおよそ、持っている人は与えられて、いよいよ豊かになるが、持っていない人は、持っているものまで取り上げられるであろう。

この役に立たない僕を外の暗い所に追い出すがよい。彼はそこで泣き叫んだり、歯がみをしたりするであろう』」（マタイによる福音書25・14～30）。

ここに非常に大きい意味があるのです。これを読んだら分かりそうなものですが、五タラントを預けられた者は、すぐに行って商売をしたと言っているのです。すぐに行って商売をしたというのは、現世に生きていることを意味するのであって、現世に生きていることにおいて、商売をしなければならないのです。現世から離れて商売をしたらだめです。現世に生きているというペースが、そのまま五タラントを掴まえる秘訣になっているのです。

今の皆様の家庭のあり方はどんな状態であるのか。そこで、五タラントを掴まえるのです。私の職場が悪いとか、私は病気であるからできないと言ってはいけないのです。病気なら病気で、五タラントを儲けるのです。訳の分からない主人がいるということが、五タラントを儲ける場所です。そこで、掴まえるのです。

皆様の職場、家庭、健康状態、皆様の親子関係の中に、五タラントがあるのです。そこで、五タラントを儲けるのです。

まず、へびの狡猾さを良く見分けて、野の獣の命、へびの命を自ら捨てるのです。自ら捨てようと思えば、御霊が助けてくれるのです。

神の御心に従って、自分の思いを用いようとすれば、五つの命ではないもう一つの神の命が、助けてくれるのです。御霊の働きが助けてくれるのであって、そこで五タラントが見つかるのです。

この世から逃げてはいけないのです。この世で五タラントを儲けなければいけないのです。命は天にあるのではない。目の前にあるのです。私たちが今生きている場に、五タラントがあるのです。

この世で儲けるのです。これは宗教ではできないのです。死んでから天国へ行くのではないのです。今、ここで、天国を見つけるのです。今、ここで、永遠の命を掴まえるのです。

そのためには、五種類の命だけではだめです。第六の命がなければ、五種類の命を治められないのです。

五種類の命はこの世における生物の命であって、生物の命は自分の命を意識できる命です。本来、第一の創世において、自分の命を自分で意識できるようなものを、神が造ったのはおかしいのです。

自分の命を自分で意識できるというのは、悪魔の命です。神の命以外の命です。そんな者を神が造ったのです。これが、第一創造が不完全であって、本当の創造ではないことを証明しているのです。

もし三日目までの創造で、後が終わりになっていれば、植物の創造だけですから、第一創造は完全です。ところが、四日目に太陽を造り、月を造り、五日目に、鳥や魚を造り、六日目に動物を造った。四日目、五日目、六日目という創造は、やがて潰れる創造です。

三日目までの創造は、潰れないのです。新天新地には木はあります。月に花を咲かせる木はあるのですが、動物はいないのです。

私がお話ししていることは、生きている状態で十分に信じられることです。これがタラントです。タラントはこの世に通用する通貨のことです。人間が現世で生きている間の状態で、神の永遠の生命は確実に掴まえられるのです。

人間が自分の家庭で重荷に感じるようなこと、あるいは、自分の職場で重荷に感じることがあったら、これが狡猾を乗り越えるチャンスになっているのです。

狡猾というのは、自分が生きていると思うことです。命は自分のものだと考えることが、決定的な狡猾の原点になるのです。

動物は自分で生まれてこないのに、また、自分で餌を造っているのでもないのに、自分の命に対して、戦々恐々としています。そういう野の獣の狡猾さというのは、神が造ったのではないのです。神がそういう命があることを、許しているのです。許したのではないが許しているような状態になっているのです。

獣を造ったのは神ですが、獣にそういう意識を与えたのは悪魔です。

悪魔は物を造ることはできませんが、意識を与えることはできるのです。狡猾な意識を与えたのは悪魔です。

神は野の獣に意識を与えることをへびに許したのです。野の獣の中のへびは、最も狡猾であったとあります。これは野の獣の狡猾のあり方の原形を示したのです。原形を示すものがあった。しかも、この場合のへびはスネークではなくて、サーペントでした。輝くものであったのです。輝くものであるへびが、野の獣に狡猾のあり方を示した。そこで、野の獣が狡猾になっていったのです。人間が陥罪したのと同じようなことが、野の獣にもなされたのです。

野の獣の狡猾さというのは、神が狡猾にしたのではないのです。神が狡猾という意識を造ったのではない。闇が造ったのです。

現在の創世というのは、光と闇との二つの力が織り合わさってできているのです。昼と夜がワンセットになってできているのです。

ですから、現世の光の部分は神が造り、闇の部分は闇が造ったのです。何もかも全部、神が造ったのではありません。

心理的な意味で神に呪われるべき命は、神に呪われるべき人格が造ったのです。そういうものの存在を許しているのが、現在の世代の原理です。現在の世代は闇の存在を認めているのです。

だから、今の地球、今の世界は仮の世界であって、これは神の国ではないのです。神の国もありますが、地獄もあるのです。光もあるが闇もあるのであって、私たちは光と闇が混在している世界をまともな国、神の国だと思ってはいけないのです。

この世界の中から、光の部分と悪の部分とを選り分けて、受け止めることが必要です。これができる者だけが救われるのです。

光と闇を選り分けることができない者、肉と霊とを選り分けることができない者は、死んでしまうしかないのです。

皆様は自分の生活で、肉と霊とを選別する能力を持つようにしなければいけないのです。肉と霊とを選り分ける力を与えられた者だけが、霊の思いの中へ進んでいくことができるようになる。そういう者だけが救われるのです。できない者は救われないのです。

できる力が自分にあるのかないのか。あるかないかではありません。そうなりたいと思うか思わないかで決まるのです。光と闇とを選り分ける人格になりたいと思うなら、誰でもなれるのです。

自分という根性を持っている人は、一切だめです。自分が救われたいとか、自分が分かりたいということを問題にせず、ただ黙って神の導きに従えばいいのです。そういう素直さがある人だけが救われるのです。イエスに従える者だけが救われるのです。自分が救われようと絶対に思ってはいけないのです。

自分という気持ちそのものが、野の獣の狡猾さです。自分がというのがいけないのです。自分という意識から一切離れることです。ばかみたいに素直になるのです。

人間の心臓が動いていること、目が見えることが霊です。人間の思いはすべて闇から来ているのです。心臓が動いている。目が見えるという生理的事実は、光から来ているのです。思いはすべて闇からです。現象的な思い、現実的な思いは皆肉です。

ところが、心臓が動いていること、目が見えること、歩いていることは光から来ているのです。この故由を心得て、光と闇とを分けていくのです。自分で自分の魂を清めていくのです。これができる者は、五つの思いになって、自分の中にある五つの生き物を治めることができるのです。命を治めることができるのです。

闇が無ければ光は分かりません。だから、肉とか闇とかを無視してはいけないのです。かといって、認めてはいけないのです。無視しないで、これを利用するのです。

肉や闇に自分が押さえ込まれてしまっていれば、これはだめになります。皆様にとって大切なことは、自分の家庭生活で、また、夫婦生活で、へびの狡猾さに負けないことです。

狡猾というのは、自分の命がありもしないのに、自分が生きていると考えることです。自分の面子とか、自分の自尊心とか、自分の経験とか、自分の意見とか、自分の立場とかを認めようと考える。これがいけないのです。

野の獣をぼろくそに言っているのではない。皆様の中にいる獣のことを言っているのです。人間は無意識に獣に同調しているのです。

人間は月を見ている時には、自分の純粋性を見ているのです。どんな泥棒でも月を見ている時には、泥棒のことを考えないのです。

目が月を見ているというのは、人間が月を見ているのではないのです。なぜなら、目は人間に植えられたものであって、人間自身の主観的な機能とは違うのです。これは純粋に魂の本性を指しているのです。

月を見るという能力は、そのまま未生以前の能力です。臨済禅で一番難しい公案は、「生まれる前の父を見る」ということです。

「闇の夜に鳴かぬ烏の声聞かば、生まれる先の父ぞ恋しき」という禅の歌があります。山田無文さんはこれが分からなかったので、ぼけたのです。

観自在というのは、初めからあったのを見ているのであって、この世に生まれるよりもっと前、地球ができる前、この宇宙にビッグバーンが始まる前を見ているのです。これを見ること、即ち、観自在菩薩になることが、人間の絶対的な責任です。

生まれる先の父ぞ恋しきです。目が見えるということが、生まれる前の機能性を意味しているのです。生まれる前に霊魂の本質が植えられた。霊魂の本質は神の言《ことば》です。言が植えられたのです。

言が肉になる前に、まず言があったのです。これが肉になったのです。これが人間です。言が人間の本質です。目の働きが言です。ロゴスです。

ロゴスの働きで月を見ているのです。月の輝きというものがロゴスです。人間の中にロゴスがなかったら、月の輝きを名月として認識することができないのです。

そこで、月を見ている時には、本人が意識するしないに係わらず、本人の魂の本質であるロゴスが、その人の肉の思いを圧倒して働いているのです。

月を見ている時の心境は、生まれる前の心境になっているのです。だから、「名月や　ああ名月や　名月や」となるのです。

月を見ている時に、神が天地を造ったという創世力の中に吸い込まれているのです。月はロゴスによって現われている。見ている人間の心がロゴスによって働いている。内なるロゴスと外なるロゴスが面会しているのです。

「映るとは月は思わず　写すとは水は思わぬ　広沢の池」となるのです。月は映るとは考えていない。ただ輝いているだけです。無心の月です。写すと水も思っていない。

「映るとは月は思わず、写すとは水は思わぬ」。これが禅の極意です。これは純粋経験としての禅の極意であって、その世界が今自分の中にあるのです。生まれる前の世界が、自分の中にあるのです。

生まれる前の世界が自分の中になかったら、生まれる前の月が分かるはずがないのです。月は四日目にできています。人間は六日目にできています。六日目の人間が、四日目の月をどうして見るのか。生まれる前の意識があるから見えるのです。

月を見ている人間の心境は、そのまま純粋経験の純粋心境です。

純粋経験をしている時、人間は現世にいないのです。現世に生まれていないのです。この感覚がプラトニックに通じるのです。これがプラトニックラブの原形です。肉の感覚を出てしまっているのです。

神が人間の霊魂に見せようとしているのは、愛ばかりです。見ることでも、飲むことでも、食べることでも、感じることでも、皆、愛ばかりです。神は朝から晩まで、愛ばかり見せているのです。

雨が降ったら降ったように、天気であればあるように、人間に愛を示している。人間は神の愛の内にいるのです。神の愛の内にいるということは、世の初めの前に、神の側にいた時の栄光を見ているのです。

世の初めの前に、人は神の側にいた。その時の栄光によって私を救って下さいとイエスは言っているのです。

御霊によって、天地森羅万象を見れば、生まれる前の世界であることが分かるのです。これが皆様の原形です。これが花が咲いている世界です。この世界の中へ入ったらいいのです。入らなければいけないのです。

花が咲いている世界は、月が輝いている世界と同じです。花が咲いているのを目で見ているのですから、これに入るのです。この世界はとこしえの世界であって、死なない世界です。

私たちは花を見る意識、月を見る意識を持っているのです。その意識が自分の命の原形であって、この命の原形を自分の立場、立ち所にすれば死なないのです。

そうすると、現世に生きている人間の常識的な家族はないのです。月を見ている純粋経験の感覚で、自分の家族を見て下さい。そして、女性、男性を見るのです。そうすると、生まれる前の原形が分かってくるのです。

皆様はそれをするためにこの世に生まれてきたのです。生まれる前の世界を経験するためです。これがとこしえの命の一番分かりやすい入口です。聖書はこれを教えているのです。

野の獣が狡猾だ、へびが最も狡猾だと言っているのは、狡猾ではないものを知るためです。狡猾ではないものはどこにあるのか。月の光にあるのです。月の光だけではなくて、注意してお茶を飲めば、そこに生まれる前の世界があるのです。女性の顔をじっと見ると、そこに生まれる前の女性がいるのです。そうすると、セックスが変わってくるのです。本当のセックスが分かるのです。本当のプラトニックラブとはどういうものかが分かってくるのです。

狡猾の感覚で生きるものを肉の思いと言います。肉の思いは死です。霊の思いは命です。平安です。

生まれる前の世界は月だけではない。山も川も、木も花もすべてそうです。これが分かってくると、生まれる前の神の命、神の愛、神の深さが見えてくるのです。

「汝、わが前に歩みて全かれ」と言われたアブラハムと同じように、神の前に歩むことができるのです。これが信仰です。

これは当たり前のことです。この当たり前の所に神の国があるのです。これが分かると、皆様の意識の中から狡猾さが消えているのです。これを経験して頂きたいのです。

24. 天使長ルシファーの反逆

聖書はマナーを問題にしています。態度は問題にしていません。生きている心構えを問題にしているのです。人間は理論的に分かっていても、実際の生活で分かっていない。これが弱点になっているのです。

ペテロはオール・マナー・オブ・リビング（all manner of living）を清くせよと言っています（ペテロの第一の手紙1・15）。生活のすべてのマナーを清くせよと言っているのです。

私たちは人類のトップリーダーになることを、神に要請されているのです。イスラエルは神に反抗しているので期待できません。私たちがイスラエルのリーダーになるという意識を持っていれば、ユダヤ人には感じる所があると思われるのです。

ユダヤ人とは誰か。新約聖書には血族的なユダヤ人ではなくて、霊なるユダヤ人が本当のユダヤ人であると言っています。御霊を受けた人、聖霊を受けた人こそ本当のユダヤ人と言うべきです。

この意味からすれば、日本の国内にも自分で意識していないユダヤ人がいるのです。日本にはそういう人がたくさんいるはずです。私たちが一般の日本人を相手にしていても、ユダヤ人を相手にしている場合があるのです。

私がお話ししている内容は、異邦人には分かるはずがないのです。異邦人は現世に生まれて、現世に生きるためにいるのです。神の国と神の義には関係がないのです。神の国と神の義を求めるのが、本来のユダヤ人です。

異邦人の一家族の中にも、ユダヤ人的な素質を持っている人と、全く持っていない人がいるのです。

人間の中には、ユダヤ性と異邦性と、二つの人格があるのです。ユダヤ性は物の裏を見ようとしているのです。現象をそのまま素直に受け取らないで、物事の裏を見ようとするのです。自分ではそのように意識しているつもりはありませんが、普通の人が考えないようなことを考えるのです。人が悪いように見えますが、悪いのではなくて、物の見方がシビアーなために、人が悪いように見えるのです。

例えば、アングロサクソンの白人には、ジョン・ウェインみたいな人も多いのです。彼はあきれるほど単純でした。単細胞でした。これがいいか悪いかは別として、彼はそういう正確の持ち主でした。

日本人は聖書に対して、また、キリストに対して、性格的に反抗するのです。キリストという言葉を聞いただけで、反感を持つのです。これには封建制度とかキリシタンバテレンに対する反感もありますが、日本人のあり方そのものが、キリストに反発する感覚を持っているのです。

例えば、日本の大名で、小西行長とか高山右近は、熱心なクリスチャンだと思われていますが、そうではないのです。彼らはキリストに感心したという面はありますが、本当に心からキリストを知っていたのかというと、甚だ疑わしいのです。

高山右近は自分の城も国も棒に振って、キリストを信じていたと言われていますから、本当に信仰を持っていたように見えますけれど、結局、宗教観念でした。概念的、思想的にキリストと一致することができても、魂がキリストに一致しないのです。

頭で分かっていても、実際マナーになりにくいのです。

イエス・キリストの信仰に同化するということは、一朝一夕にできることではありません。私たちは長年聖書の勉強をしてきました。御霊に導かれてきましたけれど、もともと異邦人です。世間のキリスト教信者から見れば、比較にならない程、聖書が分かっていますけれど、まだ聖書の言葉が本当の命になっていないのです。

その間違いは女性には分かりますが、男性には分からないのです。男性が女性を勉強しなければならないというのは、そういうことです。

女性は分かっています。男性よりも分かっているのです。個人差もありますから、全部の女性が分かっている訳ではありませんけれど、大多数の女性には分かっているのです。

女性的なセンスが豊かな人とそうでない人がいますが、女性から見ると男性の欠点が分かるのです。

私たちの何処がどう間違っているのか。御霊を受けても御霊が崇められない。霊が渡せない原因は何かです。霊を渡したと言っても、まだ頼りないのです。

なぜかと言いますと、本当に霊を渡したとすれば、物の考え方、物腰が変わってしまうのです。本当に霊を渡すと、女になるのです。イエス・キリストにある時には、男もない、女もないとパウロが言っています。女が男的になり、男が女的になる。これが通例です。だから、男もなし、女もなしと言っているのです。

私たちは弁解する必要もありませんし、甘い点数をつける必要もありません。ただ聖書にどうあるべきかを考えたらいいのです。聖書に対する捉え方が甘ければ、それを直したらいいのです。聖書に対する甘さということについて、パウロは次のように述べています。「彼らは神を知っていながら、神を崇めていない。神が神であることは、造られた万物において明らかに認められるはずである。人間はそれを言い逃れることはできない」(ローマ人への手紙1・19、20)。

二十一節では、「彼らは神を知っていながら、それを神として崇めていない。そのために、愚かな気持ちが暗くなった」と言っている。私たちの気持ちが愚かで暗くなっていないかどうかです。

神を知りながら、神として崇めていない。こういう欠点が男にはあるのです。男はお人好しです。考え方が粗雑です。女性の方がずっと綿密に、正確に、シビアーに考えています。

本当に聖書を正しく捉えるためには、考え方を逆転しなければいけないのです。

神が男性に女性を与えたのは、女性が骨の骨であることを男性が知ることによって、自ら骨の骨であることを学ぶためです。

神はアダムの一番良い所を引き抜いて、女性にしたのです。アダムはその美しさに仰天したのです。今でも男性は女性の美しさに仰天しているのです。ただ仰天しているだけではだめで、女性の本当の値打ちを見て、男性の欠点が分からなければいけないのです。

女性は結婚すると自分の肉体は夫に与えますが、心は絶対に与えません。夫に従っているよう実際には、心を夫に与えることはしないのです。どんなに貞淑な女性でも、こういう性格を持っているのです。肉体は与えるが心は与えない。女の家庭生活の姿は本当の姿ではないのです。肉体を与えるが心は与えないという女性とは何か。女性は結婚するけれど、本当に夫に心を与えない。これを男性から見ると、女性は片意地、頑固に見えるのです。ところが、片意地、頑固なのではない。神は霊魂の本来のあり方を教えているのです。ここに秘密があるのです。

男性は女性より考え方が浅いのです。男の頭の回転は現世向きです。この世のことについては、ピュアーな感覚で見ているのです。

女性は現世向きにできていないのです。自分の事をよく知らないのです。秘かに天国を求めているのです。男はそれが分からないのです。

男でもある人はこういうことを感じているのです。しかし、感受性は薄いのです。女性は本当の天国を狙っている。厚かましいのです。

男が本当に責任を自覚するといいのです。男は正攻法で勝負しようと思う。神の国を攻めるというのは、正攻法ではだめです。

女は待っているのです。結婚したらもう待つ人はいないはずです。ちゃんとご主人が決まっているはずですから、もう待つ人はいないはずです。ところが、待っている。結婚しても女は待っています。八十歳になっても、九十歳になっても待っている。おばあさんになっても待っている。なぜ待っているのか。

とにかく、偉大なものを待っている。これがユダヤ的です。これがユダヤ人の本当のど根性です。ですから、日本人はキリストを信じることができないのです。

日本人は悪い意味で女性的です。面従腹背は女性的です。へいへいの糞くらえというのは女性的です。表面上は政府に非常に従順なように見えますが、腹から本当に主権者に従おうとしないのです。そこに天皇制が乗っているのです。

日本人は本当に腹の底から人に従うということがありません。主君に従おうとしないのです。従っていないと損だから従っているだけです。

日本人の土性骨がユダヤ的です。日本人の根性の骨の髄を洗うと、ユダヤ人の根性が出てくるのです。キリストにどうしても従えないのです。

日本で福音を説くというのは、まさにユダヤ人に福音を説くようなものです。キリストという名前を聞いたら、もう拒否反応を起こすのです。

女は待っている。何を待っているのかと言いますと、キリストと意識はしていないですが、キリストとしか言いようがないものを待っているのです。ここが女の特長です。宗教ではない神とは一体何かということです。

「人間は神を知っている。知っていながら、神として崇めていない」とパウロが言っていますが（ローマ人への手紙1・21）、これはどういう事でしょうか。

女は自然の用を知っている。知っていながら、自然の用をはっきり認識しようとしていない。自然の用を不自然の用に代えてしまっているのです（同1・26）。

女性は自然の用を知っているのですから、女性は尊い存在です。世が世であれば、男性が女性に向かって、「おいこら」とは言えないお方です。現世が罪の世ですから、しょうがないから、夫に従わなければならないようになっているのです。この世にいる間は、男に従わなければならない。これが神の処置です。

従わせている男が、女性に学ばなければならないのです。聖書は男女のことを学ぶ非常に正確な教科書です。神の教科書です。

聖書を正しく学んで、初めてエデンの園でアダムがエバに驚いたように、女性を見なければいけないのです。その時、アダムはエバをどのように扱っていたのか。その扱い方を勉強しなければならないのです。

そうすると、夫婦の内容が変わってくるのです。そうして、夫なるキリストが妻である教会をどんなに愛しているかが分かるのです。

私たちはキリストの妻にならなければいけないのです。人がキリストの妻となるのは、全く驚くべきことです。

命が分かったらいいのです。これが人間がこの世に生まれて来た目的です。私たちが生きているということは、言葉で表現できない程、大したことです。人間が考えていることの何千倍か、何万倍かのすばらしいことです。

ユダヤ人問題は、聖書を勉強すると分かるのです。ユダヤ人がどれほど愚かか、神がユダヤ人をどれほど愛しているかが分かるのです。

それと同じように、私たち自身がどれほど愚かか、神が私たちをどれほど愛しているかが分かるのです。ユダヤ人を勉強すると、私たちが分かる。こういう仕掛けになっているのです。

地球が存在するのは、地球計画の現われです。これは宇宙計画と言ってもいいでしょう。地球計画という宇宙計画が聖書になっているのです。

地球が存在する秘密が、ほとんど聖書に出ています。不思議な本です。地球があれば聖書はなくてもいいですし、聖書があれば地球はなくてもいいのです。地球と聖書と人間存在の三つは同じものです。私たちの値打ちは聖書と同じ値打ちです。地球がある値打ちと、私たちの値打ちは同じものです。

人間は肉体的に生きているのを自分だと思っている。これは自分の入口にすぎないのです。私たちが生きている間に、自分が読めただけ神が読めるのです。神が読めただけ自分が読めるのです。人は神にかたどりて造られた。自分自身を読んだら、それだけの分量で神を読んだのです。

私たちは折に適った、忠実にして賢明な番頭にならなければならないのです。忠実にして賢明な所まで行かなければならないのです。

本当に聖書を正確に読めば、神の本物が分かりますし、命の本物が分かるのです。そうすると、今生きている現世の人間から離れてしまうのです。

脳波が宇宙に流れています。脳波が脳に働いているから、考えられるのです。脳波が命のエネルギーです。命のエネルギーは思想です。本当のエネルギーは思想です。思いです。

脳が働かなければ考えられないのとは違います。神が分かると、大変なことが分かるのです。脳波の根源が分かります。だから、脳が灰になっても構わないのです。

イエスは、「私を信じる者は、たとい死人でも生きる。また、生きていても、私を信じる者は、いつまでも死なない」と言っています（ヨハネによる福音書11・25、26）。

なぜイエスはとこしえに死ぬことがないと言っているのか。現在生きているうちに、永遠の命の実物に移ってしまうからです。人間として生きることをやめて、神の子として生きるルールに乗り移ったらいいのです。これをするのです。これは絶対にしなければならないのです。生ける神の子というルールに移ってしまうのです。

自分で考えている間はだめです。そういう人は必ず死んでしまいます。神を信じるとは、恐ろしいエネルギーを信じることです。だから、自分が生きている必要はありません。自分が生きていたらいけない。自分が生きていたら邪魔ばかりしているのです。異邦人の分際でこういうことが分かるというのは、破天荒な恵みです。

宇宙には命の実物があるに決まっています。人間の頭で考える必要がないのです。自分の頭で考えなければならないというように、人間が勝手にそう思っているのです。

人間の能力の根源が何処かにあるに決まっています。それを見つけなければいけないのです。宇宙には永遠の命の流れがあるのです。なければ、地球が自転、公転するはずがないのです。太陽が照るはずがないのです。

太陽はやがて消えるでしょう。太陽は消えても、太陽を働かしている力は消えないのです。太陽を働かしているのは、宇宙の命が働かしているのです。

太陽の働きには時間的な限界があるに決まっています。太陽にも耐用年数があるはずです。太陽は有限の物体ですから、やがてなくなりますが、太陽を働かしている力はなくなりません。

この力を地上で捉えなければいけない。人間の常識ではできないと思うかもしれませんが、それをしなければ永遠の命を掴まえることはできないのです。人間の常識はそれを捉えたいと思うのです。捉えなければ死ぬしかないのです。

神は神のことを全然考えていない人間でも、生かしています。雨を降らし、太陽を照らしています。皆救われる可能性があるから、そうしているのです。神のことを全然知ろうとしない人間でも、神から見れば見込みがあるから、生かしているのです。

信仰の実体を認識して、その方向へ歩みよろうとする姿は、神から見れば女性になるのです。男性は神の栄光です。女性は男性の栄光です。女性はじっと見ると、自分の栄光が分かるのです。その栄光を男性が自覚しなければならないのです。何を自覚するのかと言いますと、女性が待っているということを自覚するのです。

その待ち方を男性が勉強するのです。女性の真似をして、女性の長所を自分のものとして受け取るのです。

女性の良さは、待っているという姿です。待っているという姿勢が、ウーマンボディーに現われているのです。女性のボディーは待っているボディーです。待っているという姿勢がボディーに現われているのです。

男が女を愛したくなるのは、待っているからです。待っているという姿勢が、女の色気です。男は女が待っていると考えるのです。ところが、女は男を待っているのではない。男を貫いて、もっと上のものを待っているのです。

男は神の栄光です。それを女は知っていて、男の上にあるものを待っているのです。

神の栄光として男が現われている。男の栄光が女に現われている。これが骨の骨です。もしエバがアダムの骨の骨であるとすれば、アダムは何なのか。女の直感は恐ろしく鋭いものです。女は自分で自覚していないけれど、直感しているのです。

すべてのものは神の言葉で造られているから、すべて読みものです。人間の立ち居振る舞いから、人間がしていることすべてが読みものです。

亡くなった有名人が、毎日、新聞の社会面に出ていますが、全部地獄へ行くのです。自分として生きていたからです。

自分が生きていると思っている人は、皆地獄へ行くのです。仕事をした。社会奉仕をした。学理学説を発見した。こんな業績を残した。こんな歌を作った。こんな本を書いたと思っています。自分がしたと思っている人は、皆神の命を泥棒しているのです。

私たちはユダヤ人を相手に文句を言わなければならないことになるのです。これは神の戦いです。これはエホバの戦いなのです。

神は太陽系を宇宙の秘密、地球が完成される秘密を、私たちに教えようとしているのです。

神のとこしえの力という点から考えると、地球が四十五億年存在しているように見えるのです。

これは神の力が継続的に働いているからそのように見えるのです。エバーラスティングパワー(everlasting power)が働いているのです。

神の力は二通りあるのです。瞬間的に働く力がエターナルパワー(eternal power)です。エバーラスティングというのは、神の力が継続的に働いているのです。この二つの面があるのです。断という面と続という面とがある。これがいなずまの特長です(ヨハネの黙示録4・5)。いなずまの特長がそのまま神の永遠性を示しているのです。断ということも続ということも同じです。どちらでも言えるのです。

肉の思いは感覚を重んじますが、続の方だけしか見ていません。断の方を見ないで、続の方だけを見るのです。ですから、地球が四十五億年あるとか、五十億年あるとしか見えないのです。この見方しかできないということが、人間が陥りやすい欠陥です。存という字も、在という字も、両方共、長らえてと見るのです。これが間違っているのです。

人間は実体の世界を見ないで、感覚の世界しか見ようとしないのです。ところが、人間の本心は、断の世界と続の世界の両方を意識しているのです。

人間は座っている時でも、同じ姿勢を長い間保っていられません。動かすということが伴わなければ、同じ姿勢で座っている訳にはいかないのです。人間の心理状態がそのまま姿勢に現われているのです。

人間の心理状態はいつでも動いています。心理状態の動きが、人間が生きていることの実感であり、実体なのです。これが断の面です。

デカルトは「人間の心理的なものはいつでも変化する。しかし、物理的なものは変化しない」と言っています。これは彼が故意に歪めた言い方をしていると思われますが、もし本気になってそう言っているとしたら、デカルトは誠に皮相的な見方をしていた数学者であったと言えるのです。

人間の心は神の性格においてしかありえないことを意味しているのです。動かさずにおこうとしてもそうはいかないのです。心はいつでも動き続けていなければ、心にはならないのです。これがいなずまの原理です。

一方、雷《いかずち》の面があるのです。神の面にいなずまの面と雷の面があるのです。ごろごろと鳴っているのです。雷はごろごろと鳴っていますが、実体はありません。いなずまは実体がありますが、雷は実体がないのです。

現象世界が継続的にあるように見えるのは、雷の面を耳で聞いているからです。自分自身の心理的な面と生理的な面を知ることが大切です。

創世とは何か。闇が淵の表にあったという条件を踏まえて、初めて創世が成立するのです。この条件を踏まえなければ、創世の原理は発生しないのです。これをよく考えてみる必要があるのです。

今、存在と呼んでいるものは、闇が淵の表にあったということを原理にしているのです。闇が淵の表にあったという原理がなかったら、存在という事がらが発生しないのです。

私たちが今現象と考えているものは、全く感覚の世界です。感覚の意識的継続を、現象と呼んでいるのです。ただ意識的な継続があるだけであって、実体ではないのです。ただ雷がごろごろところがだましているだけです。

ところが、聞いている感覚で言いますと、実際にあるように見えるのです。ごろごろと鳴っている間は、いなずまが継続的にあるように思えるのです。地球環境があるだけで、実体はないのです。

感覚の世界から抜け出してしまえば、現象が実体ではないということがよく分かるのです。自分の感覚の世界に捉われないということを意識に実感する工夫をして頂きたい。禅宗では進歩の工夫と言います。進歩の工夫をしないと、色即是空といくら口で言っても、その実感がありません。色即是空の実感がないから、現象のことにこだわることになるのです。

私たちがこの世で経験したことは、ことの大小にかかわらず、全部虚像です。親子は虚像です。兄弟も虚像です。夫婦も虚像です。目に見えるものは皆虚像です。

この世に生まれてから、肉体的に生きているという条件で経験したことは、全部嘘です。嘘の中から本当のものを掴み出すのです。

私たちは嘘を経験しているのです。嘘を経験しているという条件の中から、本当のものを掴み出すことができるかどうかが勝負になるのです。

経験していることの中のどういう部分が本当であったのか、どういう部分が嘘であったのか。嘘と実を自分で見分けることができると、イエスが生きていた心境が分かるのです。

どんな理由があっても私たちは大なり小なり、イエスが生きていた心境に達するのでなかったら、私たち自身が真理を知ることができないし、救いも経験することができないのです。

生きている間にナザレのイエスと同じ心境に達することが、絶対的な神の要請です。イエスほど継続的にその心境に留まることができなくても、イエスの心境を自分で実感できるような状態にまで、どうしても行かなければいけないのです。

そうして、できるだけその時間が長続きできるように訓練しなければならないのです。長続きするようにということは、生活でそれを具体的に表現することです。

イエスと同じ心境に到達することが第一です。その次に、到達した心境をできるだけ持続することです。持続の時間が長いか短いかによって、キリストのボディーとしての位置が決まるのです。

キリストには手もあり足もあり、目も鼻もあります。パウロはそれをメンバーと言っています。メンバーの一つになれるとしても、メンバーのどこに位置するかが違ってくるのです。持続の仕方の上手下手によって、メンバーの位置が決まるのです。これが報いです。救いではなくて報いです。

救いというのはイエスの心境をそのまま実感することです。これは絶対にしなければいけないことです。後は、それをどれだけ持続して実践するかということです。持続とは実践を意味するのであって、ヨハネは次のように述べています。

「人を生かすものは霊であって、肉は何の役にも立たない。私があなたがたに話した言葉は霊であり、また命である」(ヨハネによる福音書6・63)。

この言葉の深さを実感して頂きたい。人を生かすものは霊です。命を与えるのは霊です。神の御霊の働きです。これがエネルギーです。

エネルギーという言葉の本質は、精神的なものです。物理的なものではありません。これがエネルギーの本質です。人間の命のエネルギーは精神的なものであって、これは御霊の働きを意味するのです。

人に命を与えるものは、神の御霊の働きです。肉は何の役にもなりません。肉というのは、神の御霊の働きが形態的に人間に感じられることです。そのように感じられるものが肉です。

そう感じられるのは、人間が肉体を持っているからです。生かされているということが、肉体的なもののように見えるのです。そのように感じられるのですが、これは益がありません。益がないということは、実体がないという意味です。全くの映像であって、幻覚にすぎないということです。

肉体的に生きていると思うその感覚は幻覚です。これは原罪に基づく幻覚作用です。

五官の働きと言いましても、五官が肉体的に働いている感覚は幻覚です。目で見ているというのは、その意識的な面は幻覚です。映っていることが実体です。

客観的に物事を捉えていくのです。そうして、自分が生きているという事実を解脱していくのです。これができなければ、イエスについて行くことはできません。

なぜそうなるのかと言いますと、闇が淵の表にあったということが、創世の原点になっているからです。悪魔の意識が土台になっていなければ、現象世界、物理的な世界ができるはずがないのです。闇が淵の表になかったら、現象があるはずがないのです。

元来、宇宙はガス体であることが本体です。物体があっても仕方がない。「地は形なくむなしく」ということが、宇宙の原形です。闇が淵の表に座り込んだということがおかしいのです。悪魔はありもしない淵を自分の幻想の中で描いたのです。これがルシファーと呼ばれる大天使の創造原理になっているのです。天使長ルシファーは、この世があるべきだと考えた。創世記一章二節の段階では、現象があるはずがないのです。海も川もないのです。海も川もないのに、どうして淵があるのでしょうか。

淵はある時ルシファーの中に生まれた幻想です。そういう幻想が起きたことが、神への反逆になったのです。闇が淵の表にあったというのは幻想です。幻想がルシファーの中に発生したのです。これが創世の原理になっているのです。

神がそれに乗ったのです。乗って悪魔を自滅させようと考えた。これが天地創造の根本原理です。

神は悪魔の反逆を、神の完成、神が神であることを、宇宙に闡明《せんめい》するチャンスにしたのです。穿った見方をすると、神はそういう下心があって、ルシファーを天使長に任命したと言えるかもしれないのです。

しかし、イエスの言い方を借りれば、「人を躓かせる者はある。人は躓くことがあるに決まっている。しかし、人を躓かせる者は災いだ」と言っているのです。ここです。

躓きがあるのはなぜか。神が弁証法的に自己完成をするとすれば、宇宙に躓きが発生するはずです。現象意識が宇宙に起きたとしても、それは当たり前です。それがなければ、弁証法的な神自身の完成が考えられないからです。

だから、神は自分自身を完成するために、闇が淵の表に座するということがあるのは当然です。そういうことが宇宙に発生するのは、当然だというのです。

イエスは「躓きはある。それはあって当たり前である。しかし、躓く原因になったのは災いである」と言っています。

ルシファーは当て馬に使われたと言えるかもしれないのです。淵の表に座り込む可能性を、ルシファーは持っていた。それを神は承知して、大天使（天使長）に任命したのです。

神は予め躓きを予想した。神自身の驚くべき直感によって予想して、ルシファーに大天使の役目を与えたのです。果たして、彼は躓いた。これが闇が淵の表に座ったということです。

まだ淵も地球もない時に、淵の表に座った。なぜかと言いますと、淵というものがあるべきだとルシファーが構想した。大天使ルシファーが構想したので、宇宙に甚大な影響を与えることになったのです。現象体というありもしない幻が発生することになったのです。

太陽系以外の外宇宙を考えると、すべてガス体です。星雲の世界はガス体です。ガス体の世界には、天も地もないのです。ある必要がないからです。

アンドロメダ星雲には、三億、四億の星が集まっていますが、そこには天はありません。形なくむなしくという状態においては、天も地もいらないからです。これが宇宙の原形です。一切無の状態です。

一切無というのが、宇宙の原形です。そこへ神はルシファーという大天使を任命すると同時に、天と地という原理を誕生させたのです。これは悪魔が反逆する前です。神は悪魔の反逆をはるかに見通して、天という原理と、地という原理を設定した。

そこで、神の大完成が想定されたのです。

あとがき

固有名詞の人間は目的を持っていません。固有名詞の加藤さんは、この世では目的がありますけれど、やがて死んで行くのです。この世で貯金をしても、家を買っても、この世の権利はやがてだめになるに決まっています。

自分が生きていると、固有名詞の人間はこの世ではいるように思えるのですが、神の前には一切存在しません。神の前に存在しているのは、人の子だけです。

イエスは固有名詞には関係ありません。百人いても、千人いても、固有名詞の人間はこの世だけしか通用しないのです。

固有名詞の人間は、一切目的を持っていません。これを良く考えて頂きたいのです。皆様はまたしても固有名詞の自分が何か利益を得なければならないと考える。救われなければならないと考えるのです。うまいことをしなければならない気がするのです。これは現世の人間の妄念です。自分の本当の願いではありません。

皆様の霊魂は救われたいとは思っていません。霊魂の本質は本当のことを知りたいと思っているだけです。今ここで、こうして生きているということの本当のこと、真実のことを今ここで知りたいと思っているだけです。今ここに、神がいるからです。

神に死んでから会えるのではない。神はここにいるから、その神を掴まえるのです。私自身が神に生きているという事実を、私は皆様に証しているのです。ここに神がいるからです。この神を掴まえなければ、死んでしまうだけです。

信仰とは、今ここで神を掴まえることです。今ここで神を掴まえることが信仰です。明日、明後日に掴まえるのではないのです。

今座っているとしますと、そのままで神が掴まえられなければ、信仰ではありません。これが分からない。なぜ分からないのかと言いますと、自分は加藤だ、田中だと思っているからです。魂だと思わずに固有名詞の人間だと思っているからです。

人間の魂と、固有名詞の人間と、どんな関係になっているかです。エデンにおけるアダムと、現世の七十二億の人間の関係がどのようになっているのか。なぜ一人の人間が七十二億になったのか。

一人ひとりが固有名詞を脱ぎ捨てて、アダムに帰ることができるような、人の子になれるような、名前のない人間になって頂きたい。名無しの権兵衛になって頂きたいのです。

現世では名前がいります。名前がなければ呼べないからです。人間存在という点からだけ考えますと、肉の人間は神の前には一切存在していません。

イエスは「肉は益なし」と言っています。益なしとは、利益がないという意味ではなくて、何の役にも立たないという意味です。役に立たないというのは、悪い力さえも持っていないという意味です。もちろん良い力も持っていません。何の目的もないし、有害とか無害とかを一切言えるものではないということです。益なしとは空々寂々と同じ意味になるのです。全く空です。

人間が考えている肉は益がない。現在の地球の状態は、神には全く益がない。人間の歴史は何の目的も持っていないのです。今の国際連合は何の目的があるのでしょうか。世界平和の達成と言いますが、世界平和を達成してどうするのでしょうか。

今のアメリカに何の目的があるのでしょうか。今の日本に何の目的があるのでしょうか。国は滅びるに決まっています。現代の人間の歴史は見栄をはっているだけです。内容は何もない。肉は益なしです。

皆様が生きているのは、肉体人間として生きていますが、肉体を持って生きているということは、五官の感覚が肉体的に生きているということです。目で見たり、耳で聞いたりする機能が生きている。機能が神の言葉を受けるのです。

皆様の目と耳の働きは、地球ができる前のファンデーションを見ているのです。地球のファンデーションがなければ、地球ができるはずがないのです。

地球のファンデーションが甘い味になったり、赤い色になったりしている。それを皆様の目が見ているのです。

地球ができる前、前世の時に、皆様に個我は一切ありませんでした。ところが、アダムは罪を犯して、善悪を考えることになったのです。善悪利害を考えるということは、神から離れたことになるのです。自分自身の立場で、善悪利害を考えるからです。その結果、個我が発生したのです。そこで、神の国から追放されて、この世に来たのです。

この世に生まれた時、人間は死んでいたのです。生まれた時に死んでいたのですから、誕生日が命日になるのです。

この世に生まれた人間は、必ず死ぬ人間です。必ず死ぬことが分かっていながら、誕生祝をしている。誕生祝をするより、死なない命をどうしたら掴まえられるかを考えなければいけないのです。

死なない命を掴まえるためにはどうしたらいいのか。前世に生きていた自分を引っ張り出せばいいのです。前世に生きていた自分というのは、五官の働きです。五官の働きの自分を引っ張りだせばいい。これがリビングの実体です。死なない命です。これを受け取ることが、リビングのシールを受け取ることです。生ける神の印を受け取るのです。

赤いものを見て赤く感じることが、皆様が生きている証拠です。これが神です。神はそこにいるのです。

聖書を理屈で勉強するのではなくて、命をしっかり掴まえるような、神の実物を掴まえるような勉強をして頂きたいのです。

人間が生きているのは、神と一緒にいるのです。一緒にいる神が、じっと見ているのです。神にいつ気が付くかと、じっと見ているのです。神は皆様と一緒に生きています。人は神と共にいる。インマヌエルの状態にあるのです。それにいつ気が付くかと、気長に見ているのです。

生きていることは、神そのものです。神の実物が皆様の霊魂と一緒に生きている。だから、丸いものが丸い、甘いものが甘いと分かるのです。五官の働きは、そのまま神の実物になるのです。

やがて、本当の命が全世界に現われます。それまでの間、ファンデーションの世界が現われているのです。

現代文明は仮の文明です。こんなものをまともに信じることをやめて頂きたい。政治も経済も、法律も、真実ではありません。これが肉の思いです。理屈ばかりで誤魔化しているのです。これがユダヤ文明です。やがて、ユダヤ文明が崩壊して、本当の文明が現われます。これが神の国です。

梶原和義（かじわら　かずよし）

●名古屋市に生まれる。

●長年、般若心経と聖書の研究に没頭する。

●十三年間、都市銀行に勤務後、退職して事業を始める。

●現代文明の根源を探るため、ユダヤ人問題を研究する。

●「永遠の命」についての講話活動を各地で行っている。

●東京と関西で、随時勉強会を開催している。

●聖書研究会主幹の故村岡太三郎先生に師事し、般若心経と聖書の根本思想について、多くの事を学ぶ。また、村岡太三郎先生と共に「般若心経と聖書」というテーマで、全国での講演活動に参加した。

・毎年、七月から九月の間に、六甲山と軽井沢で開催された聖書研究会主催の夏期セミナーに講師として参加し、世界の文明・文化・政治・経済・宗教について指導した。

・毎年、大阪で聖書研究会により開催されている定例研究会に講師として参加。文明の間違い、宗教の間違いについて、十年以上にわたり指導した。

・聖書研究会神戸地区の地区指導員として、十五年にわたって監督、指導した。

・大阪の出版社（株）ＪＤＣの主催による講話会で、「永遠の生命を得るために」「般若心経と聖書」等について連続講義をした。
・日本フィットネスヨーガ協会にて、随時セミナーを開催している。
・川崎市の川崎マリエンにて、日曜日に勉強会を開催している。
・毎週土曜日の朝、全国の読者に向けてスカイプにて講話活動を行っている。
●一九九五年、一九九七年、世界一周をして、政治・経済・文化・人々の生活について広く見聞した。
・一九九五年七月二十六日エリトリアのイザイアス・アフェワルキー（Isaias Afeworki）大統領に面会し、エリトリアと日本の関係、エリトリア、アフリカの将来について話し合った。
・一九九七年二月十八日から二十八日の間に、イスラエルシャローム党創設者ウリ・アブネリ（Uri Avnery）氏と頻繁に会い、イスラエルの現状・ＰＬＯとの関係、イスラエルと日本との関係、ユダヤ教とメシア、イスラエルと世界の将来、人類の将来と世界平和等についてつっこんだ話合いをした。
・一九九五年六月二十七日より十月十七日迄、世界一周のためにウクライナ船「カレリア号」に乗船。船内で開催された洋上大学に講師として参加し、「東洋文明と西洋文明の融合」「永遠の生命とは何か」「永遠の生命を得るために」等について講演した。
・一九九七年十二月十九日から一九九八年三月二十一日迄、世界一周のためにインドネシア船「アワニ・ドリーム号」に乗船。船内の乗客に「般若心経と聖書」というテーマで、三十三回の連続講義をした。この内容は拙著「ふたつの地球をめざして」に掲載している。
● 日本ペンクラブ会員。
● 日本文藝家協会会員。

著書
「永遠の生命」「永遠のいのち」「超幸福論」「超平和論」「超自由論」「超健康論」「超恋愛論」
「超希望論」「超未来論」
「ユダヤ人の動向は人類の運命を左右する」
「ユダヤ人が悔い改めれば世界に驚くべき平和が訪れる」
「ユダヤ人が立ち直れば世界に完全平和が実現する」
「ユダヤ人問題は文明の中心テーマ」
「ユダヤ人を中心にして世界は動いている」
「ユダヤ人問題は歴史の中の最大の秘密」
「ユダヤ人問題は地球の運命を左右する」
「イスラエルの回復は人類の悲願」
「ユダヤ人の盛衰興亡は人類の運命を左右する」
「ユダヤ人が回復すれば世界に完全平和が実現する」

「ユダヤ人問題は人間歴史最大のテーマ」
「ユダヤ人の回復は地球完成の必須条件」
「イスラエルが回復すれば世界は見事に立ち直る」
「ユダヤ人が悔い改めれば世界は一変する」
「とこしえの命を得るために 1」
「とこしえの命を得るために 2」
「とこしえの命を得るために 3」
「とこしえの命を得るために 4」
「とこしえの命を得るために 5」
「やがて地球は完成する」
「千年間の絶対平和」
「究極の人間の品格」
「究極の人間の品格 2」
「究極の人間の品格 3」
「般若心経と聖書の不思議な関係 1」
「般若心経と聖書の不思議な関係 2」
「般若心経と聖書の不思議な関係 3」

「ユダヤ人と人類に与えられた永遠の生命 1」
「ユダヤ人と人類に与えられた永遠の生命 2」
「ユダヤ人と人類に与えられた永遠の生命 3」
「ユダヤ人と人類に与えられた永遠の生命 4」
「ユダヤ人と人類に与えられた永遠の生命 5」
「ユダヤ人と人類に与えられた永遠の生命 6」
「ユダヤ人と人類に与えられた永遠の生命 7」
「ユダヤ人と人類に与えられた永遠の生命 8」
「死んでたまるか」
「死ぬのは真っ平ごめん」
「人類は死に完全勝利した」
「死は真っ赤な嘘」
「死ぬのは絶対お断り　上」
「死ぬのは絶対お断り　下」
「世界でたった一つの宝もの　上巻」
「世界でたった一つの宝もの　中巻」
「世界でたった一つの宝もの　下巻」

「人類史上初めて明かされた神の国に入る方法　Ｉ」
「人類史上初めて明かされた神の国に入る方法　Ⅱ」
「人類史上初めて明かされた神の国に入る方法　Ⅲ」
「人類史上初めて明かされた彼岸に入る方法　１」
「人類史上初めて明かされた彼岸に入る方法　２」（ＪＤＣ）
「永遠の生命を得るために」第一巻～第四巻（近代文藝社）
「ふたつの地球をめざして」「ノアの方舟世界を巡る」（第三書館）
「ユダヤ人が立ち直れば世界が見事に立ち直る」
「ユダヤ人が方向転換すれば世界全体が方向転換する」
「人類の救いも滅びもユダヤ人からくる」
「ユダヤ人に与えられた永遠の生命」（文芸社）

インターネットのみで販売している「マイブックル」での著書
「世界に完全平和を実現するために」（第一巻）（第二巻）
「ユダヤ人問題について考察する」第一巻～第五巻
「ユダヤ人が悔い改めれば地球に驚くべき平和が実現する」第一巻～第五巻
「ユダヤ人が悔い改めれば地球に完全平和が訪れる」第一巻～第五巻

「ユダヤ人問題とは何か」第一巻～第五巻
「真の世界平和実現のための私の提言」第一巻～第五巻
「人類と地球の未来を展望する」第一巻～第七巻
「人類へのメッセージ」第一巻～第八巻
「般若心経と聖書の不思議な関係」
「永遠の生命について考察する」第一巻～第十一巻
「誰でも分かる永遠の生命」第一巻～第五巻
「ユダヤ人が悔い改めれば千年間の世界平和が必ず実現する」

現住所　〒673-0541　兵庫県三木市志染町広野6-169-4
TEL　090（3940）5426　FAX　0794（87）1960
E-mail：akenomyojo@k.vodafone.ne.jp
http://www15.ocn.ne.jp/~kajiwara/
http://www12.ocn.ne.jp/~kajiwara/
http://twitter.com/kajiwara1941
blog：http://www.geocities.jp/kajiwara11641/
YOUTUBE：http://www.youtube.com/user/kajiwara1941

ユダヤ人と人類に与えられた
永遠の生命
9

発行日
2015 年 5 月 20 日
著　者
梶原和義
発行者
久保岡宣子
発行所
JDC出版
〒552-0001　大阪市港区波除6-5-18
TEL.06-6581-2811（代）FAX.06-6581-2670
E-mail : book@sekitansouko.com
郵便振替　00940-8-28280
印刷製本
モリモト印刷（株）

梶原和義の新作

只今執筆中！乞う、ご期待！

「我死に勝てり」

「死なない人間になりました」

「あなたも死なない人間になりませんか」

「死なない人間の集団をつくります」